잘 살아왔음을 감사하며

아름답게 떠날 권리

지금 당장 생각해봐야 할 나와 가족의 인간답고 품위 있는 죽음

아름답게
떠날
권리

김종운 지음

·
·
·

잘 살 아
왔 음 을
감 사 하 며

유리창

건강한 죽음을 생각하다

의료현장을 33년간 지켜오면서 '온전한 건강이란 무엇인가?'라는 질문을 늘 화두처럼 생각하며 지내왔다. 처음 환자를 보기 시작했을 때는 "어떻게 하면 병을 잘 고칠 것인가?"라는 기술적 진보에 매달렸고 나름대로 성과도 있었던 것은 사실이다. 그러나 병을 고치는 것만으로 온전한 건강을 보장받을 수 없다는 것을 알게 되는 데는 그리 오랜 시간이 걸리지 않았다.

간단한 침 치료와 약물치료만으로도 쉽게 병이 고쳐지고 건강을 되찾을 수 있는 경우도 많았지만 그렇지 않은 경우가 너무나 많았다. 왜 그럴까? 치료기술이 부족해서 그런 것은 아닐까? 그래서 더 나은 치료법을 찾아보려고 하였다. 하지만 마음의 질병을 가진 사람들을 침이나 약물만으로 완전히 치료한다는 것은 애초부터 한계가 있다. 억울함, 분노, 배신감, 걱정, 긴장, 자신감 결여, 자존심 손상 등등 너무나 많은 마음의 상처가 눈에 보이지 않는 질병을 만들고 있다. 이러한 마음의 상처가 원인으로 작용하는 환자는 침 치료나 약물치료 등 물리적이고 화학적인 치료법으로 신체증상의 일부를 개선할 수 있지만 충분하고 완전한 치료를 보장할 수가 없다.

몸의 건강은 좋은데 마음이 건강하지 못한 사람도 있고, 마음은 건강한 것 같지만 몸이 건강하지 못한 사람도 있다. 당연히 몸만 건강한 것도, 마음만 건강한 것도 온전한 건강이 될 수 없다. 온전한 건강과 치료를 위해서는 새로운 패러다임이 필요했던 것이다.

몸과 마음을 모두 건강하게 하는 방법을 찾다가 마음공부, 기수련, 명상 등을 접하게 되었다. 이제 한의학적 방법으로 몸의 건강과 마음의 건강에 대해서는 논리적 구조와 실천법을 어느 정도 정리할 수 있게 되었다. 그래서 그동안 환자들의 치료과정에서 경험하고, 대중강연 등을 통해 주장해왔던 '마음의 건강'에 대한 주제로 글을 써야겠다고 생각하기에 이르렀다.

한편으로는 그러한 탐구과정 중에 인체의 구성요소로 몸과 마음 이외에 '영혼'도 있다는 것을 알게 되었다. 생명의 요소가 이와 같이 3가지로 구성된 것이라면 몸과 마음과 영혼이 모두 건강해야만 온전히 건강한 것이라는 결론에 도달했다. 하지만 아쉽게도 '영혼'은 언제나 철학이나 종교적 과제일 뿐 의학의 탐구대상이 아니었기 때문에 의료인으로서 늘 한계에 부딪혔다. 그렇게 '영혼의 건강'이란 주제는 의료인으로서 손을 놓을 때까지 마지막으로 풀어야할 숙제로 남아있었다. 더 나이가 들면 언젠가 풀 수 있는 날이 올 것이란 기대를 하면서…….

그런데 숙제를 풀어야할 뜻밖의 사건을 만나게 되었다. 2년여 전 6개월 간격으로 어머니와 아버지를 차례로 여의게 된 것이 나의 오래된 숙제를 푸는 계기가 된 것이다. 그동안 온전한 건강의 마지막 퍼즐을 찾기 위한 탐구를 계속해 왔지만 제대로 된 해법을 찾지 못하다가 부모의 죽음을 맞으면서 나머지 한 조각이 죽음의 문제와 맞닿아있음을 절실하게 느낀 것이다. '영혼의 건강'을 말하려면 '건강한 죽음'으로부터 실마리를 풀어야겠다고 생각하게 되었다.

그래서 이 글은 현실로 실감하는 죽음, 준비된 죽음, 생명과 죽음에 대한 탐구, 영혼 찾기, 영혼의 건강 등 크게 다섯 부분으로 나누었다.

나는 이 글이 영혼에 대해 종교가 아닌 의학적 관점으로 알고 싶어 하는 이들에게 읽히기를 희망한다. 그리고 집안에 노령으로 죽음을 앞둔 어른이나 치명적 질병으로 고생하는 환자가 있는 사람들, 진정한 웰다잉에 관심이 있는 사람들, 삶의 목표가 무엇인지 알고 싶은 사람들에도 생각을 공유할 기회가 되기를 희망한다. 그리고 누구보다 의학을 공부하는 의학도나 의료인이 환자의 건강과 행복을 위한 진정한 치료가 무엇인지 함께 연구하는 기회로 제공되기를 간절히 바란다.

끝으로 욕심은 앞서고 표현이 따르지 못하는 부족한 글을 취지에 어긋나지 않게 편집과 수정을 통해 책으로 출판될 수 있도록 도와준 출판회사 유리창 우일문 대표에게 깊은 감사를 전한다.

2017년 벽두에
청락재에서 김종운

차례

3부 생명이란 무엇인가?

4부 영혼의 길

준비된 죽음

소풍갈 때도 준비물을 챙긴다

2016년 초 국회에서 '호스피스 완화 의료 및 임종과정에 있는 환자의 연명의료 결정에 관한 법률안'이 통과되었다.

이 법률안의 내용은 크게 두 가지이다. 첫째는 말기암 환자에게만 제공되는 호스피스 지원을 2018년부터 후천성 면역결핍증, 만성 폐쇄성 폐질환, 만성 간경화 등의 말기환자에게 확대 지원하겠다는 것이다. 둘째는 죽음을 앞둔 말기환자가 사전에 무의미한 연명치료를 받지 않겠다고 밝힌 경우 심폐소생술을 비롯한 연명치료를 받지 않을 수 있도록 함으로서 인간답게 죽을 권리를 법으로 보장한 것이다.

언론은 이 법률안 통과를 두고 '웰다잉well-dying법'이 마련되었다고 호들갑이다. 이전에 비해 꽤 진일보한 법률안이라는 데는 이견이 없지만, 호스피스 지원을 확대하고 연명의료 결정을 환자에게 맡겼다는 것만 가지고 웰다잉법이라고 하기에는 무리가 있다.

사람들이 웰다잉well-dying을 말하는 것은 죽음이 well하지 못하고 ill하기 때문일 것이다. 생각할 것도 없이 죽음은 고통스러운 것이고, 비참한 것이며, 절망적인 것이다. 대부분의 사람들에게 죽음은 그렇게 각인

돼 있다.

뒤에서 다시 언급하겠지만 특히 우리나라에서 죽음의 질을 조사한 자료를 보면, 우리가 얼마나 죽음을 준비하지 못하고 있는지를 보여준다. 태어난 이상 누구나 죽는다. 빨리 죽거나 늦게 죽는 차이가 있을 뿐이다. 우리나라는 매년 약 26만 명 정도가 죽음을 맞는데, 정작 죽음을 제대로 준비하는 사람은 별로 없다.

진정한 웰다잉은 연명치료를 중단하는 수준의 고통 없는 죽음을 맞는 것만이 아니라 준비된 죽음을 맞는 것이어야 한다. 준비된 탄생을 웰버쓰well-birth라고 한다면, 준비된 죽음이 웰다잉well-dying이 되어야 할 것이다.

의료현장에서 환자들을 만나보면 대부분의 사람들이 죽음을 제대로 준비하지 못하고 있다는 점을 확인하게 된다. 하다못해 소풍갈 때도 준비물을 챙기고, 이사할 때도 몇날 며칠에 걸쳐 준비를 하는데, 다시 못 올 이 세상을 떠나면서 아무런 준비도 없는 게 현실이다. 왜 그럴까? 죽음은 그저 두려움의 대상일 뿐 죽음이 무엇인지, 어떻게 죽음을 맞을 것인지 평소에 생각하지 않았기 때문이다. 더 충격적인 것은 죽어가는 환자를 돌보는 의료인 스스로가 대부분 죽음에 대해 모른다는 것이다. 오직 삶과 치료에 대해서만 생각했을 뿐 죽음을 공부하지도, 생각하지도 못했기 때문에 죽음을 앞둔 환자에게 도움이 되는 어떤 조언이나 조치도 취하지 못한다는 사실이다. 결국 환자·의사·가족 모두가 죽음 앞에 대책 없이 좌절하고 있을 뿐이다.

죽음을 현실로 실감하는 것

우리는 평소 죽음에 대해 두렵다거나 무섭다고 생각하지만 스스로에게 닥칠 일로서 실감하지는 못하고 산다. 사고나 질병 등으로 죽음에 임박해서야 "아, 죽을 수도 있겠구나." 하고 두려워할 뿐이다. 죽음을 단어로서가 아니라 현실로 실감해야 한다. 죽음은 늘 우리 곁에 있다. 그러나 죽음을 실감하는 사건이나 지점은 사람마다 많이 다르다. 매일 접하는 방송이나 언론의 보도를 통해 우리는 너무나 많은 죽음 관련 사건사고를 보고 듣게 되는데 그러한 뉴스들을 볼 때에만 비로소 우리가 죽음 속에 살아간다는 것을 실감하게 된다.

정신질환자에 의한 '묻지 마' 살인 사건 뉴스를 접하면 언제라도 살인 사건의 피해자가 될 수 있다는 불안감을 느끼지만 당장 내게 닥친 일이 아니라서 안도하기도 한다. 비행기 추락사고, 선박사고, 교통사고를 포함한 일상의 사망사고들도 죽음의 가능성이 희박한 것이 아니라는 것을 알게 하지만 곧 잊는다.

몇 년 전 일본에서 천재지변인 대형 쓰나미로 수많은 사람들이 집단 사망 혹은 실종되었고, 아프리카 북부에서는 난민들이 바다를 건너다 배가 뒤집혀 수십 명에서 수백 명이 집단 사망하기도 했다. 시리아에서는 테러로 수백 명이 처참하게 죽음을 당하기도 했다. 지금 이 시간 지구의 어디에선가는 지진이나 천재지변으로 또 얼마나 많은 사람들이 죽음을 당하고 있는지 모른다.

나는 지난 한 달 동안 문자 메시지를 통해 다섯 건 이상의 부고 통지를 받았다. 친구 또는 이런 저런 사회관계 속에 내가 알고 있는 사람의 연로하신 부모님의 별세 소식이다. 어쨌거나 대한민국에서 한해에 약

26만 명이 사망하고 있으니 대략 현재 내가 살고 있는 중소도시인 원주시 전체 인구에 조금 못 미치는 정도의 사람이 매년 죽는다는 것이 현실이다. 우리가 살아가는 현장은 삶과 동시에 늘 죽음이 함께한다는 것을 알 수 있지만 이를 실감하지 못하고 하루하루를 살아간다.

그토록 많은 죽음을 보면서도 왜 우리는 죽음을 실감하지 못하고 살아갈까? 우리 주변에 무수한 죽음이 존재한다고 하더라도 '나'라고 하는 한 개인이 직접 경험하는 죽음은 단 한 번뿐이다. 그러나 그 죽음마저도 자신의 인지기능이 작용하는 한은 진정 죽은 것이 아니라 결국은 살아있는 것이고, 따라서 죽음 자체는 스스로 경험하지 못하는 것이기 때문이 아닐까 추측해 본다. 죽음은 인지기능 자체가 멈춘 뒤의 일일 테니까 말이다. 우리 뒤통수는 내 머리 뒤에 항상 존재하고 있지만, 살아가는 동안 맨눈으로 절대 뒤통수를 볼 수 없다. 그렇게 우리는 교묘하게 자신의 죽음이 실존하지 않는 것처럼 태연하게 아침에 눈을 떠 하루를 바쁘게 살아가고, 해가 지면 잠을 자면서 죽음을 모른 체 하는 것이 아닐까. 어쩌면 굳이 죽음을 생각하는 것이 부정적 자기암시가 되지 않을까 염려하여 기피하는 것은 아닐까. 아예 죽음이라는 공포로부터 멀리 떨어져 있는 것이 낫다고 생각하고 있는 것일지도 모른다.

그런데 지구 반대편 저 멀리 어떤 나라의 지진으로 인한 누군가의 죽음이나 뉴스 속의 어떤 죽음이 아니라, 나와 가까운 가족, 감정적 연결고리가 강한 사람의 죽음을 보게 되면 평소 그렇게 멀게만 느껴졌던 죽음이 어느 정도 실감되면서 비로소 좀 더 진지하게 다가오기도 할 것이다. 부모의 죽음, 형제의 죽음, 사랑하는 남편이나 부인의 죽음은 죽음이 더 이상 강 건너 불이 아니라 나에게도 현실일 수 있다는 자각을 가지게 할 것이다.

나 또한 부모님이 점차 노쇠해지고 그러다가 마침내 이 세상을 떠나는 과정을 몇 년에 걸쳐 지켜보면서 그전과 다른 현실적 느낌을 가지고 죽음을 성찰하는 기회가 되었다. 아울러 한의사라는 직업의료인으로서 환자를 통해 죽음을 경험하기도 하는데, 그동안 진료했던 수많은 환자 중에서 어쩌면 가장 오랜 시간 동안 질병과 죽음의 과정을 함께 지켜본 나의 환자 한 분은 마침 나의 아버지와 비슷한 시기에 죽음을 맞았는데 그의 죽음은 의료인으로서 죽음을 어떻게 풀어야 할지를 생각하게 하는 사건이었다.

그래서 책의 1부 '죽음을 공감하라'는 내가 경험한 죽음의 최대 근접점인 부모님의 죽음과 10여년을 관찰하면서 지켜본 환자 한 분의 죽음을 바라보는 나의 시각을 메모와 진료부를 참고로 일기처럼 적어나갔다. 그것을 통해 이글을 읽는 분도 어느 정도 죽음을 현실적 사건으로 공감하고 그 죽음을 어떻게 받아들이고 해석해야할지 생각할 시간을 가지기를 바라기 때문이다. 그러나 이미 죽음을 가까운 사건으로 공감하고 있는 독자라면 1부를 건너뛰고 2부부터 읽어도 좋을 것이다.

준비된 죽음

2부 '어떻게 죽을 것인가'는 당하는 죽음이 아니라 맞이하는 죽음에 관한 것이다. 누가 되었든 사람의 죽음은 결코 가벼운 것이 아니다. 한 사람이 평생에 걸쳐 느껴왔던 기쁨, 슬픔의 감정과 삶의 과정에 축적된 정보들이 동시에 사라지는 일이다. 어쩌면 또 하나의 우주가 사라지는 사건이기도 하다. 내가 나의 부모님을 여의면서 죽음을 좀 더 깊이 있게 생각하게 된 것처럼 아마도 사람들은 각자의 개인적 사건을 통해서 죽음에 대해 좀 더 가까이 생각하는 시간을 갖게 되리라고 생각한다.

소설《엄마를 부탁해》는 실종되어 주검을 확인하지 못한 엄마를 찾아다니면서 엄마와 가장 가까운 가족들 각자의 개인적 기억과 인연을 통해 그동안 생각 없이 지나왔던 엄마의 존재가 결코 평범한 것이 아니었음을 깨닫는 과정을 그린다. 그렇게 우리의 죽음은 단지 한 생명이 사라지는 것만을 의미하는 것이 아니라 주변의 다른 존재들과 형성되었던 깊은 고리가 끊어짐으로서 연결고리를 가진 모두에게 영향을 미치는 큰 사건이다. 우리는 이것을 커다란 상실과 슬픔 또는 비극으로 받아들인다. 따라서 죽음을 맞이하는 당사자에게 미리 죽음을 말하는 것은 불경스럽거나 자비롭지 못한 태도라고 생각하기 쉽다.

미국의 뉴욕에서 중환자 응급구조사로 일했던 매튜Matthew O'Reilly는 이러한 상황에서 어떻게 말하는 것이 좋을지 생각하게 하는 좋은 경험을 전해준다. 그는 응급구조사로서 교통사고 현장이나 화재 현장에서 또는 심장마비환자 같은 죽음에 임박한 환자를 제일먼저 접하는 직업을 가졌는데, 구조사로서 아무런 조치도 취할 수 없는 명백한 죽음에 임박한 상황에서 환자가 "내가 곧 죽을까요?"라고 물어올 때 어찌 답해야 할지 몰라 딜레마에 빠진다고 했다. 그가 진실을 말하면 죽어가는 사람이 공포와 두려움을 느낄 것이라고 생각하고 거짓말을 할 수밖에 없었다는 것이다.

그런데 어느 날 오토바이사고로 죽어가는 사람이 "내가 곧 죽을까요?"라고 물었을 때 진실을 말하기로 하고 "당신은 곧 죽을 것이고 내가 할 수 있는 게 아무것도 없다."고 말한 순간 오히려 사고를 당한 환자

프롤로그 17

가 여유로워지고 죽음을 수용하는 자세로 평화롭게 죽음을 맞이하더라는 것이다. 그리고 이후에 비슷한 경우에 진실을 말하게 되었고 환자들은 모두 비슷한 반응을 보였다는 것이다.

하지만 이러한 진실의 말이 모든 사람들에게 긍정적으로 적용될지는 여전히 의문이 있다. 아마도 분초를 다투는 위급한 순간에는 이러한 진실의 수용이 가능할 수 있을 것이다. 사고 당사자도 손상과 출혈 등의 상황으로 미루어 죽음이외의 다른 판단을 하기 어려울 것으로 짐작할 수 있기 때문이다. 어쨌거나 매튜의 경험은 죽음을 맞이한 당사자에게 죽음의 사실을 말하는 것이 긍정적일 수도 있다는 한 예로서 시사하는 바가 크다.

이와는 달리 오랜 시간에 걸쳐 서서히 목숨을 위협하는 질병을 가진 환자들에게는 이러한 반응을 기대하기 쉽지 않을 것이다. 대부분의 말기질환 환자들은 의학적 정보가 부족한 상태에서 과도하게 의학에 의지하여 획기적인 치료법이 남아있을 것으로 기대하고 있기 때문에 자신에게 죽음이 임박했다는 것을 받아들이기 어렵다.

50대 초반의 아들이 췌장암이 발병한 후 전신으로 전이되어 병원에서 더 이상 치료할 방법이 없다는 판정을 받고도 혹시 치료할 수 있는 한약이 있느냐고 물어 오신 70대 노부부가 계셨다. 하나 밖에 없는 귀한 아들이 병에 걸렸는데 어떻게든지 살려내고 싶어서 의사가 하자는 온갖 치료를 다해보았지만 병은 점점 악화되었다. 마침내 암 전문의가 치료를 포기한 시점에는 지푸라기라도 잡는 심정으로 기도원에도 머물러 보았지만 상태는 점차 나빠졌다는 것이다. 그 아들은 늙은 부모가 내게 다녀간 지 닷새 후에 사망하고 말았다. 이 경우 본인을 포함한 가족 누구도 죽음을 받아들이려고 하지 않았고, 죽음이라는 단어는 금기어였으며 따라서 죽음에 대한 어떤 준비도 제대로 하지 못하였다.

의료인은 환자의 질병을 치료하는 것을 사명으로 하고 있다. 그런데 만약 말기암 환자가 "선생님 제가 죽게 되나요?"라고 묻는다면 의사는 무어라고 답해야 할까. 환자를 위로하기 위해서 "걱정 마세요. 잘 치료하면 아무 문제없으니 처방해드린 약을 열심히 드세요." 정도로 선의의 거짓으로 위로를 하는 것이 좋을까? 아니면 "네. 당신은 이제 죽을 것입니다."라고 사실을 말해야 좋을까?

의사가 사실을 말한다면 어떤 환자는 더 이상 살 수 없다는 생각에 절망할 수도 있을 것이고, 또 어떤 환자는 실력 없는 의사라고 분노할지도 모른다. 아마도 앞에 소개한 응급구조사 매튜의 경우처럼 진실을 말하고 긍정적인 반응을 기대하기는 어려울 것이다.

응급환자가 아닌 장기질환자는 환자 또는 가족들이 죽음을 평소에 어떻게 이해하고 준비해왔는가에 따라 반응이 달라질 것이다. 평소에 죽음에 대해 생각하고 대비해온 사람이라면 진실을 말하고 수용하는 것이 어렵지 않겠지만, 평소 죽음에 대해 준비가 되어있지 않은 사람이라면 죽는 순간까지도 진실을 말하기 어렵고 받아들여지지도 않을 것이다.

아직 젊고 치명적인 질병이 없는 사람에게 "당신도 언젠가는 죽을 수 있다."고 말하는 것은 아마도 일반적인 담론 수준으로 얼마든지 수용 가능할 것이라고 생각된다. 그 이유는 누구도 죽음으로부터 예외적일 수 없다는 논리를 부정할 수 없지만 시기와 정황상으로 보아 자신과는 전혀 무관한 것처럼 느끼기 때문에 죽음은 그리 슬픈 일도 억울한 일도 아닌 것처럼 여겨질 것이다. 그렇게 본다면 죽음을 본격적으로 생각하고 준비하기에는 이때가 가장 적합하다. 치명적 질병을 가지고 있거나 노쇠하여 죽음의 그림자가 코앞에 다가온 뒤에는 죽음을 수용하기가 그만큼 어렵기 때문이다.

노쇠한 나의 부모님도 그리고 치명적 질병을 가졌던 나의 환자도 죽음이 다가옴을 시시각각 느끼고는 있었지만 그 죽음을 어떻게 받아들이고 대비해야 하는지에 대해서는 아무런 준비가 없었다는 것이 안타깝다. 결국 충분히 건강하고 충분히 젊었을 때 이런 대비가 있으면 죽음을 대하는 태도가 달라져 품위 있게 죽음을 맞을 수 있을 것으로 생각한다.

내용면에서는 물론 종교적·철학적 접근이 있겠지만 나는 의학적 관점에서 이 문제를 다루려고 한다. 그러려면 죽음의 본질이 무엇인지를 풀지 않고서는 답을 얻을 수 없을 것이다. 그래서 죽음의 주체인 '생명'이 무엇인가를 탐구해보니 결국 생명의 본질은 영혼에 닿아 있다는 의학적 결론에 이르게 되었다. 그래서 책의 3부는 생명과 죽음을 함께 생각해보는 '생명이란 무엇인가'이다.

영혼의 건강

4부 '영혼의 길', 5부 '영혼의 건강'은 죽음을 이해하는 과정에 등장하는 영혼에 대한 이해와 탐구 더 나아가 영혼의 건강에 관한 것이다. 영혼의 건강이라고 하면 종교적 의미로만 이해되고 의학이나 과학의 범주에서는 벗어난 것으로 생각하기 쉽다. 그러나 건강한 영혼의 자각이야말로 사람의 건강에서 무엇보다 중요한 요소라는 것을 알게 되었고, 의학적으로도 명백하게 가치 있다는 것을 내가 평생 공부해온 한의학적 논리로 증명하고 싶었다. 내게 그것은 일종의 소명이 되었다.

영혼의 건강을 어디서부터 풀어야 할까? 어설픈 접근은 과학적 태도를 견지해야할 의료인으로서 오해를 받거나 진의가 왜곡될 가능성이 있다. 현대 정신의학의 개척자로 알려진 융Carl Gustav Jung도 영혼을 말하는 집단 무의식 또는 정신 안에 작용하는 원형적 요소인 자기(self)를 설명하면서 심리학자들로부터 신비주의자라는 오해를 받는 어려움을 겪었다고 하지 않는가.

현재까지 질병의 치료와 건강을 다루는 의학에서는 영혼의 건강에 대해 언급하지 않고 있다. 의료인이 영혼의 건강을 말하는 것은 비과학적이라거나 신비주의자로 매도당할 수 있다. 영혼이라는 개념은 오로지 종교나 철학 또는 심리학의 주제로만 국한하여 의학에서 배제되고 있는 것이다.

하지만 나는 영혼이란 것이 죽음 이후에만 존재하는 것이 아니라 지금 우리가 살아 숨쉬는 이 순간에도 존재하는 실체이며 따라서 실체로서의 영혼의 건강은 의학의 중요요소라고 생각한다. 그러므로 앞으로 의학은 영혼의 건강까지 대상으로 삼아야 한다는 것과 그래야 제대로 된 죽음을 맞이할 수 있을 것이라는 결론에 이르게 되었다.

추천사

　김종운의 책을 읽고 나서 중국 최고의 의서인《황제내경》이 떠올랐다.《황제내경》을 '우리 몸의 내면에서 답을 찾는 서적'이라 한다는데, 김종운 한의사는 평생 환자를 치료해 온 풍부한 경험과 지속적 연구를 통해, 미래의 의학은 인간의 몸이나 마음뿐 아니라 영혼의 건강까지 대상으로 삼아야 한다고 갈파하고 있다. '죽음의 본질'에 대한 천착을 통해 생명의 본질이 '영혼'에 닿아 있음을 깨달은 김종운은 옛 명의들이 터득한 양생대도養生大道를 자기 삶으로 실천하고 싶은 변곡점에 와 있는 게 아닌가 하는 생각이 든다. 의술을 자본 획득의 얄팍한 수단으로 삼는 천박한 시대에, 김종운이 던지는 '영혼의 건강'이란 화두는 의학계뿐 아니라 종교, 철학, 심리학 등 인문학적 성찰의 단초를 제공하는 보편적 의미까지 내포하고 있는 듯싶다.

고진하 _시인, 목사.

1부

죽음을 공감하라

삶과 죽음의 길은

여기에 있으므로 두렵고

'나는 간다'는 말도 다하지 못하고 갔는가

어느 가을 이른 바람에

여기저기 떨어지는 나뭇잎처럼

한 가지에서 태어나고서도

가는 곳을 모르겠구나.

아아, 극락세계에서 만나볼 나는

불도를 닦으며 기다리겠노라.

〈제망매가祭亡妹歌〉, 신라시대 스님 월명사

나이든 아들과 늙은 아버지의 소풍

김밥

탁탁탁. 주방에서 나는 도마 소리에 잠이 깼다. 잘 떠지지 않는 눈을 찌푸린 채 탁자 위 시계를 보니 아침 8시를 조금 지났다. 목요일은 한의원이 쉬는 날이어서 평소 같으면 늦잠을 자도 좋을 아침이다. 불현듯 어제 저녁 무렵 아버지와의 전화통화가 떠올랐고 기지개를 켜고 침대에서 내려왔다. 내 인기척에 아내가 힐끗 나를 쳐다보았다. 아내는 김밥을 만드는 중이다.

애들이 대학에 입학한 뒤 모두 집을 떠나 평소 집에는 우리 부부 밖에 없다. 둘만 있는 살림에 김밥을 싸는 일은 거의 없다. 어쩌다 모임에서 단체등산을 갈 때도 등산집결지로 가는 길목에서 김밥을 사가곤 했다. 더러 둘이서만 가까운 산에 다녀 올 때는 동네 빵집에 들러 샌드위치를 사가기도 했다.

산에서 끼리끼리 둘러앉아 도시락을 먹는 사람들을 종종 보았는데, 집에서 먹던 밥과 반찬을 싸 가지고 와 먹는 모습이 좋아보였다. 상추쌈을 먹기도 하고 된장에 고추를 찍어먹는 모습도 부러웠다. 야외에 나가면 반드시 김밥을 먹어야 하는 법이 있는 것도 아닌데 우리는 으레 김밥만 준비했었다.

"우리도 다음에는 도시락 싸가지고 옵시다."

누가 먼저랄 것도 없이 우리 부부는 단숨에 합의를 보았다. 그 뒤로는 산행을 할 때면 으레 꽃무늬 지퍼백에 들어가는 야외용 도시락에 맨쌀밥과 반찬통을 점심으로 가지고 다녔으니 아침에 집에서 김밥을 싸는 풍경도 참 오랜만이다.

"목요일 뭐 할 거냐?"

수요일 오후 진료를 끝내고 퇴근하려고 운전대에 앉자마자 아버지에게 온 전화를 받았다. 전화기 저편으로 목이 쉰 듯 가라앉은 목소리에 발음이 우물거려서 즉각 알아들을 수는 없었지만 아버지는 목요일 일정을 물었다. 좀체 전화하시는 일도 없거니와 하더라도 집안 대소사에 대한 얘기가 전부인 아버지의 질문에 순간적으로 당황했다.

"예? …… 뭐하다니요. 오후에 서, 서울 가야지요."

매주 목요일에는 정기적인 공부모임이 있어 휴원을 하지 않던 때에도 휴진까지 하고 서울에 다녀오곤 했고, 아버지도 매주 목요일에는 내가 서울에 공부하러 간다는 것을 이미 알고 있으며 그 때문에 목요일을 한의원 휴원일로 정했다는 것도 알고 계실 터였다. 마침 내일 서울 강의가 휴강이 되었다는 사실을 알고 전화하신 걸까? 마침 온전하게 하루가 비어 집에서 빈둥거리며 책이나 읽을 생각이었다. 그런 속마음을 들켜버린 것 같아 나는 말까지 더듬거린 것이다.

까맣게 잊은 약속
"지난번에 시간이 있을 때 느이 할아버지 산소에 데려간다고 했잖니.

내일 갈수 있을까 해서 기다리다 전화했다."

발음이 불분명해서 단숨에 알아들을 수는 없었지만 파주 오두산전 망대 근처에 있는 할아버지 산소에 가보고 싶다는 말씀이다. 그때서야 며칠 전 일요일에 아버지와 건성으로 했던 약속이 생각났다. 지난주 수요일이 한식날이었고 그래서 한식이 낀 일요일에 할아버지 산소에 다녀왔었다. 물론 아버지는 예년처럼 함께 할아버지 산소에 가지 못하셨다.

할아버지가 돌아가신 이후 처음 몇 년 동안은 아버지를 모시고 해마다 한식 무렵 일요일과 추석 전 일요일에 묘소에 다녀왔다. 물론 어머니와 분당에 계신 작은아버지와 숙모, 동생 내외, 사촌동생 내외, 그리고 아이들까지 전 가족이 참석하였다.

그러던 것이 아버지의 고혈압과 당뇨가 진행되고 파킨슨씨병까지 악화되면서 상황이 변하였다. 아버지 걸음이 점차 무거워지고 발걸음을 떼는데 지체되는 시간이 길어졌다. 앉았다 일어나는 동작이 자유롭지 못하니 산소 앞에서 절을 하는 것도 불가능해졌다. 그래서 언제부터인가 할아버지 제사와 명절 차례를 준비할 때도 아버지가 직접 제례를 주관하지 못하게 되었다.

아버지는 흔히 말하는 '사람 좋은 분'이기는 하지만 대인관계에서 그리 주도적으로 살아왔다고 할 수는 없는 분이다. 직장을 다니는 등 사회생활을 할 때도, 하다못해 가족모임에서조차도 아버지는 집안의 장자로서 주도적 의사결정이나 행동을 보여주지 못하셨다. 나는 늘 우유부단하고 맺고 끊는 것이 불분명한 아버지가 못마땅한 적이 많았다. 그런데 딱 한 가지 경우, 제례만큼은 가장 능동적이고 주도적으로 주관하셨다. 이때만큼 아버지의 권위가 빛나는 일은 별로 없었다. 아버지는 제구와 제기를 소중하게 보관했고, 제수를 준비할 때 꼼꼼하게 살폈으며 제수 종류, 과일 종류와 개수까지 따져서 진설하도록 지시하셨다. 흔히 알려진 '홍동백서 과채편육'의 정도만 알고 융통성 있게 제사상을 차리려는 우리들의 편의주의를 아버지는 결코 용납하지 않았다. 절하는 횟수, 술잔을 올리는 순서도 일일이 아버지의 지시에 따라 이루어졌다.

육사출신으로서 군 고위지휘관생활과 사회단체지도자로 활약하고 김대중 정부 시절 평남도지사를 마지막으로 공직생활을 마감한 작은아버지는 어느 모로 보나 결단력과 지도력에서 남달랐지만 제사상 앞에서만큼은 아버지의 절대적 권위에 순순히 따르셨다.

매번 제사를 모시기 전에 먹을 갈고 단정하게 접은 한지에 가는 붓으로 지방을 써내려가는 아버지의 모습은 진지함을 넘어 성스러운 의식을 치르는 듯했다. 제사를 모시기 전에 한복을 정성스레 입으시고, 화장실 거울 앞에서 평소에 하시지 않는 매무새 관리에 꽤 신경을 쓰셨다. 아버지가 제사를 주관하는 모습은 그동안 내가 알았던 아버지가 아니라 전혀 다른 사람과 같이 느껴지기도 했다. 그만큼 주도적인 아버지의 모습을 다른 때는 볼 수 없었다.

그런 아버지가 몸을 제대로 움직이지 못하게 되자 제사상과 차례상에 술잔을 올리고 조상님에게 절을 올리는 우리들 뒤에 앉아서 참관만 하셨고, 그때부터 할아버지 산소에도 함께 가지 못했다. 그것이 아마 6, 7년은 족히 된 것 같다.

그래도 한식, 추석 때가 되면 전화를 해서 "언제 할아버지 산소에 다녀올 거냐?" "네가 대신 잘 다녀오도록 해라!"고 챙기셨다. 비록 몸은 불편해서 못 움직여도 마음은 늘 잊지 않고 계셨던 것이다.

그렇게 할아버지 산소에 가지 못하는 것을 당연하게 여기던 아버지가 이번에는 꼭 당신께서 친히 할아버지 산소에 다녀오겠다고 하신 것이다. 지난 일요일에 으레 그랬던 것처럼 나는 작은아버지와 동생 내외와 같이 할아버지 산소에 가기로 미리 약속을 했었다. 그리고 아버지에게 할아버지 산소에 다녀오겠노라고 보고 겸 안부전화를 드렸더니 불쑥 "나도 할아버지 산소에 가야겠다."고 하셨던 것이다.

그 말씀을 듣는 순간 나는 참으로 난감했다. 아버지는 거동이 몹시 불편하고 자주 대소변 실수를 해서 작년 10월에 노인요양등급 2등급 판정을 받고 요양원에 입원하셨다. 그렇게 불편한 몸으로 잠시 이웃집 마실을 가는 것도 아니고 왕복 5시간 동안 차를 타고 이동해야하는 것을 생각하면 걱정스런 일이 한두 가지가 아니었다.

아버지가 할아버지 산소에 가신다면 차량도 불가피하게 두 대가 움직여야 하고, 고속도로 휴게소 화장실을 이용하는 것도 만만한 일이 아니며, 점심을 먹는 것도 쉬운 일이 아니다. 할아버지 산소가 있는 동화경모공원 주위는 통일전망대를 비롯해서 헤이리 예술인마을, 프로방스 등 볼거리 많은 관광지여서 주말 가족동반 나들이객이 많이 오는 곳이고, 일산으로부터 이어지는 자유로는 드라이브를 즐기는 젊은 사람들이 많아 근처의 식당은 항상 많은 사람들이 붐비는 곳이다. 그곳에 걸음을 제대로 걸을 수 없는 노인을 모시고 많은 가족이 이동하는 것은 아무리 조심해도 주변에 폐를 끼치는 등 부담스러운 일이 아닐 수 없다.

아버지를 부축하고 어떤 장소에라도 가게 되면 모든 식구들이 제일 어른인 아버지의 정지한 듯 불안한 슬로모션 몸동작에 맞추어 기다리느라 시간을 지체하게 되기도 하며, 주변사람들이 신경을 써서 부축하거나 배려하게 되는데, 어머니는 이런 아버지의 행동이 못마땅하다고 핀잔을 주곤 하였다. 다른 사람들을 불편하게 하는데도 아버지는 당신 생각만 하고 계신다는 것이다. 사실 아버지는 참으로 눈치가 없는 분이다. 어머니야 대놓고 아버지에게 핀잔을 주지만 다른 가족들도 의사표현만 안 할뿐 같은 마음인데 당신은 아무렇지도 않게 생각하시는 것이 틀림없다.

설령 산소에 가신다고 하더라도 돌아가신 할아버지 산소에 술 한 잔 올리지도, 절 한 번 드리지도 못할 텐데 굳이 같이 가려고 하는 것이 내심 못마땅하기도 하였다. 아마도 오랫동안 요양원에 계시는 것이 따분하고 지루해서 봄바람이라도 쏘이고 싶은데 마침 할아버지 산소에 가시겠다는 것이 외출의 좋은 구실이 됐을 것이라고 짐작이 되기는 했다.

그런데 이번에 아버지는 뜻밖의 말씀을 하셨다.

"아마 이번이 마지막일 것 같아. 그래서 이번에 꼭 다녀오고 싶구나."

아버지는 한 번도 생애를 걸고 마지막이라는 말씀을 하신 적이 없었는데 '마지막'이라는 말을 강조하신 것이다. 그러고 보면 아버지는 요양원 입원 이후에 마음이 많이 약해지신 것이 틀림없다.

어쨌거나 나는 아버지를 떼어놓고 가고 싶었다. 그래야 편하니까. 그렇다고 '마지막'이라는 말씀을 듣고도 뚝 잘라 안 된다고 말하기도 어려워 핑계를 만들어 가시지 않도록 할 수 밖에 없었다.

"일기예보대로라면 내일은 날씨도 제법 쌀쌀할 것이고, 일본의 원자력발전소 사고 여파로 우리나라에도 방사능비가 올지 모른다고 하니 이번에 가신다면 여러모로 고생이 많을 것 같아 아버지는 가지 않는 것이 좋겠습니다. 예전처럼 저희들만 일단 다녀오겠습니다."

그리고 덧붙여 말했다.

"나중에 시간을 내서 제가 아버지를 따로 모시고 다녀오면 어떨까요? 굳이 한식이 아니어도 괜찮지 않겠습니까?"

한두 달 정도 지나서 여유가 되면 시간을 내서 한번 모시고 다녀오려고 생각하고 아버지를 달랬던 것이다. 아버지는 기대가 무산되어 못내 아쉬운 듯한 목소리로 "알았다."고 하셨다.

건강이 좋을 때라면 고집을 부려 가겠다고 하시겠지만, 이제는 바깥나들이도 아들의 허락을 받아야 한다는 것을 어쩔 수 없이 인정하시는 것이다. 그렇게 전화를 끊었고, 일요일에 아버지, 어머니를 빼고 나머지 식구들이 할아버지 산소를 다녀왔다. 아버지와 할아버지 산소 방문 약속은 나에겐 적어도 한 달이나 두 달 후의 일이라고 생각하고 까맣게 잊고 말았던 것이다.

아내와 역할 분담

그런데 할아버지 산소를 다녀온 지 3일 만에 아버지는 전화를 해서 내일 산소에 가자고 하는 것이다. 나는 한두 달 뒤라고 막연하게 생각했지만, 아버지는 목요일이 한의원 휴원일이라는 것을 알고 그 날만 기다렸던 것이다. 휴원일에 서울로 공부하러 가는 건 깜빡하셨을 것이다. 옆자리에 앉아있던 아내도 전화통화 내용을 알고 난감한 기색이 역력했다.

"내일 서울 공부하러 가야하는데 혹시 시간이 있는지 확인하고 바로 전화 다시 드릴게요."

그렇게 거짓말로 통화를 끝내고 아내에게 물었다.

"어떻게 하지? 아버지가 내일 할아버지 산소에 가자고 하시는데."

아내는 단호하게 말했다.

"안 돼요. 어머니도 병원에 입원해서 내일 추가검사를 한다고 했는데 보호자가 없으면 어떻게 해."

'그렇구나. 어머니가 혼자 병원에 입원해 계신다는 사실을 내가 염두에 두지 않고 있었구나.'

지난 일요일 할아버지 산소에 다녀오던 날, 저녁에 아파트에 혼자 남아계시던 어머니를 모시고 같이 저녁식사하려고 들렀는데 어머니가 현관문도 열어주지 못할 정도로 누워 끙끙 앓고 계셨던 것이다. 낮에 혼자 방에서 넘어져서 주저앉았는데 옆구리가 결려 숨도 제대로 쉬지 못하신다는 것이다.

이리저리 만지고 몸을 움직여보아도 끙끙 앓기만 할뿐 말씀도 제대로 잇지 못할 만큼 아파하셨다. 급한 대로 한의원에 들러 왕진가방을 챙겨와 침 치료를 하고 제통환을 드시게 했지만 밤새 아파서 잠도 제대로 못 주무셨다고 하였다.

그길로 근처 병원에 입원하여 진찰을 받는 중인데 거동이 몹시 불편하여 간병인에게 부탁하여 돌봐드리고 검사가 약속된 내일은 보호자가 있어야한다는 사실을 잊어버린 것이다. 그러므로 우리 내외는 어머니가 계신 병원에 가야 했다. 현실은 그랬지만 이런 사정으로 아버지께 안 된다고 말하기도 어려웠다. 아버지는 '마지막'이라며 어떻게든 할아버지 산소에 꼭 가야한다고 생각하고 계시지 않는가. 머리를 짜서 방법을 찾아보아야 했다.

"그럼 내가 내일 아버지 모시고 할아버지 산소에 다녀오고, 당신은 어머니에게 가 보는 수밖에 없겠는걸."

장거리 운전은 늘 아내와 같이 다니면서 교대운전을 하곤 하였는데, 그래서 할아버지 산소에 갈 때면 의례히 교대로 운전을 하곤 했기 때문에 우리 부부는 늘 같이 먼 거리를 움직이는 것을 당연하게 생각했지만 이번만큼은 각자 역할을 나누어야 한다는데 생각이 이른 것이다.

"아버지 몸이 많이 불편한데 혼자서 어찌 다 감당하면서 할아버지 산소에까지 다녀오려고?"

아내가 불가능하다며 머리를 가로저었다.

"화장실에 가실 때, 식당에 가서 음식을 먹을 때, 당신 혼자서 아버지를 도와드리기 어려울 텐데. 그리고 할아버지 산소로 내려가는 비탈길을 어떻게 혼자 모시고 내려갈 거야."

내가 허리가 부실해서 조금만 힘을 잘 못 쓰면 통증을 느낀다는 것을 잘 알고 하는 말이다. 아내가 나 혼자 아버지 모시고 할아버지 산소에 다녀오는 것에 선뜻 동의하지 않는 다른 이유도 있음을 안다. 어머니가 쓰러져 병원에 입원해있는 상황이어서 가족들이 어머니를 돌봐야하는 상황임을 잘 알고 계시면서도 아버지가 당신 생각만 하고 있다고 생각하는 것이다. 아내의 심정을 이해하지 못하는 바도 아니나, 또 아버지가 떼를 쓰는 게 사실이라고 하더라도 나로서는 아버지 청을 거부하기 어려웠다. 어머니가 쓰러지기 전에 한 약속이기도 하고, 당신이 '마지막'이라고 하지 않는가. 머리를 짜내 아내를 달랬다.

"점심은 식당을 이용하지 말고 도시락을 싸가지고 가지 뭐. 김밥을 싸면 어떨까? 산소에 가서 잔디밭에 앉아 먹거나 아니면 차안에서 먹으면 되겠네. 아버지가 음식을 흘리시니까 김밥은 한입에 들어가기 쉽게 조그맣게 만들어봐. 요즘 요양원 들어가신 후 오히려 아버지 걸음걸이도 조금 나아진 것 같잖아? 내가 잘 부축하면 비탈길이 그리 가파르지 않으니 어렵긴 해도 가능할거야."

아내는 한참 말이 없다가 짧게 한마디 했다.

"알았어."

평소에도 아내는 긴말을 할 줄 모른다. 자기의 생각과 다르면 말을 하지 않고 침묵을 지킨다. 젊었을 때 더러 부부간에 의견충돌이 있거나 다투고 나면 일주일 이상 한마디도 하지 않고 버티는 통에 난감했던 일이 한두 번이 아니었다. 어쨌거나 짧게라도 동의한 것은 달갑지는 않아도 반대하지 않는다는 뜻이다.

부부 간에 토론을 끝내고 결론이 나왔으므로 아버지에게 바로 전화했다.

"할아버지 산소에 가요. 내일 10시까지 모시러 갈게요."

"그래 알았다."

전화기 너머로 기분 좋아하는 아버지의 목소리가 전해온다. 소풍가는 아이처럼 들떠 있을 아버지의 모습이 선하다.

오늘 아침 아내가 김밥을 만드는 이유가 이러했다. 이제 나는 아내가 만들어 준 김밥을 싸들고 아버지와 단둘이 소풍을 가려고 한다. 나이 50대 중반의 아들과 80대 초반의 병든 아버지가 단둘이서 소풍을 간다니.

굳은 땅에 물 고인다

소풍의 기억

초등학교 2학년인가 3학년 때 아버지에게 집 바깥으로 놀러가자고 떼썼던 기억이 난다. 1960년대 후반에 가족나들이라는 것이 있을 리도 없었고, 더구나 우리 아버지는 아이들을 데리고 한가하게 놀아주는 가정적인 분도 아니었다. 그것이 우리 집만의 사정은 아니었겠지만 이례적으로 아버지를 졸랐던 기억이 난다. 그만큼 나도 어렸었고 정말 무료했었던 모양이다. 그 이후로는 특별히 아버지에게 놀러가자고 졸랐던 기억도 없다.

그때도 아마 지금처럼 따뜻한 봄이었던 것 같다. 그리고 일요일이라 학교도 가지 않는 날이었다. 그 당시 아버지는 교대근무를 했었다. 어떤 날은 아침에 퇴근했고 어떤 날은 오후에 퇴근하기도 했는데, 아침에 퇴근할 때는 언제나 라면 한 봉지와 껌 두 개를 가져오셨다. 야간 근무자에게 지급하는 야식을 아버지는 자식들을 생각해서 먹지 않고 집에 가져 오신 것이었다. 라면을 처음 보았기 때문에 어떻게 먹는 줄도 몰라서 서너 개 쯤 모이면 우리 형제는 그것을 생으로 부수어 과자처럼 먹었다. 생각해보면 썩 맛있는 과자도 아니었는데 군것질거리가 없던 시절이어서 생으로 먹기도 하고 스프를 뿌려 먹기도 했다. 라면이 끓여먹는 대용

식이라는 것을 알게 된 것은 그보다 한참 지난 뒤였다.

따뜻한 봄날 일요일 낮에 아버지와 함께 집에 있다는 것이 매우 드문 일이었던 것 같다. 그때 우리는 충주 비료공장 근처 철길 옆 작은 집에 살았다. 비탈진 산 밑에 바로 붙어있던 조그만 집 언덕 마당에 서서 팔짱을 끼고 멀찌감치 동네를 내려다보던 아버지에게 놀러가자고 떼를 썼었다. 언젠가 보았던 충주시내는 그 당시까지 내가 알던 가장 화려한 곳이었다.

"아버지, 우리 충주시내 구경 가요!"

따분하고 지루한 일요일에 어디론가 놀러가고 싶은데 충주시내를 구경한다면 얼마나 좋을까하는 생각이 어린 나의 머릿속을 가득 채웠다. 그렇게 멋있는 시내를 구경한다는 상상만으로도 기분이 너무 좋았다. 그래서 필사적으로 아버지에게 매달려 떼를 썼던 것이다.

"뭐 하러 가. 할 일도 없는데!"

아버지는 그렇게 단호하게 거절하셨고 나는 몇 차례 더 애원하다시피 놀러가자고 떼를 쓰다가 그만 제풀에 지쳐버렸다. 그리고 그때 기나긴 일요일 하루의 지루함을 벗어날 수 있는 외출을 하지 못하고 집에만 있어야 했던 것이 우리 집 앞으로 이어진 좁고 꽉 막힌 골목처럼 답답했던 기억이 난다.

지금 생각해보면 절약을 최고의 가치로 여기던 아버지는 아무 이유 없이 차비와 밥값을 써 가며 충주시내까지 가야하는 이유를 찾을 수 없으셨을 것이다. 아니면 주머니에 그럴만한 돈이 아예 없었는지도 모르겠다.

하지만 아버지가 어린 아들의 마음을 조금만 알아주었다면 굳이 돈이 많이 드는 충주시내 구경이 아니라도 손잡고 가까운 목행리 강가에만 다녀왔어도 참 행복했을 것 같다. 하얀 백사장의 모래와 둥글고 매끈한 조약돌이 아름다웠던 남한강이 어린아이 걸음으로도 기껏해야 이삼십 분 정도로 가까운 곳에 있었다. 하지만 그것도 사치스런 생각이었을지 모른다. 그 당시는 다들 먹고살기 어려운 시절이었는데 어느 집이라고 아버지가 아이들과 손잡고 한가하게 놀러 다니겠는가. 사오십년쯤 지나 지금 생각해보니 그렇다는 것이다.

아버지가 직장을 진해로 옮기고 내가 중학교 1학년이 되었을 때 어느 날 아버지와 같이 바람을 쏘이러 나간 적이 있다. 그때도 날씨는 따뜻했지만 억새풀이 기억나는 것으로 보아 이른 가을쯤이었던 같다. 진해 장복산 자락을 따라 중턱 정도까지 두어 시간 걸었던 기억이 나는데, 어떤 동기로 그런 외출을 했는지 앞뒤 상황은 생각이 잘 나지 않는다. 그저 따뜻하고 약간은 건조한 날씨에 앞장서서 저만치 말없이 걸으셨던 아버지 뒷모습이 떠오른다. 나는 예닐곱 걸음 정도 뒤에서 이리저리 마른 풀과 건조한 흙을 밟으며 터덜터덜 걸었던 기억이 난다.

도시락은커녕 간식거리나 마실 물조차도 없이 평소 입고 있던 옷 그대로 갔던 것으로 보면 준비된 소풍이 아닌 것이 분명하다. 특별히 즐거운 감흥이 있었던 것도 아니고 그렇다고 자주 다녀서 익숙했던 소풍도 아니고 낯선 것 같으면서 한가하고 약간은 지루한 기분, 따가운 오후 햇볕에 약간 목이 말랐던 그런 소풍이었다.

그때 아버지 나이가 아마 마흔을 넘기지는 않았을 텐데 그 젊은 나이에 아들을 데리고 마른 산을 오르면서 무슨 생각을 했었을까? 아마 모처럼 일요일에 따분함을 달래려고 아들을 앞세워 생각 없이 나선 것일 수 있다.

　나들이 내내 아버지는 아무런 말씀도 하지 않았고 감정 표현도 하지 않았던 것을 보면 어쩌면 어머니와 심하게 다투고 나서 집에 있는 것이 불편해서 나섰던 것일 수도 있겠다. 어쨌거나 어릴 때 내가 기억하는 아버지와의 소풍은 이렇게 한 번의 실패한 소풍과 또 한 번의 무표정한 소풍이 전부이다.

출발합니다

10시 조금 지나서 요양원 입구에 도착했다. 요양원 주차장 입구에 들어서자 현관에 직원 두 명의 부축을 받으며 아버지가 서있는 모습이 눈에 들어온다. 현관 앞에 차를 멈춰 세우자 아버지가 마치 어린아이처럼 밝게 웃으셨다. 아들과 같이 외출하는 것이 사뭇 좋으신 모양이다.

　원래 아버지는 웃음이 흔한 분이 아니다. 아버지가 크게 웃는 것을 본 기억이 별로 없다. 간혹 약주를 한잔 하고 취기가 돈 상태에서 주변 사람들이 노래를 권하면 '돌담길 돌아서면~'으로 시작되는 나훈아의 '물레방아 도는데'라는 노래를 부르시곤 했는데 그때 사람들이 박수를 치고 앙코르를 청할 때 밝게 웃으시던 것 빼고는 대체로 감정이 없는 표정을 지으시는 경우가 많았다.

　당뇨가 있는데도 불구하고 그렇게 좋아하셔서 끊지 못하시던 약주였다. 그러나 이제는 한잔만 마셔도 앉은 자리에서 일어날 수 없을 만큼 다리에 힘이 풀리니 술을 드시지 못하게 된지도 오래됐다. 가족끼리 모인 자리에서 억지로라도 노래를 한곡 할라치면 목에서 헛바람 소리만 날뿐 손에 들고 있는 마이크를 통해 노래 소리가 전달이 되지 않으니 이젠 노래할 일도 없어지고 앙코르 소리도 없고 웃을 일도 별로 없어졌다.

그런데 오늘은 천진난만하게 웃으시는 모습이 정말 소풍가는 유치원 아이 같다.

지난해 10월에 거동이 불편해져서 요양원에 입소하신 이후 간간히 토요일에 식구끼리 외식을 하거나 설날 명절에 하루 외출하신 것 외에는 바깥구경을 하시지 못했으니 많이 답답하기도 하셨을 것이다.

할아버지 산소까지는 승용차로 2시간 반 정도가 걸리는 거리이니까 요양원에 입소하신 이후 가장 먼 거리를 외출하는 셈이다. 몇 년 만에 할아버지 산소에 참배하러 간다는 것도 의미가 있는 일이지만 오랜만의 나들이 자체만으로도 기분이 좋으시기에 충분할 것이다. 게다가 오늘은 날씨도 아주 화창하고 좋다.

지난 일요일 할아버지 산소에 다녀올 때는 비가 올 것이라는 일기예보가 있었고 게다가 일본 지진으로 후쿠시마 원전이 파괴되어 방사능이 유출되었는데 한국에도 방사능비가 올 것이라고 예보했었다. 그 때문인지 몰라도 예년에는 한식 무렵 일요일에 매우 많은 사람들이 공원묘원을 찾아 참배하였는데 금년에는 참배객도 아주 적었다. 공원묘원 입구에 있는 조화 가게에서도 평소 같으면 만 원 이상 주어야 살 수 있던 꽃다발을 대폭 할인해서 겨우 3000원이면 살 수 있는 걸로 보아 금년엔 참배객이 매우 적었다는 것을 추측하게 했다. 그 날 일기예보처럼 비가 오지는 않았지만 바람이 매우 세게 불고 봄 날씨답지 않게 제법 쌀쌀해서 식구들 모두 서둘러 할아버지 묘소를 참배하고 돌아온 기억이 난다.

오늘은 지난 일요일과 달리 완전한 봄기운이 난다. 곳곳에는 벚꽃이 피고 나뭇가지들이 연한 초록의 생명기운이 가득했다. 참으로 소풍가기 좋은 날이다. 이렇게 좋은 날 나는 아버지와 내 인생의 두 번째 소풍을 간다. 물론 내가 장가를 가고 아이들을 낳으면서 자연스레 할아버지가 된 아버지를 모시고 온가족이 소풍을 다녀온 적은 많았지만, 다른 사람이 개입되지 않은 채 아버지와 나 이렇게 단둘만의 소풍은 그 건조했던 진해 장복산 이후 처음이다. 어렸던 아들은 반백이 넘어 자식 된 도리와 의무감으로 나서는 소풍이지만, 아버지는 매우 들떠있다.

요양원 직원들의 부축을 받아 다리를 끌다시피 운전석 옆자리에 겨우 비스듬한 자세로 올라앉은 아버지가 안전벨트를 찾아 매려고 하지만 자꾸 헛손질이어서 내가 몸을 돌려 안전벨트를 매드리고 자세를 바로 잡아드렸다. 요양원 직원이 나에게 당부를 했다.

"저녁식사 시간이 오후 5시니까 혹시 늦으면 미리 연락주세요."

한 끼 식사마다 식비가 정산되므로 착오가 없어야 한다는 뜻이다. 직원은 아버지를 향해서도 밝게 웃으며 인사를 한다.

"할아버지 좋으시겠어요. 잘 다녀오세요."

아버지도 요양원 직원을 향해 손을 들어 보이며 어린아이처럼 밝게 웃으셨다.

차가 요양원을 빠져나와 고속도로로 들어가기 전 계기판을 보았다. 오늘 하루 할아버지 산소까지 다녀오기에는 연료가 턱없이 모자랐다. 그래서 늘 다니던 주유소에 들러 연료를 넣고 가기로 했다. 조금 번거롭기는 해도 셀프주유를 하면 비용도 절감되고 또 회사 직영주유소라 정품만을 취급한다는 말을 듣고부터는 약간 돌아가는 길이라도 단골로 들르는 주유소이다. 늘 하던 대로 주유기에 녹음된 안내 멘트에 따라 연료를 가득 채우고 운전석으로 돌아와 앉았다.

"......"

아버지가 나에게 무어라고 말하는데 무슨 말씀을 하시는지 알아듣지를 못하겠다. 나는 고개를 숙여 아버지 얼굴 가까이 귀를 대고 다시 물었다.

"예? 뭐라고요?"

큰소리로 다시 물어보았고 아버지는 다시 목소리를 높여 무어라고 말씀을 했는데도 또 알아듣지를 못하겠다. 이렇게 서너 차례 목소리가 높아지면서 말이 오가자 겨우 그 뜻을 알아들을 수 있었다. '기름 값이 얼마냐'고 궁금해 하신 것이고 '기름 값이 많이 올랐다'는 말씀을 하고 계신 것이다. 한참동안 기름 값이 적힌 영수증을 뚫어지게 살펴보고 경유 값이 리터당 얼마인지를 확인한 것이다. 놀랍게도 아버지는 요양원에 입소하기 전에 비해 기름 값이 얼마나 올랐는지를 정확히 알고 계셨다.

아버지가 요양원에 입소하신 이후에 이집트 민주화시위로 무바라크 독재정권이 무너지고 연이어 중동지역에 민주화바람이 불더니 리비아 사태가 발발하고 그 여파로 우리나라도 기름 값이 오르기 시작했다는 것을 뉴스로만 들으시다가 실제 주유소 영수증을 보고 기름 값이 많이 올랐다는 것을 확인하신 것이다.

굳은 땅에 물 고인다

나는 이런 아버지의 소소한 것에 대한 관심이 좀 못마땅하다. 운전을 하실 것도 아니고, 기름 값을 지불하실 것도 아니고, 그 밖의 생활비를 계산할 필요도 없는 분이 아들이 계산한 주유소 영수증까지 눈으로 확인하는 것이 어른으로서 합당한 태도같이 보이지 않았기 때문이다.

하지만 아버지가 어떤 분이신가! 직장을 퇴직하고 얼마 안 되는 퇴직금을 잘게 쪼개어 은행에 적금이나 펀드로 넣어두셨는데 가장 이자가 높고 혜택이 높은 금융상품이 어떤 것인지를 확인하고 또 확인하면서 관리하는 분이다.

　어머니가 아버지와 같이 살면서 가장 스트레스 받는 일중의 하나가 아버지의 가계부에 관계된 것이다. 직장 퇴직 후 언젠가부터 아버지가 매일 가계부를 쓰시는데 10원짜리 하나까지 아귀를 맞추어야만 직성이 풀리는 아버지는 시장에서 부식거리를 사가지고 들어오신 어머니를 앞에 앉혀두고 일일이 계산을 맞추셨다. 그리고 잔돈을 모두 회수하셨다. 그런데 계산이 잘 맞지 않는 날에는 몇 시간이고 어머니를 다그쳐 계산을 맞추다보니 어머니와 잦은 충돌을 하시는 것이다.

　"어디 내가 돈 떼먹고 도망이라도 간답니까? 사람을 의심하는 거예요?"

　"네 아버지는 내 주머니에 돈이 있는 꼴을 못 본다니까!"

　어머니는 늘 볼멘소리로 투덜거리셨다. 그러다가 아버지에 대해 말씀이 지나쳤다고 생각되면 한마디를 덧붙이셨다.

　"하기사 네 아버지가 그렇게 알뜰하게 살림을 사니까 그나마 집수리할 때도 따로 너희들한테 손 벌리지 않고 이만큼이라도 살고 있는 셈이지."

　아버지의 직장 퇴직 이후에는 얼마 안 되는 퇴직금 이자 외에 다른 수입원이 없었다. 그러다 보니 퇴직금 원금을 마저 까먹으면 안 될 것 같아 매달 일정금액을 생활비로 보태 드리고 있었는데 언젠가 보니 그 돈의 대부분을 적금으로 넣고 그중 일부를 꺼내서 집수리하는데 쓰셨던 것이다.

풍족하게 돈을 드린 것은 아니지만 이제 퇴직까지 하셨고 자식들은 다 제 앞가림을 하고 살고 있으니 아버지, 어머니 두 분이 하고 싶은 일 하시고 쓰실 만큼 쓰시고 여유롭게 지내시면 좋겠다는 말씀을 여러 차례 하면서 생활비를 드리곤 했다. 그러나 아버지는 결국 평생 허리띠를 졸라매고 이렇다 할 취미생활도 못하신 채 최소한의 생계비만을 지출하고 나머지는 고스란히 다시 저축하고 계셨다.

아버지는 평생 '굳은 땅에 물 고인다'며 절약정신을 강조하며 살아오셨다. 내가 중학교 1학년 때 어머니가 곗돈을 타서 큰 맘 먹고 당시 돈 5000원을 주고 산 괘종시계는 그 이후 열 번도 넘는 이사를 했음에도 불구하고 아직까지 부모님 집 벽에 걸려있다. 40년이 지난 지금도 한 달에 한 번 태엽만 감아주면 훌륭히 시계역할을 하고 있다.

그 괘종시계를 사러 갈 때 나를 데리고 갔었는데 나는 어머니가 그것을 사려고 얼마나 망설이고 망설였는지를 잘 안다. 아버지는 반대하셨지만 남들은 다 가지고 있는 괘종시계 하나쯤을 어머니도 갖고 싶었는데 비용이 만만치 않았던 것이다.

진해에서 울산으로 이사 가던 날 다른 이삿짐과 같이 겹쳐 실으면 시계가 깨질까봐 조심스레 보자기에 싸서 큰아들인 나에게 따로 들고 가도록 하셨다. 막 고등학교에 입학한 사춘기 무렵 수줍음 많던 나는 그리 좋지도 않은 시계를 신주단지 모시듯 가슴에 안고 시외버스에서 많은 사람들과 부대끼는 것이 싫었지만 어쩔 수 없이 부모님이 시킨 심부름을 할 수밖에 없었다. 차가 흔들릴 때마다 시계추가 움직여 뎅그렁거렸고 나는 그 소리가 날 때마다 다른 사람들이 들을까봐 얼굴을 붉히며 소리가 나지 않게 하려고 애를 썼었다.

부모님 집에는 40년이나 된 물건이 또 있다. 선풍기이다. 날개가 철판으로 된 미제 선풍기로 월남전에 다녀온 사람을 통해서 산 물건이었던 것으로 기억하는데 당시에는 아마도 제일 좋은 것이었을 것이다. 아버지는 매년 여름이 지나면 선풍기를 깨끗이 청소하고 기름칠을 해서 비닐로 감싸 정성껏 묶은 다음 장롱 위에 고이 모시는 일을 게을리 하지 않으셨다. 몇 년 전 아버지 집에 분명히 에어컨을 놓아드렸지만 지난해 여름에도 전기세가 아깝다고 에어컨을 켜지 않고 그 오래된 선풍기를 꺼내어 켜 놓으셨다. 놀라운 것은 그 선풍기가 40년 전과 다름없이 여전히 잘 작동이 되고 있다는 것이다. 어릴 때 그 선풍기 앞에서 "아~"하고 소리를 내면 선풍기 날개에 부딪혀 묘한 떨림 소리가 들리는 것이 재미있었던 기억이 난다. 지난해 여름 나는 그 낡은 선풍기 앞에서 오십 중반의 나이에도 불구하고 그 소리를 다시 한 번 내 보면서 어릴 때 생각이 떠올라 뭉클했었다.

그밖에도 부모님 집에는 찬장이며, 밥상이며, 그릇이며, 숟가락이며 하다못해 소주잔까지도 20년, 30년 된 물건들이 허다하다. 아닌 것도 있기는 하다. 지난해 봄 어머니께서 유일하게 즐기는 텔레비전드라마를 보시다가 화면이 고장 난 텔레비전을 고칠 수 없다고 해서 신형 텔레비전을 사드렸는데 그것이 아마 가장 최신 물건일 것이다.

창고에는 하다못해 쓰다 남은 노끈하나도 가지런히 묶인 채 보관되어 있다. 그전부터 쓰던 물건을 하나도 버리지 않고 꼼꼼히 챙기고 워낙 깔끔하게 정리해두셨는데 가끔 그 물건들 속에서 20년 전 30년 전에 있었던 이런저런 사연들을 다시 발견하곤 한다.

아버지의 회한

동화경모공원

참으로 날씨가 따뜻한 봄날이다. 곳곳에 벚꽃들이 활짝 피어있다. 몇 달 동안 요양원에만 계시다가 외출을 나온 아버지에게 훈훈한 봄바람을 느끼게 해드리고 싶어서 차량의 천장 창문을 열어보았다. 차안으로 흐르는 바람이 쾌적하다는 느낌을 받았다. 하지만 조금 시간이 지나자 봄햇살이 너무 따가웠다. 마침 내려쏘이는 햇볕이 아버지 얼굴 전체로 쏟아지고 있는데 아버지는 특별히 불편하게 느끼지 않는 것 같지만 얼굴이 탈 것 같아 다시 창문을 닫았다. 라디오에서는 봄꽃맞이 특별 프로그램을 야외스튜디오에서 진행하는 아나운서의 들뜬 목소리가 흘러나오고 있다. 다행히 아버지는 화장실을 한 번도 가지 않고 2시간 30분 만에 목적지인 동화경모공원에 도착할 수 있었다.

저 멀리 임진강이 통일로를 거쳐 달려온 방향과 반대로 서울 쪽으로 흐르는 것이 보이고 강 건너 오른쪽으로 북녘 땅이 바라보이는 언덕에 자리 잡은 공원묘원. 그곳에 할아버지 묘소가 있다. 6·25전쟁 중에 이북에서 피난 내려온 분들이 살아생전에 고향으로 돌아가지 못하고 하나둘 세상을 떠나는 것이 안타까워 죽어서라도 고향 가까이 묻히고자 했고, 그래서 이북 출신 생존자들이 힘을 모아 마련한 묘소가 동화경모공원이다.

마침 이북 5도민회 평남도지사를 지낸 작은아버지가 주선하고 형제가 힘을 합쳐 그곳에 묘소 5기를 분양받아 두셨다. 할아버지를 비롯해 아버지 내외, 작은아버지 내외 이렇게 다섯 기의 묘소 중에 제일 윗자리에 할아버지가 누워계신다. 이곳 묘소는 분양받으신 분이 돌아가시는 순서대로 차례차례 묘소를 쓰는데 가족의 묘소는 다섯 기가 묶여 있기 때문에 할아버지 묘소 옆으로 빈자리 공간이 네 곳이 있고 그 아래로는 이미 많은 분들이 안장되어 묘지 봉분과 비석이 만들어져 저 아래까지 빼곡하게 자리 잡고 있다. 묘소는 지역별로 5개 구역으로 나뉘어있는데 할아버지가 안장된 묘역이 그 중 임진강이 제일 잘 내려다보이는 언덕 위에 있다고 작은아버지는 늘 좋아하셨다.

마지막 냉면

평남 대동군 남도면 용포리 232번지. 그곳이 아버지의 고향이다. 1950년 12월 어느 날 …… 작은아버지는 그날이 며칠인지 수차례 반복해서 말씀을 하셨지만 난 그저 건성으로 들어 넘겨서 기억을 하지 못하고 있는, 그날 밤중에 할머니께서 만들어주신 냉면으로 밤참 요기를 하고 사흘 동안만 피난을 했다가 돌아온다고 약속을 하고 형제가 떠나온 피난길이 평생의 이별길이 되었다.

그때가 아버지 나이 스무 살, 작은아버지 나이 열여덟 살로 고등학교를 갓 졸업한 때이다. 아직 어머니 품이 그리울 감수성 많고 앳된 나이에 동네 어른 몇 분 따라서 밤중에 고향을 떠나 남쪽으로 내려온 후, 전쟁의 와중에 고향으로 돌아가지 못하고 삶과 죽음의 현장에 던져진 충격적 상황이 얼마나 슬프고 가슴 아픈 일이었는지 내 나이 젊었을 때는 실감할 수 없었다. 그러나 지금 60을 바라보는 나이 쯤 되니 이제야 어느 정도 짐작이 된다.

어릴 때는 아버지가 술만 드시면 왜 그리 슬피 우시는지 몰랐다. 내가 초등학교 2학년 때인가 허튼 일에 돈을 쓸 여력이 없었을 아버지지만 거의 시골집 한 채 값을 주고 사온 전축에서 흘러나오는 '고향무정'을 반복해서 들으실 때마다 아버지는 술상에 엎드려 울곤 하셨다. 그때 난 아버지의 아픈 가슴을 이해할 수가 없었다. 그저 술 때문이려니 했다.

그러다가 진해로 이사한 후에는 아버지가 우는 모습을 볼 수 없었다. 아마도 자식들이 커가는 모습을 보고 가장으로서의 굳건한 모습을 보이려고 하셨던 것이리라. 어쩌면 원래 품성이 그리 감성적이지 않은 탓에 시간이 지나면서 세월과 함께 마음의 상처를 어느 정도 다스렸을 수도 있을 것이다.

하지만 작은아버지는 조금 다르셨다. 매우 감성적이면서 사건을 정확히 기억하고 메모하시는 작은아버지는, 명절이나 가족이 모이는 자리에 약주 한잔을 하시게 되면 언제나 열여덟 살에 피난 나온 이야기부터 시작해서 고향이야기며 전쟁 중에 살아온 이야기로 눈시울을 붉히다가 끝내는 고향에 두고 온 어머니를 그리며 눈물을 흘리는 것으로 끝을 맺는다. 사촌동생들은 하도 많이 반복해서 들어온 이야기들이라 또 시작된 작은아버지의 한 맺힌 이야기를 넋두리 시리즈로 여긴다.

당시에 흔치않던 손목시계를 팔아 끼니를 때웠던 이야기, 살기위해

군에 자원입대한 이야기, 훈련소에서 형제간에 헤어지지 않으려고 남의 눈을 속여가면서 살았던 이야기, 강원도 전투에서 북한군에게 포위되었다가 다행히 살아난 이야기…….

어디 그뿐인가. 어린 나이에 고향을 떠나 두 주먹 불끈 쥐고 악착같이 살아온 이야기가 얼마나 절절한가. 전쟁의 불운한 시대적 상황에 열여덟 살, 스무 살의 형제가 겪었을 어려움을 배경으로 마음 속 깊이 박제된 고향과 어머니에 대한 그리움이 평생 남아있는 한이라는 것을 짐작하고도 남음이 있다.

이곳 동화경모공원은 누구라 할 것 없이 그런 한 많은 사연을 가진 분들이 가고 싶은 고향땅을 그리며 북녘을 바라보고 누워있는 곳이다. 생각이 이쯤 이르면 그 자손 중의 한사람인 나로서도 마음 한 구석에 찡한 마음을 어쩔 수 없다.

좌우로 많은 묘소들이 펼쳐진 비스듬한 언덕길을 따라 한쪽 어깨에 도시락가방과 야외용 돗자리를 멘 채 잔뜩 긴장한 자세로 아버지를 부축하면서 한걸음 한걸음 내려간다. 공원묘원은 지난 일요일에 많은 사람으로 북적대던 것과 달리 너무도 한가하다. 그래서 좋다. 아버지가 불편하게 한걸음씩 내딛는데 눈치 볼 일도 없고 오늘은 시간도 넉넉하다.

일요일에 할아버지 묘소 앞 화병에 새로이 교체한 조화가 유난히 깨끗해 보인다. 돌로 만든 화병의 꽃은 매년 한식과 추석 전에 두 번 방문해서 새로운 조화로 갈아드리곤 한다. 그래서 올 때마다 빛바랜 조화를 보게 되고 낡은 것을 새것으로 교체하곤 했는데, 막상 지금처럼 며칠 전에 새로 드린 조화를 보는 것은 처음이다.

할아버지 묘소에 도착하자 아버지는 아침에 출발할 때 같은 즐거운 얼굴은 이미 사라지셨다. 조심스럽고 불안한 자세로 할아버지 묘소 앞에서 옷깃을 여미고 "아버지 저 왔어요." 그렇게 중얼거리듯 말씀하시고 술 한 잔을 묘소 주위에 부어 드리고 구부정한 자세로 묵념을 하셨다.

가족을 돌보지 않는 가장

평소 아버지는 할아버지를 그리 좋아하지 않으셨다. 할아버지는 이북에서도 고향을 떠나 객지생활을 주로 하셨다고 했다. 그 와중에 할아버지 나이 17세에 나의 아버지를 낳으시고 이어서 3형제를 낳으셨지만 한 번도 따뜻하게 처자식을 돌보지 않고 객지를 떠돌아 아버지 형제는 증조할아버지 손에 자랐다고 했다. 그러던 중 할아버지는 6·25전쟁 전에 이미 북한에 진주한 공산당을 피해 남쪽으로 내려갔고 전쟁 와중에 서로 연락이 두절되었다고 했다.

전쟁이 끝난 후 우여곡절 끝에 조치원 어디선가 길에서 만난 할아버지는 두 아들을 보고도 그리 반가워하지 않으셨다고 했다. 이때 할아버지는 북한에 두고 온 가족을 잊고 새로운 살림을 차린 상태였다. 그렇다고 하더라고 사선을 넘어 남쪽으로 내려온 자식을 반기지 않으셨다니 나라도 서운할 일이다.

"나는 아버지라고 부르지도 않을 작정이었어."

나중에 작은아버지는 그런 고백도 하셨는데, 20대 초반 혈기왕성하던 시절에 전쟁을 겪고 갖은 고생을 한 뒤끝이었으므로 한편으로는 이해도 갔다.

게다가 할아버지는 타고난 성격이 낙천적이고 한량 기질도 있었던 것 같다. 전쟁 이후 모두들 어려움을 겪고 있을 때에도 할아버지는 기계

기술자로 조금은 여유가 있었던 것 같은데 술을 즐기고 요리를 즐겨 드시면서도 자식들에게는 거의 경제적 도움이나 배려를 하지 않으신 것 같다. 당시의 사회적 가치관 영향도 없지 않겠지만, 자식은 부모의 지시에 절대 복종하는 것이 효도라는 가부장적 사고에 갇혀 계신 분이었을 것이다.

내가 초등학교, 중학교를 다닐 때에도, 그리고 아버지가 그리 넉넉지 못한 살림에도 할아버지 환갑잔치를 성대히 열어드린 날에도 할아버지는 취기가 거나한 얼굴로 고등학교 1학년 되는 나를 불러서 집안 장손으로서의 역할을 잘해야 한다고 강조하셨던 평소의 태도로 보면 미루어 짐작이 간다. 그런 할아버지 때문에 아버지는 늘 마음 불편해하셨고 어머니는 자주 눈물을 흘리시던 모습을 옆에서 보아왔다.

그래도 아버지는 고지식하고 착한 성품을 지녔다. 그런 할아버지를 좋아하지는 않았지만 부모를 공경해야한다는 몸에 밴 행동을 어쩌지 못하셨다. 이제 그 할아버지에게 아버지는 어쩌면 마음의 화해를 청하고 계신지도 모르겠다. 아마도 이제 살아서는 다시 못 뵌다고 말씀하셨을 것 같다.

할아버지 묘소 옆 잔디밭에 자리를 깔고 아버지와 같이 앉았다. 따뜻한 느낌이 좋았다. 한식 무렵에 할아버지 묘소를 찾을 때는 대개 바람이 많이 불고 쌀쌀한 날씨였다. 그리고 추석 전에는 햇살이 너무 따가워 햇볕을 가리는 양산을 펼치지 않으면 앉아있기 어려웠던 것에 비하면 참으로 야외소풍을 즐기기에 더없이 좋은 날이다.

도시락을 펼쳤다. 작게 말은 김밥이 먹기가 편하다. 아버지는 연하장애가 있어서 언젠가부터 음식을 먹다가 목에 사레가 걸려 음식을 삼키지 못하고 주위에까지 입에 넣고 있던 음식을 튀게 해서 다른 사람들을 난처하게 만들곤 하셨다. 음식을 조금씩 삼키고 고개를 숙이지 않은 채 식사를 하시면 그런 일을 좀 줄일 수 있어서 아예 가족과 별도의 독상을 차려서 천천히 음식을 떠 입에 넣어드리기도 했다. 하지만 음식을 입에 가득 넣고 드셔야 먹는 것 같은 느낌이 드시는지 서둘러 음식을 달라고 재촉하기 일쑤였다.

이런 사정을 잘 아는 터라 아내는 김밥을 아주 작게 말아서 한입에 먹기 좋게 만들었던 것이다. 아내가 마음먹고 만든 김밥은 독특한 맛이 있다. 결혼 초 아내가 만들어준 김밥 중에 상큼한 오이 맛이 독특하게 나는 김밥이 있었다. 오늘 김밥에서 상큼한 오이 맛이 난다. 아버지도 모처럼 사레 걸리지 않고 그 많은 김밥을 다 드시고 커피도 한 잔 마셨다. 할아버지 묘소 옆 잔디에 앉아 아버지는 아버지대로 나는 나대로 한참이나 상념에 잠겨있었다.

파란 하늘에 두둥실 구름이 떠있다. 묘지 주위 잔디밭의 흙이 포근하게 느껴진다. 늙은 아버지와 이제 제법 나이든 아들은 둘이서 그렇게 소풍을 마쳤다.

하늘나라

아버지와 마지막 여행

도로는 아침 일찍 내린 비로 살짝 젖어있다. 날은 흐리고 약간 선선한 느낌이 들었다. 어제 저녁 일기예보에는 비가 제법 올 것 같다고 했다. 더군다나 오늘은 한식날이면서 일요일이니 파주 동화경모공원에는 많은 성묘객들이 몰려서 길이 막히지 않을까 염려되어 출상시간을 예정보다 1시간 정도 앞당겼다.

지난 여름 어머니 장례에 이어 약 6개월 만에 오늘 나는 두 번째로 장례운구 리무진 차량에 몸을 싣고 동화경모공원으로 가고 있다. 아버지는 3일전 86세를 일기로 이 세상을 떠나셨다. 어머니가 돌아가셨던 때와 같이 장례도우미의 안내에 따라 망인의 장자로서 검고 긴 장례차량의 뒷좌석에 앉았다. 둘째 상주인 아우가 나와 같이 뒷좌석에 앉았고 장손인 아들이 할아버지의 영정사진을 가슴에 안고 운전석 옆자리에 앉았다. 아버지는 관에 누운 채 자손과 함께 세상의 마지막 여행을 떠나는 것이다.

원주 기독병원 영안실에서부터 몸을 누이실 파주 동화경모공원 묘소까지 약 2시간 30분 가는 동안 우리는 아무 말이 없었다. 그저 묵묵히 앉아있을 뿐이었다.

운전석 옆자리에 앉은 아들 녀석은 1주일간 해외 출장에서 돌아오자마자 공항에서 바로 영안실로 내려왔다. 시차도 극복하지 못한 채 장례를 치르느라 몹시 피곤했던지 차에 오르자마자 할아버지 영정사진을 품에 안고 곧바로 잠이 들었다. 나도 이틀 동안 조문을 와주신 분들의 문상을 받느라 지치고 피곤했던 모양인지 어느샌가 설핏 잠이 들었다. 옆자리에 앉아서 말이 없던 아우도 피곤하기는 마찬가지였을 것이다.

상갓집에 많은 문상객이 다녀가는 바람에 상주는 돌아가신 분에 대한 슬픔을 잠시 뒤로 하고 잠도 자고 밥을 먹을 수도 있다는 얘기를 들은 적 있다. 만약 아무도 찾아주지 않는 빈소에서 가족들만 둘러앉아 있다면 돌아가신 분에 대한 슬픔, 회한, 상실 등의 여러 가지 복잡한 감정들 때문에 잠도 제대로 못 이루고 밥조차 제대로 먹히지 않을 것이 빤하다는 것이다. 그런데 많은 문상객의 조의를 받고 인사하고 마음을 쓰느라 어느새 몸이 피곤해져서 잠에 곯아떨어지고 평소처럼 음식도 먹을 수 있다는 말이 실감이 난다. 아버지가 돌아가셨다는 슬픈 사실에도 불구하고 문상객의 발길이 끊어진 시간에는 어느새 선잠이라도 자게 되고 문상객들 틈에서 사이사이 밥도 먹었으니 말이다.

아침 6시에 영안실을 출발한 차량은 한가한 고속도로를 거침없이 미끄러져갔다. 비는 그쳤지만 비온 뒤의 공기는 무언가 을씨년스럽고 서늘한 냉기가 돌았다. 예상과 달리 길은 막힘이 없었고 공원묘원 근처도 이른 시간에 도착한 탓인지 예년의 한식날이면 그렇게 붐비던 것과 달리 한가한 모습이었다.

서류 접수를 위해 공원묘원 입구 사무실 앞에 차가 멈추어 섰다. 정차한 영구차 앞 유리창 밖 저 멀리 언덕 중간쯤에 굴삭기로 땅을 파놓고 인부들이 대기하는 모습이 보인다.

임종

한 달 전 아버지가 머물던 요양원의 간호사로부터 아버지의 상태가 위독하니 응급실로 모셔가야겠다는 전화를 받고 온 가족이 긴급히 응급실로 달려갔었다. 열이 지속되고 얼음주머니를 겨드랑이에 채워도 해열이 잘 안된다며 병원으로 모시고 가는 것이 좋겠다는 것이다. 그동안에도 아버지의 건강이 악화되면 담당 간호사는 수시로 전화를 해서 가족을 불러들였다. 그러나 다행히 그때마다 요양원의 방문 허용시간이 지난 밤 늦은 시간에도 침대 곁에서 지켜보다가 조금씩 증상이 가라앉곤 하는 위태로움을 몇 차례 겪기는 했지만 오늘은 도저히 안 될 상황이 된 것이다. 그날 저녁 수원의 실버타운에 계시는 작은아버지도 전화를 받으시고는 사업하느라 바쁜 사촌동생을 다그쳐서 운전을 하게하고 달려오셨다. 작은아버지도 나이 80을 넘기면서 당신 스스로는 운전을 하기 어려운 상황이 되었기 때문에 마음이 아무리 급해도 혼자 달려오실 수 없었기 때문이다.

아내가 요양원에서부터 아버지를 모신 구급차를 같이 타고 응급실까지 이동을 했는데, 처음 구급대원이 도착해서 요양원의 긴 복도를 안전화도 벗지 않은 채로 뛰어 들어가는 모습에 이미 긴박감과 위기감을 느꼈던 모양이다. 평소 같으면 요양원에 계신 노인들의 면역력 약화로 감염성 질병에 노출될 것을 우려해서, 입구에서부터 신발을 벗어 신발장에 가지런히 정리를 하고 손까지 세정제로 씻고 나서야 면회가 허용되는 요양원의 일상적이고 조심스런 분위기에 익숙했었는데 이와 같이 전혀 예상하지 못한 급박한 정황에 적잖이 놀랐던 모양이다. 구급차도 비상사이렌을 울리며 급하게 달려가는 속도에 정신을 제대로 가누지 못했던지, 아내가 전하는 말로는 기독병원 응급실까지 이송도중 구급차 안에서 심장전기 충격술인지 모를 조치를 한 것 같다고 했는데 경황이 없어서 그것이 정확히 어떤 것인지도 모른 채 응급실에 도착했다고 했다. 내가 병원에 도착했을 때는 이미 생명감시장치를 단채 격리된 검사실로 옮겨져 면회가 되지 않았다. 학교 교사로 있는 동생 부부도 막 도착하고 있었다.

그렇게 응급실 복도에서 기다리고 있을 때, 키가 크고 덩치도 있는 젊은 응급실 담당 전공의가 승낙서인지 동의서인지 그런 서류를 들고 와서 물었다. 아버지가 위급할 경우 생명유지장치를 사용할 것인지 여부를 묻는 것이었다. 정확히 어떤 내용의 것이었는지 다 기억이 나지는 않지만 서너 가지 항목에 대해 서명하라는 것이었다. 그동안 아버지의 건강을 지켜본 나로서는 더 이상 생명유지장치에 의존하는 것은 아버지에게도 가족에게도 도움이 되지 않는 것으로 생각하고 있었으므로 판단에 큰 어려움은 없었으나 막상 이렇게 아버지가 떠나실 수도 있다는 데에 생각이 이르자 비장한 느낌은 어쩔 수 없었다.

그렇게 하루도 못 넘기고 곧 돌아가실 것 같았던 상황이 이삼일 길어지더니 다시 심장박동이 안정되고, 온 가슴을 들썩이며 거친 숨을 몰아쉬던 호흡도 고르게 가라앉았다. 처음 진찰을 했을 때 곧 돌아가실 것으로 예상했던 의사도 장기화에 대비해 집근처 요양병원으로 옮겨 경과를 살피는 것이 좋겠다고 했다.

그때부터 약 한 달 동안 아버지는 거의 의식을 되찾지 못한 채 집근처 요양병원에 누워계셨다. 몇 번인가 짧은 시간동안 주위 사람을 알아보고 무언가 말씀을 전하려는 듯한 모습을 보인 적은 있었지만 결국 그러한 사소한 동작조차 굳이 의미를 부여하려는 자식들의 해석일 뿐 끝내 원활한 의사소통을 하지는 못하셨다.

수시로 가래가 막혀서 숨이 거칠어지곤 했는데 그때마다 중국 동포 출신 남자 간병인이 목에 흡입관(석션)을 넣고 거칠게 가래를 뽑아드렸다. 이리저리 목 부위를 휘젓는 튜브가 고통스러웠는지 그때마다 몸을 뒤척이며 힘들어하셨지만 가래를 뽑고 나면 한결 호흡이 편해지곤 하셨다.

수시로 열이 솟아올라 여러 시간 동안 얼음팩을 겨드랑이에 대고 계시기도 하였다. 엉덩이에는 이미 욕창이 진행되고 있었다. 그렇게 고통스럽게 누워서 힘들어하는 아버지를 보면 하루라도 편하게 저세상으로 떠나시는 게 오히려 낫겠다는 생각을 하지 않을 수 없다. 요양병원 의사는 전화하면 언제든지 올 수 있는 가까운 곳에서 가족들이 대기하는 게 좋겠다는 말로 이제 아버지가 이 세상에 계실 날이 얼마 안 된다는 것을 알려주었다.

그날은 가까운 친구 몇 명과 가족모임 저녁식사를 하던 중이었다. 식사 장소는 물론 병원에서 멀지 않은 곳이었고 휴대폰 벨소리에 긴장하고 있다가 전화를 받았다. 집사람 휴대폰 너머 요양병원 직원이 다급하게 호출하는 목소리가 들렸다.

요양병원에 도착했을 때 아버지는 이미 일반 입원실에서 별도의 방으로 옮겨져 있었다. 아마도 임종을 맞는 분을 위한 방인 것으로 추측된다. 부착된 생명감시장치의 심박동은 정지해 있었다. 아버지는 그렇게 돌아가신 것이다. 얼굴은 아무런 무게감 없는 편안한 모습이셨다. 손은 끝에서부터 찬 기운이 돌고 근육이 굳어지고 있었다. 그래서 아직 구부러져 있는 팔을 곧게 펴 드리고 아버지께 편하게 저세상으로 가시라고 마지막 말씀을 드렸다.

뒤이어 동생 부부가 도착했고 아버지의 주검 앞에 놀람과 슬픔으로 눈물을 흘렸다. 어머니의 임종을 지키지 못했던 아우는 아마도 아버지의 임종은 지켜야겠다는 간절함이 있었을 터인데 막상 시간에 늦어 아버지께 불효했다는 자책이 되었던 모양이다. 간호사 중 한분이 사람들이 복도를 걷는 미세한 진동에도 파동을 일으키는 생명감시장치의 오류 여부를 다시 확인하고 아버지의 사망시간을 선언하듯이 소리 내어 또박또박 말해주었다. 잠시 후에 여동생 부부가 도착했다. 우리는 그렇게 아버지와 작별을 나누었다.

아내는 맏며느리답게 당황하지 않고 차분하게 관계자와 상의하고 연락할 데 연락하면서 장례절차를 준비했다. 상조회사에서 파견된 직원들의 안내를 받아 아버지의 시신을 영안실에 안치하였다.

어머니가 세상을 떠나신지 6개월 쯤 되었는데, 아버지는 어머니가 돌아가셨다는 사실을 모른 채 그렇게 세상을 떠나셨다. 그때 이미 아버지는 여러 차례 건강이 악화되어 병원 치료를 반복하는 등 의식이 흐려진 상태에 있었고 정상적 의사소통을 할 수 없을 만큼 쇠약해져 있어 어머니가 돌아가신 사실을 알려드릴 수 없었다. 아버지를 돌보아주던 주변 사람들은 두 분이 살아생전에 사이가 좋아서 한분이 돌아가신 것을 말 안 해도 알고 따라서 돌아가셨다고도 했다. 두 분 부모님께서 세상을 뜨시고 안계시니 이제 우리 삼남매는 부모님을 여읜 고아가 된 것이다.

어머니의 마지막

어머니가 돌아가신 것은 6개월쯤 전 새벽 아직 어둠이 채 걷히지 않은 시간이었다. 집에 모시고 있던 어머니의 용태가 한 달 사이에 급격히 좋지 못해서 언제 돌아가실지 모르는 하루 하루를 보내고 있었다.

　젊은 시절 결벽증이 있을 정도로 주변을 깨끗이 하던 어머니는 나이 들어 기력이 쇠진하여 당신 스스로 대소변을 통제하지 못한다는 사실을 받아들이기 어려우셨던 것 같다. 스스로 기어서라도 화장실에 가서 다른 사람의 도움 없이 용변을 해결하고 싶으셨지만 다리는 몸을 일으켜 세울 만큼의 힘조차 없어서 수시로 넘어져 상처를 입었다. 배변처리가 뜻대로 되지 않자 오염된 속옷을 숨기려고도 하셨다. 오히려 오염된 속옷을 정리하고 깨끗이 씻어드리고 수발을 도와주던 파출 간병인과 며느리에게 화를 내어 곤혹스럽게 하곤 하였다. 아마 누구에게도 당신의 부끄러운 모습을 보이고 싶지 않으셨던 의지와 정반대의 초라한 결과에 스스로 당황하고 화가 나셨으리라 짐작이 간다. 얼마나 자존심이 상했으면 그리 하셨을까? 참으로 딱하지 않을 수 없다. 그러기를 몇 달, 어머니도 지치고 아내도 지쳐갔다. 화낼 수도 없을 만큼 기력이 다하여 당신의 의사표현마저 어려워지셨을 때 비로소 무표정한 얼굴로 기저귀 갈아드리는 것을 수용하셨다. 그런 시간이 한 달쯤 지나면서 우리 부부는 어머니가 곧 떠나실 것임을 알 수 있었다.

　그런 어느 날 아내가 말했다.

　"어머니 상태가 점차 나빠지는데 입원병실이 있는 병원으로 모시고 가야하지 않겠어요?"

아내의 수고와 걱정을 모르는 바 아니지만 내 생각은 좀 달랐다. 어머니는 지금 비록 아무것도 하지 못하고 누워계시지만 질병으로 몸이 아픈 것이 아니다. 노환으로 몸이 점차 쇠약해져서 이미 가랑잎처럼 가벼워지고 있다는 것은 받아들이기 힘들지만 이제 80년을 살아온 이 세상을 떠나야 할 때가 되었다는 것을 의미한다. 이런 상태로 병원에서 할 수 있는 일이란 별로 없다고 판단했다. 생명유지장치에 힘입어 호흡기와 링거에 의지하여 무의미한 고통을 연장할 수는 있을 것이다. 그 연장된 시간이 얼마가 될지 알 수 없지만 그리 길지도 못할 뿐 아니라 인격적 의지 표현 없이 기계에 의지하여 연명하는 삶은 피하게 해드리고 싶었다.

"당신 힘든 거 알지만 집에서 임종을 준비합시다. 병원에 가서 연명 치료하는 거 의미 없잖아."

아내와 연명치료에 관한 대화를 자주 나눠왔고, 내가 무의미한 생명 연장에 비판적이라는 사실을 아내도 잘 알고 있어서 쉽게 수긍했다.

어머니는 오래전부터 천주교를 믿으시고 성당에 다녔으므로 우리는 신부님에게 임종예배를 부탁하였다. 고맙게도 성당 신도 몇 분이 예배에 참여해주셨다. 그날 어머니는 설레는 마음으로 젊은 신부님을 기다리셨고(평소 어머니는 늘 신부님을 가장 큰 손님으로 생각했고 수줍지만 성심껏 대접하려고 애를 쓰셨다.), 누운 자세로 신부님을 맞이하는 것을 미안하게 생각하며 임종예배를 기쁘게 수용했다. 어쩌면 어머니는 이날의 한번 예배를 기대하며 천주교인이 되셨는지도 모르겠다.

어머니는 처녀 적에 잠시 성당에 다닌 적이 있다고 했다. 하지만 결혼하고 어려운 살림에 자식 뒷바라지와 시부모 봉양에 정신이 없어 마음은 있어도 성당에 다니지 못하다가 아버지의 정년퇴직이 얼마 남지 않은 무렵 그토록 오랫동안 가슴 깊이 묻어두었던 성당에 가 세례를 받고 천주교인이 되셨다.

"천주교식으로 장례 치르는 게 참 보기 좋더라."

어머니는 같은 성당에 다니는 신도 장례식장에 다녀오면 이런 말씀을 하시고는 했다.

아침에는 간병하시는 아주머니가 아직 출근하기 전이므로 내가 이부자리 한편을 거들면 아내가 어머니의 기저귀를 갈아드리고 물수건으로 닦아드리거나 목욕을 시켜드렸다. 그날은 아직 해도 뜨기 전인데도 아내가 악몽에 놀란 사람처럼 벌떡 일어났다. 아내는 혹시나 하고 수시로 어머니가 누워계신 모습을 살피곤 했는데 그날따라 무슨 느낌을 받았는지 어머니 방으로 달려갔다. 곧이어 낮고 다급한 목소리로 말했다.

"어머니가 돌아가시는 것 같아! 빨리 와 봐요!"

순간 온몸에 전기가 흐르는 느낌을 받았다.

'아! 어머니가 돌아가시는구나.'

어머니는 너른 방 가운데 홀로 누워 이제 막 마지막 숨을 가누고 계셨다. 손에는 아직도 온기가 남은 채 심장의 박동은 멈추었다. 목주위에서 작은 물방울이 꼬르륵 넘어가는 소리가 나는 듯 했다.

나는 어머니의 혼령이 지금 이 순간 방안에 계시면서 당신의 쇠잔하고 낡은 몸이 누워있는 모습과 아들, 며느리가 그 곁에 조아리고 있는 모습을 내려보고 있을 것이라고 생각했다. 그래서 마지막으로 어머니에게 말씀을 드렸다.

"어머니 부디 아무도 미워하지 마시고 저세상으로 편히 가세요!"

그게 내가 드린 마지막 인사였다.

평소 어머니는 너무나 억울한 삶을 살았다고 스스로 말씀하시고는
했다. 어찌 그렇지 않다고 하겠는가. 그 어려운 일제 말부터 해방이후,
6·25를 겪은 우리의 부모님 세대의 여성들이 얼마나 한 많은 삶을 살아
왔는지는 시대적 상황만으로도 충분히 알 수 있다.

그러나 유난히 자존심 강하고 소심한 성격의 어머니는 그 많은 어려
움이 당신에게 주어진 불평등의 결과라고 생각하셨고, 당연히 그 불평
등의 원인 제공자를 미워하는 마음이 가슴속에 너무도 강하게 자리하
고 있었다. 12남매의 장녀로 태어나서, 그렇게 하고 싶던 공부는 못하
고 대식구들 뒷바라지만 해야 했던 일 잘하는 맏딸의 억울함, 이북에서
맨손으로 월남하여 가난하면서도 효도를 가장 중요한 도리로 생각하는
마음 여린 남편을 만나 혹독한 시집살이를 겪어낸 맏며느리의 설움, 부
농이지만 아들들에게만 유산을 나누어주고 딸들의 어려움을 외면한 채
결국 아들들로부터 버림받아 질병 속에 고독하게 세상을 떠나신 친정
아버지에 대한 분노, 젊은 날 변변한 옷 한 벌 사 입지 않고 한 푼 두 푼
모아 마련했던 전세 보증금을 떼이고 받은 마음의 상처……. 이 모두가
불평등한 것들이었다고 억울해하고 가슴 아파하셨고 그 상대방을 미워
하는 마음을 평생 두고 떨쳐버리지 못하셨던 분이 나의 어머니이시다.
나는 어머니가 살아생전에 그러한 미움과 분노로부터 자유로워지기를
간절히 소망하였다. 하지만 나이가 들어갈수록 마음은 더욱 굳어지고
강고해져서 마지막까지 얼어붙은 마음을 풀지 못하셨으니 이제 저세상
으로 떠나시면서 이 세상에서 가졌던 미움을 꼭 놓고 가시라고 한 것이

다. 그동안 팔십 평생 겪어온 한을 풀어버리고 부디 편안하고 행복한 마음으로 떠나시길 기도한 것이다.

그렇게 어머니가 돌아가신지 6개월 만에 이제 나의 아버지는 86년간의 이 세상 소풍을 끝내고 하늘로 돌아가셨다. 2년 쯤 전 큰아들과 단둘이 소풍을 와서 김밥으로 점심을 먹었던 바로 그 자리에, 평생을 같이한 더러는 다투고 미워하기도 했던 어머니의 묘소 바로 옆자리에 몸을 누이고 영면에 드셨다.

진료실

한의학과 서양의학의 역할분담

한의학의 특성상 한의원 진료실에서 만나는 환자들 중에 죽음에 직면한 문제로 내원하는 환자는 그리 많지 않다. 반면 현대 서양의학의 응급의학과 외과의학의 발달은 참으로 빛나는 의학적 성과를 이루어왔다. 아덴만의 영웅 석해균 선장이 총상으로 죽어가는 것을 살려낸 것은 이러한 현대의학의 역할을 상징적으로 잘 보여주고 있다.

2014년 통계에 따르면 한 해 동안 출생아 수는 43만5300명이고, 사망자 수는 26만8100명에 이른다고 하는데, 사람의 탄생과 죽음의 현장에서 한의학은 찾아보기 어렵다. 아니 없다고 하는 것이 맞을 것이다. 한의과대학에 입학한 학생들에게 "왜 한의과대학에 입학했는가?"라고 물으면 "피를 보지 않아도 된다."고 답하는 학생들이 많다. 그만큼 한의학이 응급질환이나 경각을 다투는 삶과 죽음의 현장과는 거리가 있다는 것을 보여주는 것이라고 하겠다. 100여 년 전 서양의학이 우리나라에 들어오기 이전에는 당연히 생명의 탄생과 죽음의 현장에 한의학의 역할이 있었지만 이제는 시대가 바뀌어 서양의학과 한의학 간 역할분담이 이뤄진 것이라고 할 수 있다.

오늘날의 한의학은 주로 내과적 질환, 만성질환, 근골격계 통증질환, 면역력 저하와 관련된 증상, 질병의 예방 등에서 의미 있는 역할을 하고 있다. 즉, 한의사가 죽음을 눈앞에 둔 환자를 다루는 경우는 매우 적은 것이다. 물론 말기암과 같은 특별한 난치병의 치료를 시도하는 한방병원 등이 있기는 하지만 대부분 한의사들의 개업 현장에서는 당장 죽을 병과 싸우는 경우가 거의 없다.

그러나 5년, 10년 또는 그 이상 한의원을 다니면서 질병을 치료하고 건강을 도모하던 환자분들 중에 노환으로 죽음을 맞이하는 분들의 소식을 전해 들으면서 의료인의 역할에 대한 소회와 역할에 대한 고민이 없을 수 없다.

바쁜 환자

김병호 사장을 처음 만난 것은 그가 50세 초반이던 12~3년 전이다. 진료실까지 떠들썩한 소리가 들릴 정도로 크고 활달한 목소리로 대기실에 들어선 그는 허리가 아파서 침 치료를 시작하는 것으로 나와 인연을 맺게 되었다. 척추 디스크로 요통과 하지통이 심해져서 침 치료를 하던 중에, 간 기능이 나빠졌다는 것을 알았다. 문진을 통해 옻닭을 먹은 이후 피로감이 심해졌다는 걸 알았지만 간염과 같은 선행질병이 있었던 것인지 아니면 옻닭의 독성 때문에 처음으로 간 기능이 손상된 것인지는 알 수 없었다. 그리고 그때부터 그는 수시로 간 기능장애로 고통을 받았고 금년 봄 그가 사망에 이른 결정적인 질병도 간암이었다.

김 사장은 요통치료를 위해 내원하였지만 간 기능의 정상화가 매우 중요하다는 것을 설명하고 11월 경 요통치료와 병행하여 간 기능 개선을 위해 한약을 10일간 투약하였는데, 치료 전 혈액검사 결과 GOT 56, GPT 65, GGT 145이던 수치가 투약 후 각각 37, 29, 109로 낮아졌다. 기준으로 본다면 (정상적 GOT 범위가 0~40IU/L, GPT 범위가 0~35IU/L, GGT 범위가 남성의 경우 11~63IU/L, 여성의 경우 7~35IU/L) GOT, GPT 수치는 정상범위로 들어오고 GGT 수치는 개선되고 있어 열흘 남짓한 기간 동안 의미 있는 진전이 이루어졌다고 할 수 있었다. 지속적으로 치료를 한다면 충분히 정상화될 수 있다는 가능성을 보인 결과가 나온 것이다.

하지만 그는 시간을 내어 계속해서 치료할 만큼 한가하지 않다고 했다. 원주시 외곽 전원에 대형 펜션을 짓고 음식점을 병행한 사업을 막 시작한 그는 매우 바쁘다고 했다. 더욱이 매우 극성스러울 정도로 바지런한 그는 없는 일도 찾아내서 해야 직성이 풀릴 만큼 일 중독 성향도 있었다. 직원들이 하는 일을 보면 만족스럽지 못해서 사장 스스로 직접 쓸고 닦아야 직성이 풀렸다. 마침 밤잠을 잘 수 없을 만큼 극심하던 다리의 통증도 80% 정도 개선되어 좋아지고 있었다. 생활하기에 불편하지 않을 만큼 급한 불을 끄고 나니 그에게는 치료보다 사업이 우선이 된 것이다. 그렇게 치료가 종결되지 않은 채 그는 그해 겨울을 지냈다.

이듬해 봄이 되어 그는 다시 한의원을 찾아왔다. 지난 겨울 그는 식당 난로에 쓸 장작을 트럭 째 사서 도끼로 직접 패서 때고, 펜션 주변을 정리하고 그 많은 방들을 관리하느라 바쁘고 힘들게 일을 했다고 했다. 물론 일할 직원이 없는 것은 아닌데 직접 해야만 마음이 놓인다는 것이다.
게다가 식당을 찾아오는 동네 유지나 기관장이 꼭 사장인 자신을 찾아 술을 권하니 안 마실 수도 없다는 것이다. 사실 김 사장은 소양인으로서 열이 많은 체질이고 술을 마시면 얼굴이 달아오르기도 해서 술을 즐기지도 않는 편이다. 단지 손님들을 실망시키지 않기 위해 할 수 없이 한 잔 두 잔 마시는 술의 양이 많아지고 또 잔을 다시 돌려야 그들이 좋아하니 안할 수 없다는 것이다. 하지만 다리는 다시 저려오고 피로가 심해졌다. 건강이 다시 나빠진 것이다.

혈액검사 상 간 기능 수치도 정상범위를 크게 벗어나있었다. 4월 초부터 다시 간 기능 개선을 위해 한약을 20일 단위 투약을 하여 한결 컨디션이 회복되었고 혈액검사 소견도 많이 낮아져 정상범위로 접근했다. 그리고 10일치 한약을 다시 처방하여 돌아갔다, 그때가 5월 초였는데 그 이후 그는 또 사업 때문에 몹시 바쁘고 힘든 시간을 보냈을 것이다.

그렇다고 한의원을 전혀 오지 않은 것은 아니었다. 짬이 날 때마다 본인은 물론이고 가족이나 직원들이 아플 때마다 직접 데려오거나 시내에 장보러 오는 길에 한의원에 들러 치료받게 하였다. 아마도 그의 가족이나 직원 중에 나의 한의원에서 치료받지 않은 사람이 없을 정도로 그는 적극적으로 주변 사람들의 건강을 챙겼다. 그럴 때마다 그는 과장된 표현으로 "박사님한테 침 한 대 맞으면 다 나아!" 하고 분위기를 잡곤 했다. 본인도 가끔 허리가 아프면 단발적으로 침 치료를 받기도 하였지만 정작 본인의 건강을 충분히 살피지는 못했다.

본능적으로 타고난 사업가적 사교성이 있는 그는 나를 한의사로서 과분하게 신뢰하기도 하였지만, 나와의 관계를 의사와 환자의 관계를 넘어 친구처럼 발전하기를 희망하였으리라 생각한다. 그는 이미 수차례 한의원을 찾아오면서 접수 직원이며 간호사들과 긴밀한 특수관계로 설정하는데 성공하고 있었다. 사업을 하는데도 그러한 붙임성과 친밀한 관계 설정은 커다란 장점으로 작용할 것이다.

사업 인허가관계로 행정기관을 드나들더라도 그는 흔한 민원인의 신분이 아니었다. 어떻게 하든 좀 더 인상적인 인간관계를 설정하고 특수관계로 발전시켰다. 군수든 경찰서장이든 한번만 그를 만나면 공적인 관계를 넘어 개인적 친밀도를 과시하는 사이가 되었다. 그가 운영하는 식당은 꽤 큰 식당이어서 식당에서 필요로 하는 쇠고기를 공급하기 위해 도소매과정을 거치지 않고 소 한 마리를 직접 사서 도축하여 쓰기 때문에 좋은 고기를 싸게 구입한다고 하였는데, 소를 도축하는 날에는 맛있는 특수부위를 따로 준비했다가 친밀한 사람들을 불러 관계를 돈독히 하는 수완을 보이기도 하였다.

나에게도 몇 차례 도축하는 날을 알려주고 한의원 직원들과 함께 오면 귀하게 대접을 하겠다고 접수 직원을 통해 메모를 남겼다. 나는 그의 마음을 잘 안다. 그가 의리를 존중하고 자신을 치료해주는 나를 아주 많이 배려하고 있다는 것을. 그러나 나는 그의 고마운 마음을 알지만 한번도 그의 초청에 응하지 않았다. 그가 섭섭하다고도 했지만 나는 그의 고마운 마음만 받기로 했다.

김병호 사장은 그동안 사업과정에서 늘 그래왔듯이 치료에 있어서도 의사와 특별히 친밀한 관계를 형성하면 더욱더 좋은 치료를 받을 수 있을 것이라고 본능적으로 생각했을 수도 있다. 하지만 제대로 된 의료인이라면 친밀한 환자를 특별히 대우하고 그렇지 않은 환자를 소홀히 대하지 않는다는 것을 그는 나중에 알았을 것이라고 생각한다. 그러나 의료인이 환자와 개인적인 관계로 맺어질수록 치료에 방해가 될 가능성이 높아진다는 것까지 이해하지는 못했을 것이다.

VIP환자 신드롬

흔히 "판사는 판결문으로 말한다."고 한다. 어느 직업이나 비슷한 가치관을 가질 수 있지만 오래전 한의과대학을 다닐 때 선배들에게 들은 말이 있다. "의사와 환자는 철저히 의사와 환자의 관계로만 만나야 한다."는 것이다. 비록 부자간이라 하더라도 그러해야 한다는 것인데, 아들이 의사이고 아버지가 아프더라도 아버지가 자식을 자식으로서가 아니라 의사로서 생각하고 관계를 가질 때에야 비로소 의료적 실수를 줄이고 제대로 된 치료를 할 수 있다는 것이다. 처음에는 이 말을 제대로 이해하지 못했었다. 가까운 주변 사람이 아프면 의사는 진찰실의 일상적 진료를 생략하고 쉽게 처방하거나 조치를 취할 수 있다. 어떻게 보면 그리하는 것이 당연한 인간관계라고 여겨지기도 한다. 특히 의료행위와 투약행위가 동시에 이루어지는 한의학계의 특성상 이런 인간적 관계에 의존한 의료행위를 행하기가 더욱 쉽다.

한의사가 특별한 진찰도 행하지 않고 공진단이나 총명환 같은 몸에 좋다는 약물을 잘 아는 이웃이나 모임에서 소개받은 지인에게 저렴(?)한 가격에 판매하는 경우는 허다하다. 서로 아는 처지에 믿고 좋은 약을 구할 수 있다는 이해관계가 얽혀서 이루어지는 행위가 무엇이 잘못이냐고 항변할 사람들이 있기는 하겠지만 그것은 의료행위가 아니라 매약행위에 불과하다. 법률적으로도 부당한 것이지만 양심적으로도 정당한 행위가 아니다. 길거리에서 행인을 호객하는 약 장사꾼과 다를 것이 없다. 차라리 의료인이 아니라 건강보조식품을 판매하는 사업자라면 과대광고하지 않는 한 문제가 없다.

이와는 경우가 다르지만 종합병원 의사들에게는 'VIP환자 신드롬'이라는 딜레마가 있다고 들었다.

우리나라 같이 환자가 3차 의료기관인 종합병원에 집중된 경우 종합병원에서 실력 있는 의사를 만나기는 여간 어려운 것이 아니라는 것은 알려진 사실이다. 곧 죽을 것 같은 환자도 그 분야의 최고 권위자를 만나려면 적게는 한두 달에서부터 6개월 이상 기다려야 하는 경우가 많다. 그래서 소위 연줄이 좋은 환자들은 특정한 힘을 이용하여 진료를 앞당기고 특별한 대우를 받기 위해 사돈의 팔촌을 동원해서라도 순서와 과정을 뛰어넘으려고 한다. 이렇게 되면 담당의사는 환자를 환자로 대하기보다 특정한 힘 있는 사람으로부터 소개받은 소위 VIP로 보게 되고, 그러다보면 본의 아니게 기초적인 검사나 절차를 생략하거나 간과하기 쉽다. 그 결과 치명적인 의료실수, 의료사고로 이어지는 케이스를 일컬어 'VIP 환자 신드롬'이라는 것이다. 환자를 VIP로 대하는 순간 의사로서의 냉정성을 잃거나 판단이 흐려질 가능성이 있다는 뜻이다.

VIP이기에 더 좋은 치료와 대우를 받는 경우도 있지만 의사도 인간이기에 이러한 낭패스런 경우가 흔히 생길 수 있는 것이다.

나는 환자와 친구가 되는 것을 허락하지 않는다

환자는 스스로 질병을 자각하거나 아니면 건강을 도모하려는 목적을 가지고 전문적이고 신뢰할 만한 의료인을 찾아 자신의 몸을 맡기고 치료를 의뢰하는 것으로부터 의료행위가 시작된다. 환자로부터 진료를 의뢰받은 의료인은 자신의 의료적 지식을 바탕으로 양심에 따라 최선의 노력을 다하여 환자에게 도움이 되는 해법을 제시하고 환자와 함께 질병을 극복하고 건강을 도모할 방법을 모색해 나가야 할 것이다.

이러한 행위의 최종 결과 지출되는 비용과 의료인의 기술료 등을 합하여 의료비가 청구된다. 그러나 오늘날에는 이러한 의료태도가 좀 시대에 뒤떨어진 구시대의 낡은 의료처럼 비춰질 수 있다. 어차피 성적순으로 의과대학에 입학했고, 성적의 프리미엄을 인정받아 전문직업인으로서 경제적 이득을 보장받기 위해 의료인이 된 마당에 순진하고 어설프게 낭만적인 의료행위가 오늘날의 경쟁적 환경 속에서는 그다지 환영받지 못한다는 것을 알고 있다. 그럼에도 나는 이것이 바람직한 의료의 기본원리라고 생각한다.

오늘날의 의료형태는 어떠한가? 의료인이 과잉 배출돼 스스로 홍보하지 않으면 의사가 되기 위해 투자한 비용을 회수하기 어려운 시절이 되었고, 그래서 의사들도 파산하는 경우가 많다. 그러니 의료인이 적극적으로 환자를 찾아 나서거나 환자를 발굴해 의료적 수익을 극대화하는 쪽으로 의료행위가 이루어지고 있음을 부인할 수 없다.

인터넷에는 상업적 목적의 의료광고가 판을 치고 있다. 심지어는 의료기관 홈페이지에 의료기관을 홍보하는 유형의 댓글을 다는 전문 아르바이트까지 동원되고 있다는 말을 들었다. 언론매체에 등장하는 소위 잘나가는 의료인들은 시청률을 의식한 방송국 관계자들의 입맛에 맞추어 자극적이고 도발적인 이야기로 시청자를 현혹하기 일쑤이며, 검증되지 않은 정보나 심지어는 의료적 타당성이 없는 치료법을 자신만의 독보적 기술인 것처럼 과장하는 경우도 많다. 환자에게 정보를 제공한다는 차원을 넘어 인기에 영합하고 상업적 이득을 달성하기 위한 이들을 일컬어 '쇼닥터'라고 한다.

이러한 이익 추구 의료행위가 양심적 의료행위를 비웃듯이 횡행하는 배경에는 서구 자본주의 사회의 경제적 이득을 우선하는 상업적 가치관에 근본 원인이 있다고 할 수 있다.

오늘날 의료는 단순한 의료행위가 아니라 산업의 중요한 축이 되었다. 그래서 중화학공업, 철강산업, 서비스산업, 금융, 유통산업, 관광산업, IT산업 등과 같이 제약산업, 의료산업을 금전의 이득을 위한 산업의 한 종류로만 인식하게 되었다. 그래서 국제화가 진행된 글로벌 시대에 해외에서까지 환자를 유치하여 자국의 수익을 창출하려는 의료관광산업이 각광을 받기에 이르렀다. 이쯤 되면 의사와 환자의 관계는 신뢰관계라기보다는 상업적 계약관계로 발전하게 되는 것이다.

국가경제를 염두에 둔 정책차원에서는 일견 중요하다고 할 수도 있겠지만 그렇다고 의료인과 환자간의 신뢰가 근본적으로 의심받거나 훼손이 되는 것이라면 아무리 많은 경제적 이득이 있다고 하더라도 신중한 재검토가 필요하지 않을 수 없다.

미국의 인기 메디컬드라마 〈ER〉의 소재와 배경으로 등장했던 뉴욕 프레즈버티어리언 병원의 내과의사이자 부원장인 브렌던 라일리 박사는 그의 저서《의사, 인간다운 죽음을 말하다》에 이렇게 썼다.

"나는 환자와 친구가 되는 것을 허락하지 않는다. 친구가 내 환자가 되고 싶어 하면 나는 단호하게 거절한다. 마찬가지로 환자가 내 친구가 되고 싶어 해도 받아들이지 않는다. …… 친구나 가족을 돌보면서 의사로서의 객관성을 유지하는 것은 불가능하다."

질병의 원인을 제거하라

나는 김병호 사장에게 현재의 간 기능 상태가 어떤 의미인지에 대해 충분히 주지시키려고 노력했다. 김 사장에게는 돈보다도, 사업보다도 휴식이 더욱 필요하다는 것을 거듭 강조했다. 그러나 그에게는 현실이 더 급했던 모양이었다. 몸 상태가 조금 회복되면 다시 열심히 일을 했다.

"원장님도 아시잖아요. 내가 쉬면 누가 일을 해요? 직원들이 있기는 하지만 내가 없으면 안돌아가요."

몸을 아끼고 쉬어야 한다는 설명이 길어지면 그는 항상 그렇게 답했다.

그런데 같은 질병을 가지고 있으면서도 또 다른 선택을 했던 환자분도 있었다. 택시기사를 하던 최우식 선생의 경우이다. 그가 가진 질병도 앞의 김 사장과 매우 흡사했다. 어느 날 병원에서 B형 간염이란 진단을 받고 1년 넘게 치료를 받았으나 회복이 되지 않는다며 한의원을 찾아왔다. 그때가 25년 쯤 전인 것으로 생각된다. 너무 오래 되어서 정확한 진료기록이 남아 있지 않지만 그가 선택한 결정은 그의 건강을 회복하는데 결정적 역할을 했다.

최 선생도 처음 3주간 한약을 투약하면서 간 기능 수치가 현저히 개선되었고 약 8주 정도가 지나자 모든 간 기능 수치가 정상범위로 돌아오고 신체적 피로도 거의 사라졌다. 까맣게 탄 얼굴색도 원래 가진 검은 톤의 색깔을 빼면 제법 윤기마저 돌았다. 최 선생과 부인은 몹시 고마워했고 나도 의료인으로서 뿌듯했다. 하지만 채 6개월이 되기도 전에 그는 피로감을 호소하며 한의원을 다시 찾아왔다. 간 기능은 치료 전의 상태로 돌아갔다.

"생활습관이나 태도에 문제가 있는 것 같은데요. 술 많이 드시나요? 불필요하게 약을 많이 먹어도 문제가 생길 수 있고요."

그러나 그는 선천적으로 술도 그리 좋아하지 않았고 특별한 독성이 있는 약물도 가까이 하지 않았다. 택시운전을 하는 가운데도 의외로 차분하고 책읽기를 좋아하며 모범적 생활을 하고 있었다. 결론은 택시운전 직업이 그에게 피로를 유발하는 중요 원인일 것이라는데 그와 나는 인식을 같이 했다. 밤늦은 시간까지 택시를 운전하고 다음날 새벽 4시경에 일어나 또 운전대를 잡아야하는 일이 간을 견디지 못하게 했다.

모든 병이 그러하듯이 원인의 제거야말로 질병치료의 가장 기본인 것이다. 최우식 선생은 문제의 본질을 잘 이해했다.

"다른 직업을 찾아보겠습니다."

당장 직업을 바꾸는 게 쉬운 일은 아니어서 그는 일하는 시간을 줄이면서 두 번째 간 기능 치료를 받았고 어렵지 않게 간 기능 효소 수치가 정상화 돼 치료를 종료하였다.

낚시를 좋아하는 최 선생은 부인과 상의 끝에 개인택시를 팔고 낚시점을 열었다. 일이 고되지도 않았고 택시운전에 비해 수입이 덜하지도 않아 아주 즐겁게 일했다. 그러나 몇 달 지나면서 문제가 발생했다. 일이 많거나 힘들지는 않은데 꼭두새벽부터 문을 두드리는 손님이 있고, 밤낚시를 하는 손님도 있어서 충분한 수면을 취할 수 없었다. 그러다보니 간 기능은 다시 나빠졌다.

세 번째 치료를 하면서 최우식 선생은 낚시점을 접고 원주 시외로 나가 소를 키우기 시작했다. 처음부터 욕심을 내지도 않았다. 자신의 건강이 허락하는 범위에서 두세 마리로 시작하여 건강이 충분히 안정된 뒤 사육두수를 늘려나가 제법 큰 한우농장으로 자리 잡았다. 처음 치료를 시작할 때 초등학생이던 딸은 성장하여 한의과대학에 입학했다고 들었으니 지금쯤 훌륭한 의료인이 돼 지역사회에 봉사하며 아버지의 건강도 지켜주고 있을 것이다.

최우식 선생은 자신의 건강을 위해 적극적인 변화를 선택하고 실천한 드문 경우이다. 또 남편을 믿고 거부감 없이 받아들인 부인의 이해심도 칭찬할만하다. 치료는 의사와 환자가 함께 하는 것이다.

근본적인 치료를 해야

최우식 선생과 달리 김병호 사장은 바쁜 사업 때문에 언제나 임시방편의 치료만 반복했다. 2005년 1월 김 사장이 전화를 걸어왔다. 몸이 피곤하여 근처 병원에서 검사를 했더니 간 기능 효소 수치가 다시 상승하여 300대를 넘는다는 것이다. 나는 그에게 병원에 입원하는 한이 있더라도 몸을 충분히 쉬면서 적극적인 치료를 받도록 강하게 권하였다. 하지만 그에게는 할 일이 너무 많았다. 이전처럼 한약으로 치료를 하겠으니 그전에 투약했던 약을 달라는 것이다. 그렇게 한약을 지어 보내고 3주쯤 후 내원해 확인해보니 간 기능 수치가 절반 수준으로 낮아지고는 있었다. 그렇다고 치료를 중단해도 될 상태가 아니란 것은 두말할 필요가 없었다. 그러나 그는 열흘 분의 약을 처방받아가고는 더 이상 치료를 계속하지 않았다.

그로부터 4년쯤 지난 2009년에 그가 내원했을 때는 70킬로그램 나가던 체중이 63킬로그램으로 줄어들었고 몹시 피로하여 체력을 보강하는 치료를 해야 했다. 2010년에는 오른쪽 눈동자가 안쪽으로 움직이지 않는 안구내전장애로 내원하기도 하였다. 오른쪽 눈동자가 안쪽으로 움직이지 않으니 정면을 중심으로 왼쪽 사물이 둘로 보이는 바람에 걸음을 걷거나 운전을 할 때 눈의 초점을 맞추기 어려운 불편을 겪어서 안과에서 권하는 대로 애꾸눈처럼 흰색 안대를 끼고 내원한 것이다. 이 모두가 그가 몸을 돌보지 않고 일에만 매달려 생긴 결과였음이 틀림없었다. 한의학에서 시물위이(視物爲二, 사물이 두 개로 겹쳐 보이는 병)라고 하는 안구내전장애는 대개의 경우 일정기간 침 치료와 약물치료를 하면 어렵지 않게 치료될 수 있는 병이고, 본인도 열심히 치료에 임해서 3주 정도에 눈이 정상적으로 회복되었다.

치료가 종료될 즈음 나는 그에게 건강을 위해 삶의 우선순위를 정해야 한다고 생각하고 다그치듯이 물었다.

"김 사장님은 자신의 몸이 더 중요합니까? 돈이 더 중요합니까?"

이 질문의 답은 정해져 있다. 의사 앞에서 돈이 더 중요하다고 말하는 사람을 나는 본적이 없다. 문제는 답은 아는데 실천을 하기 어렵거나, 아니면 아는 것처럼 착각을 하고 있어서 제대로 실천하지 못하는 것이 문제인 것이다.

"알지요. 근데 식당과 펜션을 팔려고 내놓아도 덩치가 커서 팔리지 않아요."

그가 소유한 부동산의 규모가 인근의 임야까지 포함해서 너무 커서 쉽게 정리하기 어려웠던 것이다. 이럴 때 흔히 하는 말이 있다.

"돈은 없다가도 다시 벌면 되지만, 몸은 한번 망가지면 억만금의 돈 주고도 살 수 없다!"

애플 컴퓨터 창업자이고 세계적 거부였던 스티브잡스도 그 자신의 죽음을 앞두고 마지막으로 후회하며 했다는 말이 있다. 사실 이 말이 스티브 잡스의 이름을 도용한 누군가의 글이라는 말도 있지만 누가 한 말인지 시비를 가리는 것보다는 내용이 중요하다고 생각한다.

"나는 깨닫는다. 정말 자부심을 가졌던 사회적 인정과 부는 결국 닥쳐올 죽음 앞에 희미해지고 의미 없어져 간다는 것을…… 생을 유지할 적당한 부를 쌓았다면 그 이후 우리는 부와 무관한 것을 추구해야 한다는 것을…… 내 인생을 통해 얻은 부를 나는 가져갈 수 없다. 이 세상에서 제일 비싼 침대는 병들어 누워있는 침대이다."

이 얼마나 절절한 후회인가? 이세상의 모든 것을 다 가질 것 같이 돈이 많은 그도 건강을 사지 못했고 대신 아파줄 사람도 사지 못했다.

언젠가 용인에 위치한 삼성 에버랜드박물관 앞 잔디에 자리 잡고 있던 고 이병철 회장의 동상을 보고 한동안 그 자리를 떠나지 못한 적이 있다. 대한민국에서 제일 돈이 많다던 이병철 회장도 죽음 앞에서 얼마나 좌절했을까? 이제 육신은 땅에 묻히고 그의 형상을 본떠 만든 청동상만이 의자에 앉은 채 무수한 사람들이 즐기는 대형 놀이시설을 먼 산 아래로 내려다보고 있다. 지금 이병철 회장은 어디에 있는가? 그리고 이병철 회장은 이 순간 과연 무슨 생각을 하고 있을까? 살아있는 동안 단돈 몇 푼도 남에게 주기 아까운 그 많은 부귀와 영화를 단 한 줌도 가지고 가지 못한 그 심정이 어떨까?

재발 또 재발

김 사장은 그 이듬해 2011년 12월에 다시 몹시 피로하여 할 수없이 하던 일을 중단하고 한의원을 찾아왔다. 그동안 경과 중에서 간 기능 상태도 가장 악화되어 있었다.

"이 길로 곧장 큰 병원에 가서 입원치료를 받으세요!"

나는 그렇게 말했고 그것이 내가 할 수 있는 가장 현명한 판단이라고 생각했다.

"그래도 그동안 원장님이 처방해 주신 한약을 먹으면 지금까지 잘 나았던 것처럼 약을 먹으면 다시 좋아질 겁니다."

그는 그렇게 요구했다. 그가 나를 너무 과신하고 있는 것인지 아니면 복잡한 병원검사나 입원 같은 것이 귀찮았던 것인지 알 수 없지만 끝까지 한약 먹기를 고집했다.

사실 그동안 많은 간 기능 장애 환자를 치료해왔지만 이렇게 악화된 상황에서도 간 기능이 제대로 회복이 될지 확신이 서지도 않았다. 하지만 그가 한사코 치료를 고집하니 5일간만 한약을 투약해 보고 경과를 보아 여의치 않으면 종합병원에 입원하여 정밀검사를 받기로 하는 조건을 달아 약을 처방하였다. 특이하게도 그의 증상들은 한약 투약 때마다 매우 빠르게 긍정적 반응을 보여 5일간 한약을 투약한 뒤 검사 수치도 개선 조짐을 뚜렷이 보였다. 이렇게 다시 10일이 지나자 간 기능 효소 수치가 현저히 낮아지고 건강 전반이 안정화되어갔다.

그 와중에 2012년 1월에는 대상포진이 발병하여 병원치료도 받았다고 했다. 어쨌거나 그렇게 치료를 반복하고 3월 말에는 간 기능 수치도 어느 정도 정상범위에 근접했다. 그렇다고 그의 몸이 정상화되었다고 할 수는 없는 일이었다. 이렇게 악화와 개선을 반복하는 것은 지금 일시적으로 증상의 개선이나 건강의 회복을 의미하지만 심각한 기저질병이 자라고 있는지도 모를 일이기 때문이다.

이렇게 그의 건강이 나빠진 것은 아마도 그의 사업적 변화가 크게 영향을 미쳤을 것이다. 어느 날 유명대학교 총장을 역임한 신사분이 그를 찾아왔다. 김 사장이 가지고 있는 산의 일부분이 묘 자리로 천하의 명당

이니 그 땅을 사고 싶다고 했다는 것이다. 김 사장은 지관이 말하는 천하의 명당 묘 자리라는 말에 더욱 땅에 대한 애착이 생겼다. 그래서 아무리 돈을 많이 준다고 해도 팔지 않겠다고 했고 대신 자신의 가족묘로 쓰기로 했다. 곧바로 고향 땅에 모신 부모님을 포함한 가족의 묘를 이장했는데 그 과정에서 길을 내기 위해 무리하게 산림을 훼손하게 되고 행정기관으로부터 고발을 당해 법적 소송을 당했다.

사업하는 사람들에게 소송은 흔하다고 하지만 그리 만만한 게 아니었을 것이다. 평소 사이좋게 지내오던 군청직원이나 군수도, 경찰서장도 평소의 친분으로 보아 자신에게 도움이 될 줄 알았지만 막상 사건이 터지니 뜻대로 되지 않아 분노가 생겼다. 문제 해결을 위해 사람을 만나고, 별로 좋아하지 않던 술을 많이 마시고, 화가 나고 스트레스를 받았으니 그의 건강이 치명적인 악영향을 받았음은 불을 보듯이 뻔하다.

그해 말에도 다시 한 번 간 기능이 악화되었지만 역시 3개월 정도 치료 경과 후에 다시 예전의 상태를 회복하였다.

2013년 6월 14일 그는 아침 일찍 제대로 걷지도 못하는 상태로 옆구리 통증을 호소하며 내원했다. 전날 새벽부터 돌발적인 오른쪽 옆구리 통증이 나타났다는 것이다. 서서히 시작된 통증이 아니고 너무도 갑자기 나타난 통증이라 당황하기도 했지만 도저히 참을 수 없는 통증으로 식은땀을 흘리며 잠을 자지 못했고, 날이 밝기도 전에 원주에 있는 모 대학병원 응급실을 찾았던 것이다. 그리고 응급실에서 할 수 있는 의학적 검사는 다 받았으나 원인을 찾지 못하고 증상도 낫질 않는다는 것이다. 하루를 병원에서 보내면서 진통제 처방으로 약간의 통증이 수그러들었지만 여전히 몸을 제대로 가누기도 힘들었다며 다음날 아침 일찍 나를 찾아 왔던 것이다.

순간 내 머릿속에는 드디어 심각한 무엇인가 올 것이 왔다는 느낌이 들었다. 하지만 대학병원에서 검사결과 아무런 이상을 발견하지 못했다하지 않는가? 속으로 그럴 리 없다고 의아해하면서 초음파검사를 조심스레 하였다. 간 내부에 2~3센티미터 크기의 불길한 종괴가 보였다.

'틀림없는 종양으로 의심이 되는데 어째서 종합병원에서 이것을 발견하지 못했을까?'

아마도 응급실에서는 돌발적 통증의 양상 때문에 신결석이나 담결석을 우선 의심하고 이에 대한 검사를 했을 것이다. 그리고 일차적으로 의심되었던 질병의 가능성이 배제되었으니 다른 관찰을 소홀히 하지 않았을까 의심이 되었다. 환자 가족들이 전하는 이야기로는 위장검사, 초음파검사까지 다 했다고 했는데 이상을 발견하지 못했다니 납득하기 어려웠다.

'내가 잘못 본 것은 아닌가? 내가 실수를 하는 것이 아닌가?'

스스로 자문해보았지만 엄연히 보이는 현상이므로 내 소견을 바꿀 수도 없었다.

김 사장과 그의 가족이 근심스레 내 판단을 기다리고 있었다. 나는 솔직히 그러나 환자의 심리적 부담을 최소화하려고 노력하며 말했다.

"아마도 진찰했던 대학병원에서 미처 확인하지 못한 점이 있는 것 같다. 좀 더 큰 병원을 찾아가 진찰을 다시 받아야 할 것 같다. 나도 정확한 것을 알 수 없으니 검사결과를 꼭 알려주면 좋겠다."

나는 간 내에 있는 종괴의 존재에 대해서는 그가 받을 심리적 부담을 고려하여 말하지 않았다. 그 자리에서 김 사장은 아들에게 전화를 했다.

서울의 대기업에서 운영하는 모 종합병원에 아는 사람을 통해서 한시라도 빨리 진찰을 받을 수 있도록 조치하라는 것이다. 얼마 후 김 사장에게 연락이 왔다. 서울의 J대학병원에 입원해 있다는 것이다.

"원장님 진찰을 받고 바로 서울 J병원에 와서 검사를 했는데 간내세포종이라고 진단을 받았습니다. 크기는 3센티미터, 1.5센티미터 크기가 있고 작은 것 2개가 더 있는데 일부는 제거수술을 받고 일부는 색전시술을 시작합니다. 퇴원하면 한약을 처방받으러 가겠습니다."

김 사장은 양방치료를 받고 있지만 한방치료를 병행하고 싶어 했다. 물론 그가 한의학을 신뢰하고 있다는 것은 알지만 당분간 한약치료를 신중히 선택하자고 설득하였다. 우선 입원한 병원에서 할 수 있는 조치를 최대한 다 받고 이후의 경과를 보아가며 한약처방을 할지 다시 판단해보자고 한 것이다.

얼마나 더 살 수 있을까요?

우리나라는 의료법상 서양의학과 한의학이 존재하지만 이 두 시스템이 환자를 위해 협력하는 효율적인 시스템을 가지고 있지 못해 이런 경우 환자의 치료에 큰 장애요인이 된다. 오히려 상호 이해 부족과 심지어는 상대를 비방하는 경우가 더 많은 현실에서 암을 진단받은 환자의 치료는 매우 신중한 접근이 필요하다.

다른 병과 달리 암이라는 병을 진단받게 되면 환자나 환자 가족은 즉각적으로 죽음을 떠올리게 된다. 의사가 암을 치료할 때 5년 생존율을 기준으로 완치 여부를 말하는 것은 다른 말로 바꾸면 암을 진단받고 의학적 치료를 시도했는데 5년 동안 죽지 않고 살아남을 확률을 말하는 것이 아닌가.

미국의 최고 암 전문병원 텍사스대학교의 MD 앤더슨 암센터의 종신 교수가 된 한국인 의사 김의신 박사는 이렇게 말했다.

"'당신은 암입니다'라고 말하면 미국인 환자는 '그럼 제가 무엇을 하면 될까요?'라고 묻는데 반해서, 한국인 환자들은 대부분 '그럼 제가 얼마나 살 수 있습니까?' 라고 묻는다."

한국인이 암을 받아들이는 자세가 어떠한지를 단적으로 보여준다고 할 수 있다. 그만큼 한국인들은 '암은 곧 죽을병'이라는 생각을 먼저 하는 것이다. 의사들이 아무리 5년 생존율에 대해서 말하더라도 운이 좋아야 살 수 있는 병이라는 무의식에서 벗어나지 못하고 있다. 이런 절망적 상황 인식은 합리적 치료를 방해하는 요소가 될 수 있다.

암의 병명은 서양의학적 기준에 따른 것이며 따라서 확진도 역시 해부조직학적 검사를 통해서 이루어진다. 따라서 이미 양방병원에서 암이라는 사형선고(?)와 같은 진단을 받게 되면 환자와 그 가족은 전적으로 암전문 병원에 의지해서 치료할 수밖에 없을 것이다. 이때 병원의 치료 이외의 어떠한 접근방법도 치료에 방해가 되는 것으로 오해를 받게 마련이고 대부분의 양의사들은 한의학적 치료도 철저히 차단하거나 배타적으로 억제하고 있는 것이 한국 의료계의 현실이다.

실제로 항암치료를 하면서 한방치료를 병행한 경우 항암치료만 단독으로 시도한 경우보다 생존 기간이 훨씬 길다는 것이 여러 논문을 통해서도 밝혀지고 있지만* 이러한 긍정적 결과에도 불구하고 혹시라도

---

* 비소세포암 환자에 있어 이레사라든지 타세바 같은 항암제를 한약과 같이 복용했을 때 어떤 효과가 있는지 여러 논문을 메타 분석한 논문에서는 한방치료를 병행했을 때 종양을 축소시키는 효과가 더 좋았고 1년 생존기간과 2년 생존기간도 병행치료군에서 훨씬 높은 것으로 나타났다(Journal of Integrative Medicine, July 2014,vol.12, NO.4). 이는 폐암뿐만 아니라 대장암 등에서도 비슷한 결과를 보였다. 대장암에서 병행치료가 1년 생존, 3년 생존 그리고 암의 축소를 각각 11%, 18%, 15% 증가시켰으며 면역세포를 증가시키고 오심, 구토, 식욕부진, 설사 등을 감소시킨 것으로 확인됐다

한방 병행치료중 상황이 악화되기라도 하면 환자들은 의사로부터 혹독한 구박을 받거나 불이익을 당하기 때문에 아주 특별한 경우가 아니면 한의학적 치료를 병행하기 어렵다. 중국의 경우 암의 치료에 있어 80~90%가 서양의학과 한의학이 협력하여 치료가 이루어진다는 것과 비교하면 참으로 안타까운 일이 아닐 수 없다.

한의원에 암환자가 올 때는 이미 양방병원에서 손쓸 수 없는 말기암이라는 진단을 받았거나 아니면 수술, 항암치료, 방사선치료를 포함한 모든 조치를 했음에도 불구하고 치료가 되지 않아 속수무책일 때이다. 그러나 이때는 한의학적 치료 역시 아무런 도움이 되지 못할 정도로 늦어버린 경우가 대부분이다. 이러한 의료적 현실을 모를 리 없는 한의사가 암 진단을 받은 환자에게 한의학적 치료를 시도한다는 것은 여러 가지로 쉽지 않은 일이다.

일단 암을 진단한 전문의는 누구라도 자신이 시술하고 처방한 약물 이외의 어떤 약물도 사용을 금할 것이다. 물론 한약(사실 양의사는 한의사가 처방하는 한약의 투약 원리나 임상효과에 대한 정보는 거의 없으며 오히려 부정적 선입견이 대부분이겠지만)의 투약도 강력하게 제지하고 환자에게 그런 지침을 내릴 것이다. 그것이 편향된 의료인의 양심에 근거한 것이든 무지에 근거한 것이든, 목숨이 위태롭다고 생각하는 환자나 환자 가족은 이러한 강력한 주치의의 경고를 무시하고 감히 한의사에게 치료를 의뢰할 엄두조차 내지 못할 만큼 겁에 질리게 된다. 결국 양방주치의가 치료를 포기한 막다른 골목에서야 뒤늦게 한의사를 찾게 된다.

(Complementary Therapies in Medicine, 2012). 한의신문 2016.8.16. 24면, 〈근거중심 한양방협진 성과 인용〉

고통스러운 치료만이 답인가?

더군다나 이미 내가 가진 한의학적 치료법으로는 김병호 사장의 치료를 장담할 수 없는 상태라고 판단하고 있었다. 그러므로 내가 한방치료를 받아들이면 덧없는 희망을 주는 혼란을 유발할 수 있기 때문에 한방치료를 계속할 수 없다고 생각했다.

김 사장이 오로지 생존을 위한 치료가 아니라, 죽음까지도 수용하는 자세로 인격적 삶이나 품위 있는 죽음을 포함한 폭넓은 이해를 바탕으로 치료에 임할 수 있었다면, 그의 삶의 질을 개선하고 면역력을 개선할 수 있는 한약을 조심스레 그러나 최선을 다해 처방할 수 있다. 이 점은 비단 김 사장에게만 해당되는 것이 아니라 암 진단을 받은 모든 환자에게 해당된다. 하지만 안타깝게도 그럴 확률은 매우 낮다. 왜냐하면 우리는 평소에 의사에게 치료를 받으면서 생존에 대해서만 생각했을 뿐 죽음에 대해 생각하고 준비하고 공부한 적이 거의 없기 때문이다.

김 사장의 고통스러운 치료는 그때부터 시작되어 그가 생을 마감하던 2015년 4월까지 약 2년간 계속 되었다. 일정기간마다 반복적으로 시술하는 간암 조직 색전술을 받고나면 한동안 입맛을 잃어버려 음식을 거의 먹지 못하고 체중도 줄고 온몸에 느끼는 고통이 이루 말할 수 없다고 호소했다. 그래도 대한민국에서 제일 큰 병원, 제일 유명한 의사가 그렇게 해야 한다고 하니 의심 없이 고통을 감수하고 있었다. 그 와중에도 김 사장은 대부분의 유명 대학병원 의사가 그러하듯이 3시간 기다렸다가 3분도 만나기 어려운 담당 특진 주치의와 친구처럼 가까워져서 여러 가지 혜택을 특별히 받고 있음을 무용담처럼 이야기하며 스스로 자랑스러워하기도 했다. 김 사장 특유의 친화력은 대형병원에서도 유감 없이 발휘된 모양이다.

　김 사장 본인의 치료는 그렇게 대학병원에 의지하고 있었지만 그의 식구들이나 직원 심지어는 주변 친구들까지 사소한 감기며 배탈을 비롯해서 하다못해 발목을 다쳐도 그들을 데리고 한의원에 들르는 길에 소소한 경과를 나에게 알려주었다. 그렇게 그는 오지랖 넓은 성품을 가지고 있었다. 평소 암 치료를 받느라 체중도 빠지고 야윈 모습이었는데 어느 날인가는 살찐 모습으로 나타났다.

　"지난번보다 체중이 늘어난 것 같은데요?"

　내 물음에 그는 희색이 만면하여 대답했다.

　"항암치료를 받으면 밥을 조금도 먹을 수 없어서 살도 빠지고 괴로워서 죽겠어요. 담당 주치의한테 말했더니, '걱정 말아요! 밥 잘 먹는 약 줄 테니!' 하면서 약을 주는데, 아 그 약을 먹으니 밥맛도 너무 좋고 이렇게 살도 찌더라니까요. 그 약은 다른 사람들한테는 조금씩 밖에 주지 않는 약인데 더 달라고 했더니 의사가 간호사더러 많이 주라고 특별히 지시해서 많이 받았다니까요. 그래서 나도 먹고 몸이 바짝 마른 친구한테도 먹으라고 나눠줬어요. 그 약 참 신통하드만."

　한동안은 간 검사 결과 암 조직이 다 없어진 것 같다고 좋아하기도 했지만 주기적으로 검사를 받으러 병원에 들렀더니 또다시 담당의사가 "한번만 더하면 다 좋아질 것 같으니 한번만 더 해 봅시다."고 해서 어떻게 할까하고 망설인다고 했다. 그리고 결국 이후에도 몇 번의 시술을 더 받았다고 했다.

　"원장님 이제는 죽으면 죽었지 항암치료를 더 못 받겠어요. 차라리 그대로 죽는 게 낫겠어요."

그가 처음으로 죽음이라는 말을 입에 올린 것이 그 무렵이다. 하지만 안타깝게도 그는 진정 죽음의 의미를 새기고 말하는 것은 아니었다. 그저 항암제 치료가 고통스럽다는 것을 말한 것일 뿐 죽음을 어떻게 맞이하겠다는 것은 전혀 아니었다.

2014년 11월 초에 그는 전혀 성욕이 나질 않는다고 주치의에게 말했고, 주치의는 "그까짓 거 걱정 마세요." 하면서 비뇨기과를 통해서 호르몬제를 처방해 주었다고도 했다. 며칠 후에는 심한 오한이 나고 전신이 쑤시는 증상이 있고 턱관절이 아파서 음식을 전혀 씹을 수 없다고도 했다.

12월 초 항암제 치료를 받고는 왼쪽 다리 전경부 뼈 속이 너무 아파서 죽을 것 같은데 병원에서 주는 진통제 주사로도 통증이 없어지지 않으니 어찌하면 좋으냐고 하소연하기도 했다.

그리고 2015년 1월초 또 다시 왼쪽 눈동자가 바깥으로 움직이지 않아 사물이 둘로 보이는 증세가 나타났다. 병원에서는 척추 5번과 안구 신경에 암세포가 전이되었다고 했다. 항암제를 투약하는 도중에 피부에 심한 두드러기가 생겨서 투약을 중단했고 마침내 병원에서는 더 이상 투약할 약이 없다고 최종 통보를 받았다.

그의 몸은 잎을 떨군 나뭇가지처럼 말라갔고, 피부는 허물이 벗겨지듯이 각질이 벗겨졌다. 그가 누웠다 일어난 자리는 하얀 눈이 내린 듯 비늘이 떨어졌다. 병원에서는 척추와 안구에 암이 전이되었다고 했지만, 그의 증상으로 보면 그의 면역체계는 완전히 허물어졌고 온몸으로 암세포가 전이되어 뼈 속까지 퍼져있었을 것이다.

2월 초에는 10여 일 동안 음식을 전혀 먹지 못하고 딸꾹질이 멈추지 않는다고 했다. 그것은 그의 위장마저 암세포의 공격을 받아 더 이상 소화기관으로서의 역할을 수행할 수 없다는 것을 의미할 것이다.

"원장님이 내가 아프면 항상 약을 처방해주었고 그때마다 효과를 잘 보았는데, 병원에 가라고 한 이후에는 약을 하나도 처방해 주지 않았어요. 그게 무슨 의미인지는 알겠습니다. 그런데 지금은 아무것도 먹을 수 없으니 밥을 조금이라도 먹을 수 있게 한약을 좀 지어 주세요."

그는 내가 그동안 그의 고통스런 병의 경과를 들어주기만 했을 뿐 치료에 개입하지 않은 의미를 어느 정도 이해한 것 같았다. 이제 병원에서 마저 치료를 포기한 마당에 조금이라도 그의 고통을 덜어주어야 한다고 생각했다.

위장의 소통능력을 돕는 한약을 3일씩 세 차례 처방하여 보내주었다. 그것이 그에게 얼마나 도움을 주었는지는 알 수 없다. 그리고 2월 14일 J병원 입원실에서 나에게 전화를 했다. 왼쪽 귀에 물이 차서 수술을 받았고 음식을 먹으면 즉시 설사를 하는데 약을 지어줄 수 있느냐는 것이었다.

그것이 그와 마지막 통화였다. 4월 초 그의 가족으로부터 그가 사망했다는 연락을 받았다. 그렇게 그는 삶을 위해 온갖 노력을 했지만 죽음에 대한 아무런 준비 없이 이 세상을 떠났다.

삶에 대한 집착

내 부모님의 죽음을 맞으면서 또 오랫동안 지켜본 환자의 죽음을 지켜보면서 안타깝기도 하지만 사실 궁금하고 아쉬운 것도 있다. 아버지는 정말 저세상으로 떠난다는 사실을 알고 마음의 준비를 하셨을까? 김병호 사장은 암을 치료하기 위해 갖은 고통을 감수하면서 그토록 노력했지만 결국은 찾아온 죽음을 어떻게 수용했을까?

단 하루 소풍을 가더라도 마음의 준비를 하고 이것저것 챙겨서 길을 떠나는데, 일주일 또는 열흘 정도가 걸리는 해외여행만 하더라도 며칠을 계획하고 준비하는데 영원히 못 올 길을 떠나는 죽음 앞에서는? 다시는 못 올 길을 떠나는 분께서 길 떠날 마음의 준비를 제대로 하였는지 궁금하였다. 아마도 마음의 준비를 못했을 것이라는 추측을 하면서 자식으로서 의료인으로서 할 일을 다 하지 못한 것 같아 참으로 마음이 아프고 아쉬움이 남는다.

아버지는 6·25전쟁 중 스무 살의 앳된 나이에 아무 준비도 없이 한밤중에 집을 떠나 잠시 피난하였고, 3일 쯤 지나면 상황이 종료돼 당연히 집으로 돌아갈 것이라 생각했지만 살아서 영영 돌아가지 못하고 삶을 마치셨다. 그토록 가보고 싶은 고향 쪽을 바라보는 망향의 묘지에 누우셨으니 우리의 삶이란 것이 그렇게 준비 없이 살아가야 하는 것인지도 모르겠다. 김 사장도 자신이 나서지 않으면 안 된다고 생각하는 그 많은 일거리와 재산을 뒤에 남겨두고 결국 낯선 길을 떠나고 말았으니 얼마나 당황스러웠을까? 결국 인생이란 자신의 의지와 전혀 관계없이 빈손으로 돌아가는 허망한 것인가.

평소 아버지는 죽음을 대비한 말씀을 하신 적이 없다. 단 한번 마지막이라는 말씀을 하신 적이 있기는 하다. 할아버지 묘소를 마지막 찾아간 날, 그러니까 큰아들을 대동하고 마지막 나들이를 하시던 날 '이제 다시는 못 올 것'이라고 혼잣말처럼 하신 말씀 외에는 한 번도 죽음이나 죽음 이후에 대해 말씀하거나 언질을 주신 적이 없다.

어찌 보면 아버지는 죽음조차 노력하면 극복할 수 있는 것으로 생각했는지도 모르겠다. 동족상잔의 비극적 전쟁 속에 던져진 스무 살의 젊은 청춘의 목표는 오직 살아남아 고향의 어머니를 만나보는 것이었다. 몸이 아프면 의사의 처방에 따라 약을 먹고 수술하면 어떤 병도 나을 수 있다는 신념 속에 아무리 많은 약도 빠뜨리지 않고 드셨던 분이 나의 아버지이다. 무엇이든지 '하면 된다'는 시대적 가치에 조금도 의심을 갖지 않았던 분이 나의 아버지이다. 파킨슨씨병이 점차 악화되면서 혼자서 수저를 제대로 사용하기 어려워지고 걸음을 걸을 수 없을 때에도, 뇌수술을 하면 좋아질 것이라는 신문기사를 믿고 수술에 대해 알아보라고 당부하셨던 분이시다. 휠체어에 몸을 의지한 채 다른 사람의 도움이 없으면 화장실조차도 혼자서 가기 어려운 불편한 노구의 몸을 가지고도 손수 운전할 수 있을 것처럼 생각하고 차 키를 달라고 하셨던 분이다. 차 키를 달라는 말씀이 처음에는 웃자고 하는 농담인줄 알았는데 아버지는 진담으로 차를 운전하고 드라이브를 나가겠다고 하는 것이었다. 좋은 틀니와 좋은 보청기만 착용하면 다시 고기음식도 먹고 모든 소리도 잘 듣게 될 것이라고 믿었는데 그것이 뜻대로 되지 않아 서운하셨던 아버지이다.

혼자서 걷지 못하고 혼자서 음식을 드시지 못하는 모습에서 나는 아버지의 여명이 2~3년을 넘기지 못할 것으로 생각했었다. 나를 낳아준 아버지가 떠날 것이라는 데에 생각이 이르자 나의 눈에서는 하염없이 눈물이 흐르곤 했다. 감성적인 성품의 작은아버지는 열여덟 살 피난 이후 세상에 믿고 의지할 가족이 형님 밖에 없다고 늘 말씀하셨다. 그래서 작은아버지가 끔찍이 아끼는 형님이자 나의 아버지의 건강을 염려하여 조카인 나에게 "형님은 좀 어떠시냐?"고 아버지 용태에 대해 조심스럽게 물어주실 때에도, 한의사인 형이라면 속 시원한 대답을 줄까하여 아우가 "아버지가 얼마나 우리 곁에 살아계실 수 있을까?"라고 물어볼 때에도 나는 대답 대신 하염없이 울기만 한 적이 있었다. 그렇게 아버지와의 이별이 나에게는 시시각각 가까운 현실로 다가왔는데 내가 예측한 것보다 아버지는 3~4년은 족히 더 사셨으니 참으로 고마운 일이 아닐 수 없다.

그러나 아버지는 이승을 떠남에 대해 말씀하시지 않았다. 항상 가족의 안부를 묻고 아들의 한의원이 잘되는지, 손자손녀들이 무얼 하는지만 궁금해 하셨다. 살아있음에 대해서만 말씀을 하셨고 이승을 떠날 준비를 못하신 것 같아 안쓰럽다.

아버지 당신 스스로는 그렇게 못하셨지만 그나마 위안이 되는 것이 있다면 천주교 교인들의 도움으로 아버지가 돌아가시기 전 의식이 없는 상태에서나마 병상에서 임종 예배를 드릴 수 있었다는 것이다. 세례명 '알베르토' 나의 아버지는 장사 지낸지 사흘 만에 예수가 부활했다는 부활절 아침에 묘지에 안장되셨다. 교인들은 그야말로 복스러운 죽음이라고 축원의 말을 아끼지 않았다.

생각해 보면 아버지만 준비 없이 저세상으로 떠난 것은 아니다. 장인어른이 돌아가실 때에도 그러셨다. 60대 후반에 처음 어지럼증을 호소하여 진단받은 결과 위에서 출혈이 지속되어 빈혈이 나타난 것을 알게 되었고 원인 질병이 위암으로 드러났다. 처음 위암이 발견되어 수술을 받았으나 2년을 채 못 넘긴 시점에 전신으로 암이 전이된 것을 알았다. 그리고 치료를 위해 방사선 치료와 항암제 치료를 반복하면서 극심한 통증과 빠르게 악화되는 몸의 상태를 지켜보면서도 최선의 치료를 받으면 좋아질 수 있지 않을까하는 희망을 부여잡고 있었다.

한국전쟁 당시 해병대원으로 전투에 참여했고 그때 같이 싸웠던 전우들이 모두 전사하는 속에 당신도 전신에 파편이 박힌 채 생명을 부지했던 분이다. 몸속 여기저기 박힌 파편은 거의 제거수술을 받았지만 뇌에 박힌 파편은 제거 과정에 목숨을 위태롭게 할 것이라는 경고를 받고 손을 대지 못하고 신체의 일부처럼 지냈다. 그러니 몸 아픈 것은 평생 일상이었지만 암이 골수까지 전이되어 극심한 통증에 시달리고 마약성 진통제로도 통증이 제어되지 못하는 상황에서도 삶을 정리하고 죽음을 준비하지 못한 채 저세상으로 떠나셨다.

죽음을 어떻게 맞아야 하나

어느 날 병실을 찾아 문병을 할 때 장인께서 나에게 하신 말씀이 지금도 귓가에 떠나지 않는다.

"김 서방! 나 이러다 죽는 거 아니야?"

평소보다 목소리가 힘이 없고 지치기는 했지만 워낙 성격이 불같이 급하고 직설적인 분이라 한의사인 사위는 그래도 의학적 정보가 있을 것이라 믿고 다그치듯이 나에게 물어보신 것이다. 어떻게든 치료할 방법을 찾아내라는 말씀처럼 느껴졌다. 물론 2년 전 처음 장인의 몸 상태를 진찰했을 때 나는 심각하다고 판단돼 지체 없이 정밀검사를 받도록 조치했다. 덕분에 원주의 한 대학병원에서 초기 위암 상태를 확인하고 수술을 받게 된 것은 다행이었지만, 당시까지 나는 암을 어떻게 이해해야 하는지 충분한 정보를 가지고 있지 못했다. 그저 대학병원과 국립원호병원의 전문의들이 지시하는 대로 치료하는 수밖에는 다른 선택의 여지가 없다고 생각했다. 그렇게 외길을 따라 삶의 막다른 골목에까지 이르렀을 때는 담당의사도 더 이상 특별한 치료수단을 제시하지 못했고 장인의 고통은 점점 극심해져 갔다. 나는 어찌 답해야할지 주저하며 겨우 답했다.

"무슨 그런 약한 말씀을 하십니까! 곧 나아지실 겁니다. 걱정 마세요!"

나 자신도 믿어지지 않는 말을 했으니 장인도 그 말을 액면 그대로 믿지는 않으셨겠지만 나로서는 어떻게라도 위로의 말씀을 드려야 한다고 생각했던 것이다. 그것이 내가 장인과 이 세상에서 나눈 마지막 대화였다.

그 이후 개인 병실로 옮겨 콧줄을 끼고 산소호흡기를 부착하고 주렁 주렁 호스에 의지한 채 의식을 차리지 못하고 연명하시다가 1주일이 채 지나지 않아 세상을 뜨셨다. 장인의 죽음은 가족 중에서 내가 직접 경험한 첫 번째 죽음이었다.

비록 의료현장에서 환자들을 만나고 있지만 한의학의 특성상 죽음을 목전에 둔 환자를 대할 일이 없었고, 몇 번의 특별한 경우를 제하면 위급한 환자를 만나는 경우도 별로 없다. 당연히 의료인으로 뿐만 아니라 한사람의 가족으로서도 죽음을 해석하거나 대비한 어떠한 준비도 없이 무방비 상태로 그렇게 장인어른과 이별을 한 것이다.

죽음을 마주한 환자를 의료인으로서 어떻게 대해야 하는지 어떠한 노력을 해야 하는지 몰라 당황한 나 자신에 대한 실망과 함께 잠재의식속에 '죽음을 어떻게 이해해야 하는가?' 하는 숙제가 싹트기 시작했다.

그렇게 시간이 지나고 또 한 번 가족의 죽음 앞에서 나는 다시 무기력함을 절실히 느껴야 했다. 할아버지께서 88세의 나이로 돌아가신 것이다. 그때까지 할아버지께서는 귀가 약간 어둡고 한쪽 눈의 시야가 좋지 않은 것 말고는 식사도 잘하시고 일체의 약물도 드시지 않을 만큼 비교적 건강하셨다. 단지 노령으로 혼자 생활하기 어려워 큰아들인 나의 아버지가 할아버지를 모시고 시골주택에 같이 살고 계셨다. 할아버지 나이 17세에 아버지를 낳으셨으니 70을 넘긴 노인이 90을 바라보는 노인을 모시게 된 것이다. 그렇게 십여 년이 지났으니 맏며느리인 나의 어머니는 병이라도 날만큼 힘들어 하고 지쳐갔다. 그때 평생 할아버지를 외면했던 작은아버지가 —이북에 계실 때 어린 자식들을 낳기만 하고 객지로 떠돌아다니느라 가족을 돌보지 않고 외롭게 했던 아버지이며, 겨우 열여덟 살의 나이에 남한으로 피난 와서조차 자식들을 돌보지 않은 아버지에게 받은 마음의 상처가 매우 컸기 때문일 것이다. ─ 형님과 형수님의 고단한 짐을 덜어드릴 요량으로 생전 처음 할아버지를 한 달쯤 모시겠다고 하여 분당에 있는 작은아버지 아파트로 할아버지를 잠시 모시고 갔다.

추운 날씨에 아파트 문을 닫은 실내에서 담배를 피우면 냄새가 없어지지 않으니 할아버지는 베란다에 마련된 의자에 앉아서 담배를 피우셨던 모양이다. 그렇게 며칠이 지난 어느 날 다리에 힘이 없는 할아버지가 의자에서 바닥으로 털썩 주저앉아 엉덩방아를 찧고 말았다. 분당의 대형병원으로 모시고 가 진찰을 받은 결과 대퇴골골절이 확인되었다. 나이든 노인들이 가장 경계해야할 엉덩방아 후 대퇴골골절을 당하신 것이다.

당시 할아버지의 치료를 어떻게 해야 할지 의사결정은 당연히 아버지와 작은아버지 두 형제분께서 담당의사의 제안에 따라 하셨다. 40세가 채 안돼 보이는 담당의사의 설명은 단호했다.

"노인의 고관절골절은 위험합니다. 그냥 두면 걸을 수 없기 때문에 신체가 급격히 약화되어 1년 정도 밖에는 더 살 수 없습니다. 그러나 수술하면 더 오래 사실 수 있습니다"

작은아버지가 물었다.

"88세 노인이 큰 수술을 감당할 수 있겠습니까?"

담당의사는 아무렇지도 않게 대답했다.

"더 나이 많은 노인도 수술한 적이 있습니다. 걱정 마세요."

이쯤 되면 환자 보호자는 다른 선택의 여지가 없다. 아버지와 작은아버지 두 노인 형제분은 더 깊이 생각할 여지도 없이 수술에 동의할 수밖에 없었을 것이다. 담당전문의가 그리 어려운 수술도 아니라고 하고, 수술을 해야 더 오래 사실 수 있다고 하니 치료비용이 얼마가 들더라도 당연히 수술해야한다는 정해진 결론에 이른 것이다.

그러나 안타깝게도 할아버지는 수술실에서 마취를 한 이후부터 전혀 의식을 회복하지 못하고 누워계시다가 40일 만에 돌아가셨다.

나는 또 다른 의문이 들었다. 88세의 노인에게 굳이 대퇴골골절 치료를 위한 수술을 강행해야만 했던 것인가? 그것이 환자의 병을 어떻게든 고쳐보겠다는 의사로서의 사명감에 따른 판단이었을까? 아니면 환자의 여명과 고통을 감안한 인간적 배려가 무시된 채 기계적 의료의 선택을 한 것은 아니었을까? 혹시 환자의 인격을 고려치 않은 최대 이익 창출을 위한 상업적 의료 선택이 아니었을까?

결과로만 볼 때 수술을 안했더라면 할아버지는 비록 거동은 불편했겠지만 의식이 있는 상태에서 가족들과 마지막을 함께 보낼 수 있었다. 가족과 대화하면서 당신의 삶을 정리할 시간을 가졌을 수도 있었을 것이다. 가정이지만, 죽음을 앞두고 가족을 돌보지 않은 회한을 고백할 시간이 있었다면 두 아들, 내 아버지와 작은아버지는 할아버지를 부둥켜 안고 펑펑 우셨을 것이다. 하지만 할아버지는 가족들과 아무런 의사소통조차 하지 못하고 인공호흡기와 영양공급장치와 같은 기계장치가 버텨준 덕에 40일을 생물학적 목숨만 연명하다가 돌아가시고 말았다.

만약 수술에 성공했더라도 몇 달간은 회복을 위해 불편한 고정자세로 재활을 위한 치료를 받느라 고생했을 것이다. 그렇게 2~3년 더 산다는 것이 어떤 의미가 있는 것일까? 담당의사는 과연 '연로한 환자가 이 세상을 어떻게 살다가 마감하는 것이 좋은 것인지', '품격 있는 삶이란 무엇인지', '간병하는 가족들은 어떤 심리적 부담을 가지게 되는지'에 대한 문제를 잠시라도 생각해보았을까? 할아버지의 죽음을 통해 죽음을 앞둔 환자와 환자 가족에게 의료인은 어떠한 치료와 조언을 해야 하는가, 하는 또 다른 숙제가 나에게 시작되었다.

누구도 피할 수 없는 죽음

대부분의 말기암으로 인한 사망자는 김병호 사장의 경우처럼 암과 끝없는 사투를 벌이다가 마침내는 환자, 가족, 의사 모두에게 패배를 의미하는 죽음을 맞이하게 된다. 패배한 사람은 항상 슬프고 무기력하다. 단지 환자는 죽음 이후를 말하지 못할 뿐이며, 의료인은 항상 경험하는 일이라 무덤덤하다. 패배를 경험할 때마다 마음이 짓눌린다면 아마도 직업인으로 계속해서 업무를 수행하지 못하고 쓰러지고 말 것이다. 그래서 그 패배의 충격은 대부분 그 가족의 것이 된다.

아마도 죽음 이전에는 죽음을 당할 것이라는 사실을 인지한 환자 자신이 가장 당황스럽고 두려울 것이다. 그래서 두려움과 분노 때문에 죽음이라는 사실을 거부하거나 회피하고 싶을 것이다. 현재로서 환자의 이러한 문제를 해결하도록 도와주어야 할 의료인은 현실적으로 아무런 도움이 되지 못하고 있다. 의료인은 죽음의 문제에 대한 전문가가 아니기 때문이다. (종교를 가진 사람은 종교인에 의지해서 죽음의 문제를 풀어나가고 있는 실정이다.)

내가 처음 개업한 30여 년 전 원주지역에 재력과 사회적 영향력이 높은 한의사 선배 한 분이 계셨다. 당시에는 원주를 통틀어 10여명의 한의사 밖에 없었는데 한의사로서도 성공적이었지만 사업가로서 더 큰 성공을 거뒀던 분이다. 대학을 졸업하고 이제 막 개업했던 애송이 한의사로서 선배를 처음 만난 것은 보수교육장에서였는데 당시 대형 외제차에 전용 기사를 둔 선배가 배려하여 귀가 길에 동승하였던 적이 있다. 자가용도 드물던 시절에 처음 타본 최고급 외제차 뒷자리에서 어색해하는 후배를 많은 나이 차이와 조건의 차이에도 불구하고 한의학이야기를 하며 따뜻하게 대해주신 기억이 난다. 그때 이후 가끔 찾아뵙고 인사를 드렸지만 그렇다고 가까운 사이도 아니었다. 10여 년 전 어느 날 선배가 내게 왕진을 청하였다. 당시 80을 넘긴 노선배는 심한 두통과 사지를 쓸 수 없는 증상으로 누워계시면서 침 치료를 요청했다. 대선배가 한참 손아래 후배를 믿어준 것이 고맙기도 하였지만 나로서는 잘 치료해드려야 한다는 생각에 몹시 긴장되었다.

처음 방문하게 된 선배님 안방은 재력에 걸맞게 참으로 값나가는 가구들이 있었지만 이제 선배님의 나이처럼 세월 따라 이미 낡아 있어서 한때의 영화를 보여주면서도 무언가 초라하다는 느낌을 받았다. 아마도 그 방의 주인이 몸져누워서 거동조차 못하는 무거운 분위기 때문에 더 그렇게 느꼈을 수도 있었을 것이다. 사실 선배는 그 당시 이미 돌이킬 수 없는 뇌의 질환을 가지고 있었으며 침 치료로 회복할 수 없다는 것을 이미 알고 있었으리라. 두 번째 왕진을 위해 방문했을 때 선배님은 침상에 누워 눈물을 흘리며 말씀하셨다.

"김 원장 …… 내가 이렇게 죽게 되나봐."

더 이상 말을 잇지 못하고 하염없이 눈물을 흘리던 모습에 무어라 위로의 말씀도 제대로 드리지 못하고 돌아왔다. 그날따라 스산하게 눈이 내리고 을씨년스럽게 추웠다. 그 후 한 달이 조금 지난 즈음 선배는 저세상으로 떠나셨다. 평소 그토록 여유롭고 인자한 선배였고 사회적으로나 경제적으로도 다른 이들로부터 부러움과 존경을 받던 분께서 왜 그토록 눈물을 흘리셨을까? 무엇이 그분의 뜻대로 되지 않았을까? 죽음은 그토록 두려운 것이었을까?

노환으로 죽음을 맞이하든지 아니면 회복 불가능한 질병으로 점차 죽음을 향해 가든지 사람들은 죽음 너머를 두려워하고 있음이 틀림없다. 그래서 어떻게든지 삶에 집착하게 되고 삶의 촛불이 꺼져가는 순간 안타까움 절망, 분노, 두려움에 사로잡히게 되는 것이 아닐까. 그때 아무리 재산이 많고 사회적으로 성공한 사람도 죽음 앞에서는 무기력할 수밖에 없다는 것을 문자로서가 아니라 현실로서 절실히 느낄 수 있었다.

어느 누구도 피할 수 없고 결국 맞이할 죽음이라면 우리는 어떻게 맞아야 할 것인지 그 숙제를 풀어보아야겠다. 삶의 문제가 아닌 죽음의 문제, 그것은 삶을 포기했기 때문이 아니라, 죽음을 이해함으로써 삶을 더 온전히 이해할 수 있기 때문이다.

추천사

　저자는 오랫동안 인간의 건강을 보살피고 고민해왔던 의료인으로서 진정한 건강은 무엇인가, 올바른 죽음은 무엇인가에 대해 고민해왔는데, 저자 자신의 아버지와 어머니의 죽음, 진료실을 찾아온 환자의 고통스러운 죽음을 목도하면서 본격적인 연구를 시작했다. 현대의학이 몸과 마음의 건강에만 신경 쓸 뿐 인간적인 죽음, 품위 있는 죽음에 대해서는 외면하고 있는 것을 안타깝게 생각하고 신체와 정신뿐만 아니라 영혼의 건강도 보살펴야 한다고 주장한다. 현대인들이 얼마나 죽음에 대해 알고 있는지, 과연 자신의 죽음을 준비하고 있는지 묻는다. 하다못해 소풍을 가더라도 도시락을 준비하고 준비물을 챙기는 법인데 언젠가는 가야하는 다시 못 올 길을 떠나는데 아무런 준비가 없다면 어쩌겠는가 묻는다. 책에는 생명과 죽음에 대해 몸·마음·영혼 그리고 기를 이용한 그림을 통하여 쉽게 설명이 되어 있다. 고령화 사회에서 호스피스 완화의료, 웰다잉 등에 관심 있는 현대인들이 반드시 읽어보면 좋겠다.

곽병은 _원주 밝음병원 원장, 의학박사.

2부

어떻게 죽을 것인가

이 세상에 죽음만큼 확실한 것은 없다.
그런데 사람들은
겨우살이는 준비하면서도
죽음은 준비하지 않는다.

톨스토이

어떻게 죽을 것인가?

현대의학이 행복하게 죽을 권리를 박탈했다

'어떻게 죽을 것인가?' 이 질문은 너무 무겁다. 회피하고 싶은 질문일지도 모른다. 하지만 반드시 마주쳐야할 질문이기도 하다. 그러나 적절한 답을 찾는 것은 쉬운 일이 아니다. 장·노년들의 술자리 건배구호 중에 '구구팔팔이삼사'라는 게 있다고 들었다. 99세까지 팔팔하게 살다가 2~3일정도 가볍게 앓고 4일째에 저 세상으로 가면 좋겠다는 소망을 담은 구호다.

정말로 내 친구의 장인어른은 92세 되는 어느 날 아침식사를 마치고 늘 다니던 산책을 다녀온 후 소파에 앉은 자세로 돌아가셨다고 하니, 그분에게 죽음은 고통과 무관한 것처럼 보인다. 가족들도 비록 임종을 지켜보지 못한 아쉬움이 있다고는 하지만 가족구성원 중 누구도 돌아가신 분의 죽음 때문에 고민하거나 고통 받은 일은 없었던 것으로 보아 그야말로 호상好喪이어서 많은 사람들이 부러워하였다.

하지만 이러한 바람직한 형태의 죽음은 그리 흔한 경우가 아니다. 노환으로 인한 죽음이든 질병으로 인한 죽음이든 한국인의 대부분은 죽음을 병원에서 맞이하는 것이 현실이다.

1990년에는 노인 1000명 당 겨우 7.3명이 병상에서 임종을 맞았으나 2010년에는 95.9명으로 늘어나 20년 사이에 병원서 임종하는 노인의 숫자가 13배*로 늘어났다. 통계청 자료에 따르면 2014년 한 해 동안 26만 8천명이 사망했는데 그중 70% 이상이 병원에서 사망하고, 그중 15만명 정도가 병원 중환자실에서 사망했다. 이처럼 병원에서 임종을 맞이하는 숫자가 늘어나고 중환자실에서 사망하는 사람의 숫자가 늘어난다는 것은 그만큼 죽음의 질이 나빠지고 있다는 것을 의미한다.

특히 전 세계 국가를 대상으로 죽음의 질을 조사한 영국의 자료에 따르면 한국은 조사대상 40개국 중 32위의 낮은 수준이며 OECD 가입국 중에서는 꼴찌를 차지했다. 그만큼 우리는 죽음에 대한 준비가 잘돼 있지 않다는 것을 알 수 있다. 이런 상황인데도 병원 사망이 점점 더 늘어날 가능성이 높아져서 죽음이 질이 더 나빠질 것이라는 예측이 나오고 있다.

병원에서 사망한 사람은 사망진단 후 곧바로 한 울타리 안에 자리한 영안실 냉동실로 옮겨지고 사망자의 후속 장례조치까지 원스톱 서비스로 제공되고 있는 것은 죽음의 질 향상과 아무런 관계가 없다. 단지 살아있는 자의 편의와 의료 상업주의의 결과일 뿐이다. '요람에서 무덤까지'라는 사회복지를 보장하는 국가적 목표는 들어보았지만, 그야말로 탄생과 죽음을 병원과 함께 하는 이런 현상은 그리 바람직해보이지 않는다.

의료가 탄생과 죽음의 현장에 처음부터 끝까지 같이 한다는 것은 자연계의 생물적 현상에서 볼 때 그리 자연스러운 것 같지도 않고 인간적

---

* 문화일보 2012년 12월12일자

으로도 그리 행복한 것 같지도 않다. 적어도 죽음에 관한한 "현대의학이 행복하게 죽을 권리를 박탈했다."*고 말하는 의사도 있다.

자연의 이치를 거스르는 병원 분만

자연계에서 동물이 새끼를 낳는 데는 특별한 조치가 필요한 것이 아니라 스스로의 힘으로 저 혼자 낳는다. 아프리카 초원의 가젤 영양이나 백수의 왕이라는 사자도 어미 혼자만의 노력으로 새끼를 낳아 기르고 있다. 생명력을 가진 동물이라는 차원에서 본다면 인간이라고 다르지 않을 것이다. 과거 우리 어머니들도 동서양을 막론하고 아기를 낳을 때 주변의 경험 있는 노인이나 어른의 도움을 받아 가정에서 자연스런 분만을 했었다. 출산은 질병이 아니기 때문이다.

물론 전치태반이나 임신중독증과 같은 질병을 동반한 위험성 높은 분만의 경우에는 모성 사망의 위험을 줄이고 안전한 분만을 도모하기 위해 의료전문가의 도움이 필요한 것은 사실이다. 하지만 서양의학이 기술적 진보를 이루고 의사의 숫자가 늘면서 "안전한 분만을 위해서는 모든 아기들은 병원에서 출산을 해야 한다."는 강박적 사회현상이 나타난 것이다. 모든 산모는 임신을 하면 특별한 불편함이 없어도 정기적으로 병원을 찾도록 강요되고 있으며 만약 그렇지 않을 경우 산모나 태아에게 중대한 위해가 생길 것 같은 착각을 가지게 하고 있다.

그뿐 아니라 분만과정의 위험을 제거하기 위해 제한적으로 시행되어야 할 제왕절개 분만이 점차 늘어나서 남용되는 경향이 있음을 통계자료는 보여주고 있다. 우리나라의 경우 2001년 제왕절개분만 평가제

---

* 브렌던 라일리(Brendan Reilly, M.D.) : 미국 뉴욕 프레즈버티어리언 병원 내과의사, 부원장. 그의 저서 《의사, 인간다운 죽음을 말하다》, 2014, 시공사.

가 도입되기 전 전국 평균 제왕절개 분만률이 40%를 넘었으니 열 명중 네 명이 제왕절개 분만으로 출산을 했다는 것이 참으로 놀랍다. 제왕절개분만 평가제가 시작된 이후 점차 감소하기는 하였으나 2013년에 건강보험심사평가원이 발표한 전국 평균 제왕절개 분만률은 38.1%로 세계보건기구가 권장하는 15%이하를 두 배 이상 초과하고 있으며 OECD 국가 중 단연 1위를 차지하고 있다고 한다. 무언가 문제가 있음을 부인하기 어렵다.

비록 외국의 사례이기는 하지만 분만을 앞둔 여성이 따뜻한 앞마당에서 수조에 물을 받아두고 남편과 아이들이 지켜보는 가운데 의사의 도움 없이 스스로 분만하고 가족들과 함께 산후처리를 하는 장면을 화면을 통해 본 적이 있다. 대단한 고통도 없고 소란스러움도 없었다. 어찌 보면 그저 화장실을 다녀오듯이 자연스런 생리활동을 하고 있는 것처럼 보였다. 우리나라와 같은 오랜 농경 정착생활에 익숙한 여성과 달리 유목 이동생활을 해온 서양 여성의 생물적 반응에 차이가 있을 것이라는 점을 감안하고 보더라도, 이와 같은 자연스런 분만을 지켜보노라면 유독 인간만이 질병이 아니면서 모든 출산을 병원에서 치료적 과정을 거쳐 해야 한다는 사실이 좀 이상하다는 생각을 지우기 어렵다(물론 나는 산부인과 의사들의 산모와 아기의 안전 분만을 위한 노력과 숨은 노고를 폄하하려는 것이 아니다). 다행히 요즘 이러한 병원 인공출산의 문제점을 바로잡으려는 노력이 부분적으로 이루어지고 있기는 하다. 소위 '자연주의 출산'으로 이름 지어진 건강분만이 유명 연예인들을 중심으로 알려지고 점차 시도되고 있다. 장점은 가급적 자연상태로 정상적 분만을 유도하려고 애쓴다는 것이다. 그러나 의도는 좋지만 고비용이 드는 의료상업주의의 한 변형이 아닌지 우려되는 점이 없지는 않다.

죽음도 출산처럼 자연스러워야

어쨌거나 죽음도 출산과 같이 자연스런 것이어야 한다는 생각은 나 혼자만의 유별난 생각이 아닌가 하고 조심스러웠다. 질병이나 사고로 인해 목숨이 위태로울 때 병원의 치료를 받다가 최선의 노력을 다했지만 어쩔 수 없이 죽음에 이르렀다면 당연히 병원에서 생명이 끝나게 될 것이다. 그러나 평생을 굽이굽이 살아오다가 노령으로 생명의 불꽃이 꺼져가는 순간에 그 죽음을 멈추기 위해 병원을 찾는 것은 이치에 맞지 않고 모순돼 보인다.

건강보험공단의 자료에 따르면 우리나라의 경우 2012년 한 해 동안 전체 암 사망자 세 명 중 한 명(30.5%)이 사망 한 달 이내까지 항암제를 계속 썼던 것으로 드러나 미국(10%)보다 세 배, 캐나다(5%) 보다 여섯 배나 높은 것으로 나타났다.

물론 치료비도 마지막 한 달간 집중되어서 2010년 사망한 암환자가 사망하기 전 3개월간 지출한 건강보험 의료비(7012억 원)는 사망 전 1년간 쓴 의료비(1조 3922억 원)의 50%에 달했으며 특히 사망 한 달 전부터 쓴 의료비는 3642억 원이나 되었다.

전문가들은 말기암 환자의 95%는 10주 이내에 사망한다고 말한다. 그런데도 마지막 한 달을 남겨두고도 환자에게 고통만 가중시키는 항암치료를 계속하고 있는 것이다. 더구나 끝까지 CT, MRI를 촬영하느라 많은 비용을 쓰고 있는 것은 생각해볼 여지가 많다.

정부가 암환자 본인 부담금을 5% 이하로 낮추면서 이러한 추세는 더 증가하고 있다는 분석이 나오고 있다. 그렇게 적극적으로 의료비를 지출하면서까지 치료한 결과가 긍정적이라면 다행이겠으나 현실은 오히려 환자의 고통만 가중시킨다. 무조건 최선을 다해서 치료해보겠다는 환자나 보호자의 요구가 문제인지 의료상업주의가 문제인지 고민해 볼 일이다.

그러나 의외로 많은 의사들이 병원 사망의 문제점을 지적하고 자연스런 죽음을 받아들여야 한다는 생각을 하고 있음을 알게 되었다.

일본 교토대학 의학부를 졸업하고 의사로 활동하다가 15년간 노인 요양원에서 근무하면서 수백 건의 자연사 과정을 지켜보던 나카무라 진이치는 자신의 견해를 이렇게 밝혔다.

"병원은 '자연스런 죽음'을 인정하지 않는 곳이다. 의사들은 무슨 수를 써서라도 죽음을 저지하거나 늦춰야 한다고 믿지만, 그런 의사의 사명은 오히려 편안한 죽음을 방해하고 있다. 좀 더 정확히 말하면, '의사가 개입된 죽음은 고통스럽고 비참한 것'이라고 해야 맞다."

의료 일선에서 열심히 일하는 의사들이 이 말을 듣는다면 나카무라 진이치가 말하려는 전후의 의도를 확인하기도 전에 분노해서 이 말을 인용하는 것조차 싸잡아 비난할 지도 모르겠다. 하지만 이런 주장을 하는 의사는 또 있다.

《의사, 인간다운 죽음을 말하다》의 저자인 내과의사 브렌던 라일리 Brendan Reilly, M.D.를 인용한다.

"미국의 일부 지역에서는 말기 환자들이 아무 소용없는 치료를 기계적으로 받고 집중치료실에서 여러 주를 보낸다. 혹은 '규명'을 목적으로 한 수술을 받기도 한다. …… 그러고는 예정된 대로 죽음을 맞는다. 이것은 '과잉'이라는 말로는 설명조차 할 수 없고, '진료'라는 말에도 어울리지 않는다. …… 미국의 병원과 요양원을 대상으로 조사할 경우, 아직 생각하고 말할 수만 있다면 차라리 죽는 편이 낫다고 이야기할 환자들을 수천 명은 찾아낼 수 있을 것이다. 많은 환자들이 혼수상태에 빠진 채 요양원과 집중치료실에 머물면서, 약물과 의료장비에 의존해 생명을 유지하고 있다. 그것은 산지옥이다. 아니 정확히 말하자면 살아있는 것이 아니라 단지 지옥에 있는 것과 같다."

가장 좋은 죽음은?

진료실에서 내가 만났던 연로한 많은 환자분들이 하나같이 중풍과 치매를 두려워하며 하는 말이 있다.

"몸 아픈 것은 그래도 참을 수 있다. 죽는 것도 무섭지 않다. 이만큼 살았으면 죽는다 해도 그다지 서운하지 않다. 하지만 나이 들어서 빨리 죽지도 않고 오줌똥 받아내느라 자식들을 고생시킬까봐 무섭다."

그런 비극적 상황으로 죽음을 맞게 된다면 평생 지켜왔던 어른으로서의 자존감에도 커다란 손상이 아닐 수 없다. 노인들은 인간적 품위를 훼손당하는 죽음이 두려운 것이다. 그래서 조금만 손발이 저려 와도 중풍이 아닌가 걱정하고, 약간의 건망증이 생겨도 치매가 아닐까 지레 겁을 먹는다. 중풍과 치매 같은 병으로 비인격적 삶을 산다는 것이 오히려 죽음보다 두렵기 때문이다.

하지만 이것도 말기암 환자의 고통스런 죽음에 비하면 그래도 조금은 나은 편이다. 외과의사이면서 말기암 환자를 돌보기 위해 20년 전에 가톨릭의대 교수직을 그만두고 포천에 있는 모 의료센터 원장으로 활동하는 정극규 원장은 10년간 3000명의 마지막 순간을 보면서 이렇게 말했다.

"많은 암 환자가 항암치료를 받으면서 '이게 사는 거냐?'고 절망한다. 미국의 조사에서도 말기암 환자의 90% 이상이 '자율성·존엄성 상실이 가장 괴롭다'고 했다. …… 고통이 없는 죽음, 떠밀려 당하는 죽음이 아니라 스스로 받아들이는 죽음, 너무 끌지도 않고 너무 급하지도 않은 죽음, 가족이 지켜보는 가운데 맞는 죽음이 좋은 죽음이다."*

그러나 준비가 없으면 대부분 고통스런 죽음을 피하기 어렵다. 앞에서 언급한, 말기암을 치료하던 김병호 사장도 죽기 한 달쯤 전에 마지막으로 나를 만났을 때 "이렇게 고통스러울 바에는 진짜 죽는 것이 더 낫겠습니다. 더 이상 항암치료를 받는 것이 죽어도 싫습니다."라고 하소연했지만 진실로 죽음을 준비하지는 못했다. 그의 치료를 담당했던 종합병원 의사는 암 치료의 전문의이기는 했겠지만 그에게 어떻게 죽음을 준비해야하는지에 대해서는 아무런 조언도 힌트도 주지 않았다. 결국 그도 중환자실에서 고통 속에 죽음을 당한 것이다.

이쯤 되면 당사자든 가족이든 의료인이든 죽음을 현명하게 대비해야 한다는 생각을 피할 수 없을 것이다. 죽음은 거부할 수 없다. 그렇다면 떠날 분은 떠남을 준비하며 고통스럽지 않아야 하고, 보내는 가족이나 의료를 제공하는 의료인 모두 떠나는 분을 편안하게 도와줄 수 있는 어떤 시스템이나 공간이 필요한 것이 아닌가.

한여름 무성하던 나뭇잎이 그 푸르름을 다하고 가을에 낙엽이 되어서 평화롭게 스치는 바람에 소란스럽지 않게 곱게 떨어져 대미를 장식하듯이 그렇게 자연스럽게 고통 없이 이 세상을 떠나는 방법은 없는 것일까? 그렇게 되도록 도울 수는 없는 것인가?

---

* 조선일보 2014년 12월 9일자

나 자신도 부모님을 여의면서 당신들이 편안하고 고통스럽지 않게 돌아가실 수 있기를 간절히 기도했지만, 그러한 소망과 달리 진행되는 일련의 불편한 과정들 때문에 고통당하는 아버지, 어머니를 지켜볼 수밖에 없었고, 그것이 무겁게 내 마음을 짓눌렀다.

부모님의 죽음은 누구나 처음 당하는 일이라 평범한 사람들은 장례를 치르고 나서야 비로소 죽음의 과정을 되돌아보게 된다. 그것이 편안하고 품위 있는 죽음이었는지, 고통스럽고 비인격적인 죽음이었는지를 끝나고 나서야 알게 되는 것이다.

나도 그렇게 부모님을 비롯한 주변 사람들의 죽음을 돌아보면서 누구에게나 닥쳐올 죽음에 대해 깊이 생각하게 되었다. 그리고 다른 사람의 죽음이 아닌 나의 죽음을 염두에 두고 '어떻게 죽을 것인가?'에 대해 답을 찾아보려고 하는 것이다.

생명연장은 답이 아니다

죽음의 양상은 너무도 다양하다. 이 세상에 태어나자마자 죽음을 맞이하는 영아 사망도 있을 것이고, 교통사고나 화재, 추락사고, 침몰사고, 폭발사고, 전쟁에서 전사와 같은 사고로 인한 돌발적인 죽음도 있다. 자살과 같이 스스로 선택한 죽음, 한국인의 가장 많은 사인으로 집계되는 암, 심장질환, 뇌혈관질환과 같은 질병으로 인한 죽음, 그리고 나이 들어 수명을 다한 노령으로 인한 죽음도 있다.

이 모든 죽음에 미리 대비할 수는 없다. 기껏해야 미리 생명보험에 가입해두는 정도를 대비(?)했다고 할 수 있을지 모르겠다. 그리고 아무리 죽음을 준비한다고 한들 아침에 해맑은 얼굴로 수학여행을 가다가 교통사고와 같은 돌발적 사고로 주검이 되어 돌아온 아이의 죽음을 누가 대비하고 순순히 상황을 받아들일 수 있겠는가.

그래서 '어떻게 죽을 것인가?'라는 질문의 답을 우선 죽음의 종말에 이른 임종기 노인과 중환자실에서 치료를 받거나 호스피스 병동에서 완화의료를 받는 경우로 제한해서 먼저 찾아보고 나서 돌발적 죽음에 대한 것까지 넓혀서 찾아보는 순서로 생각해 보기로 해야겠다.

현대의학이 오늘날처럼 눈부신 발달을 이루기 전에는 아마도 '어떻게 죽을 것인가?' 하는 문제가 그리 심각하게 대두되지 않았을 것이다. 전쟁에서 죽임을 당하거나 사고로 죽음을 당하는 경우가 아니라면 죽음은 어떻게 할지를 묻는 선택의 문제가 아니라 자연스런 운명적인 것으로 받아들여졌을 것이기 때문이다.

그나마 인간의 평균 수명이 오늘날처럼 높지 않았던 시절에 노령으로 천수를 누리고 죽음에 이르는 것은 그리 흔한 일도 아니었을 것이다.

에드워드 골럽은 그의 저서 《의학의 과학적 한계》에서 "17세기 프랑스에서는 네 명 중 한 명이 만 1세 이전에 사망했으며, 그 네 명 중 다른 한 명도 20세 이전에 사망했고, 나머지 한 명은 45세 이전에 사망했다. 60세까지 살아남은 사람은 전체 인구의 10% 미만이었다."고 썼다. 다시 말해 1900년 경 35세 전후이던 인간의 평균 수명이 2000년에 80세 정도로 증가한 고령화 사회를 맞아 오늘날과 같은 죽음의 일상화 현상이 생겼다고 했다.

우리나라의 경우도 자료에 따라 편차를 보이지만 조선시대의 평균 수명은 대체로 24세 정도였다고 한다. 그렇다면 대부분의 죽음은 노령 이전에 질병이나 사고 등으로 이루어졌을 것으로 추정되고 아주 적은 숫자의 운 좋은 사람만이 노령으로 죽음에 이르렀다는 것을 알 수 있다.

1945년 한국인의 평균 수명은 47세 정도였고, 1970년에 61.9세로 겨우 환갑을 넘겼으니 당시까지만 해도 환갑은 경사스런 잔치가 아닐 수 없었다. 그러나 2015년 현재 평균수명은 81.6세로 늘어났다. 65세 이상의 노령인구비율도 점차 증가하고 있어서 1960년에 2.7%였으나 2015년에 13.1%를 차지하고 있으며 통계청의 추계에 의하면 2030년에는 24.3%에 이를 것이라고 한다. 그만큼 대부분의 사람들이 천수를 누리게 되었지만 문명의 복병 생명유지 기술을 만나 부자연스러운 죽음을 맞게 된 것이다.

그나마 심폐소생장치, 인공호흡기, 콧줄을 통한 인공영양공급 장치 등과 같은 장치가 없던 과거에는 노령으로 맞이한 죽음이라 하더라도 자연스럽게 받아들였다. 심지어는 질병으로 치료 도중 더 이상 병이 낫지 못하고 생명이 끝나는 경우라도 인간으로서 최선의 노력을 다했지만 막을 수 없는 자연의 선택으로 받아들이는데 커다란 이견이 없었을 것이다. 그러나 오늘날 이들 생명유지 장치는 죽음에 대한 인간적 노력의 한계와 자연의 선택에 따른 죽음 사이의 경계에 혼란을 가져왔다. 바로 이 경계의 혼란 때문에 '어떻게 죽을 것인가?'라는 질문이 큰 의미를 갖게 된 것이다.

인간적 노력을 다하는 것이 어디까지인지, 자연의 선택을 받아들이는 것이 어디까지인지 모호한 지점에 이르러 죽음에 대한 당사자의 선택과 그에 따른 의료적·법률적 해석이 필요하게 되었고, 경제적 득실의 문제, 살아남은 자의 고통 분배 문제, 도덕적·종교적 문제가 줄줄이 따라오게 되었다.

의료적·법률적 문제

죽음을 관찰자의 입장에서 보면 죽음을 관리하는 의료적·법률적 문제가 먼저 떠오른다. '언제를 죽음의 시점으로 받아들일 것인가'하는 문제는 생명연장유지 기술이 없던 시절에는 고민하지 않아도 되는 문제였다. 위에서 언급해온 것처럼 살인이나 처형이 아닌 한 죽음의 시점을 인간이 임의로 조절할 수 없었기 때문이다. 그러나 지금은 임종을 앞둔 상황에서 생명유지 시스템을 언제까지 가동하고 언제 중단해야 하는지를 합의해야할 필요성이 생겼다.

이 문제는 우리나라에서도 오랫동안 법률적 논쟁으로 이어져 왔었고 논쟁과 관련하여 자주 인용되는 두 가지 사건을 통해 큰 흐름을 알 수 있다.

하나는 소위 '보라매병원 사건'으로 1997년 회복불능의 환자를 가족의 요청에 따라 퇴원시켰던 의료진이 살인방조죄로 처벌 받은 사건이다. 이 사건은 연명치료 중단을 불법적 행위로 규정하였고, 따라서 무의미하다고 판단되는 경우라도 의사들에게 최후의 시점까지 연명치료를 계속해야한다는 압박으로 작용했다.

이후 무의미한 연명치료를 중단하도록 허용해야한다는 주장이 있어오던 차에 두 번째 의미 있는 판결이 나왔다. 2009년에 식물인간 상태의 77세 할머니 가족들이 제기한 연명치료 중단 요구를 대법원이 인정하여 "회복 불가능한 사망단계에 이른 환자가 인간의 존엄과 가치 및 행복추구권에 기초해 자기 결정권을 행사하는 것으로 인정된 경우 연명치료 중단을 허용할 수 있다."고 판결함으로써 어떻게 죽을 것인가에 대한 자기 선택의지에 따라 죽음의 시점을 조절할 수 있는 발전적 진전을 이루었다.

다행히 이글을 쓰는 중인 2016년 1월 8일 국회는 '호스피스 완화의료 및 임종과정에 있는 환자의 연명의료결정에 관한 법률안'이라는 이름으로 소위 연명치료를 중단할 수 있는 의료적·법률적 기준을 마련하였고, 2018년부터 시행할 수 있게 되었다는 보도가 나왔다.

따라서 연명치료를 받지 않겠다는 뜻을 본인이 문서로 남기거나, 가족 2명 이상이 평소 환자의 뜻이 그렇다고 진술할 경우, 의사 2명의 확인과 동의를 받으면 연명치료를 중단할 수 있게 된 것이다. 이제 '어떻게 죽을 것인가' 라는 문제 중 '언제 고통스럽고 무의미한 연명치료를 중단할 것인가'에 대한 의료적 법률적 합의가 이루어진 셈이다.

하지만 이런 법안이 마련되었다고 하더라고 이것을 실천하는 것은 또 다른 문제이다. 연명치료 중단을 허용하는 법안은 죽음을 앞둔 시점의 분쟁을 해결하는 장치이기는 하지만 사전의료의향서를 써야하는 것이 강제 의무규정은 아니기 때문에 개인이 이를 실천하지 않으면 여전히 문제는 남을 것이다.

미국의 경우에도 20여 년 전에 이미 환자의 자기결정에 관한 연방법(Federal Patient Self-Determination Act)을 제정해서 심폐소생술과 같은 연명치료에 대한 본인의 의사를 밝히고 본인이 스스로 결정을 할 수 없

사전연명의료의향서
(事前延命醫療意向書)

나(이름   )의 건강이 아래 1.의 '상태'에 이르러 담당의사와 해당분야 전문의 1명으로부터 임종과정에 있다는 의학적 판단을 받게 되면 2.의 '연명의료'를 거절하 겠으니, 담당 의료진과 가족은 이 「사전연명의료 의향서」에 기록한 나(작성자)의 뜻을 존중 하여 주기 바랍니다. 나는 「사전연명의료 의향서」의 효력과 변경이나 철회에 관해 이해하고 있으며 의식이 명료한 상태에서 이 서류를 자필 작성합니다.

1. 상태

회생의 가능성이 없고, 치료에도 불구하고 회복되지 않으며, 급속도로 증상이 악화되어 최후에 임박한 상태

2. (거절하는) 연명의료

심폐소생술, 혈액투석, 항암제 투여, 인공호흡기 착용 등 임종과정의 기간만을 연장하는 의학적 시술
* 위의 경우에도 나는 통증 완화를 위한 의료행위와 영양분 공급, 물 공급, 산소의 단순공급 및 평안과 청결을 위한 제반 조치는 원합니다.

지정대리인 : 내가 나의 연명의료에 관한 의사결정을 할 수 없는 때에는 아래 지정대리인이 결정을 하도록 위임합니다. 만약 불가피한 사정으로 지정대리인 (1)이 결정을 할 수 없는 경우에는 지정대리 인 (2)가 그 권한을 행사하도록 위임합니다.

지정대리인 (1)	성명	관계	연락처
지정대리인 (2)	성명	관계	연락처

년   월   일

작성자:주소   성명   인+지문

    생년월일   전화   보관장소

증 인: 주소   성명   인

    생년월일   전화   관계

> 더하고 싶은 이야기 (호스피스에 관한 사항, 장례에 관한 당부 등 제한 없이 기재 가능)

* 서식 지원: **사)희망도레미-사전연명의료의향서 지원단** [의향서사업 인가법인]
서울시 서대문구 통일로 107-39 사조빌딩 402호 www.hope9988.com (02) 393-9987
* 「의향서 작성확인카드」와 「사본보관서비스」및 사후관리 지원(10년 무료보관등, 위 전화문의 바람)

는 신체적 상태에서는 의사결정을 할 수 있는 대리인을 지정하도록 했지만, 대부분의 미국인은 이런 사전의료의향서에 대한 준비가 없다는 것이다. 60세 이상 성인을 대상으로 실시한 조사결과에 따르면, 조사가 시작된 시점으로부터 6년 안에 사망한 사람의 3분의 2 이상이 스스로 의료 결정을 내릴 수 없는 상태에서 죽음을 맞았다*고 한다.

(우리나라에도 사전연명의료의향서를 작성하는 사람이 늘고있다. 19세 이상 성인이면 누구나 작성할 수 있는데, 작성하기 전에 배우자와 자녀 등 가족과 충분하게 상의하는 것이 좋다. 이 의향서는 본인의 마음이 바뀌면 언제든지 철회할 수 있다. 사전연명의료의향서 양식은 사)희망도레미-사전연명의료의향서지원단의 동의를 얻어 수록했다.)

결국 이러한 법이 마련되는 것은 중요하지만 더욱 중요한 것은 각 개인이 명료한 의식 상태에서 자기 의사를 결정할 수 있는 충분히 건강한 시점에 이미 죽음에 대해 생각하고, 언젠가는 닥칠 죽음에 대한 자기 의사 결정을 미리 해두는 것이 필요하다는 것이다.

그러기 위해서는 개인적 노력도 필요하겠지만 사회 전체가 평소 죽음에 대해 건강한 논의와 의사 결정이 가능하도록 집단적 노력을 해나가야 한다. 그렇게 함으로써 언제, 어떻게, 죽음을 맞을지 제대로 된 자기결정을 할 수 있을 것이다.

---

* 현대의학이 가로챈 행복하게 죽을 권리,《의사, 인간다운 죽음을 말하다》브렌딘 라일리 지음, 이선혜 옮김. 2014, 시공사.

호스피스

무의미한 연명치료를 중단해도 죽음을 맞는 마지막 순간까지 의료적으로 할 일이 많다. 심폐소생술, 인공호흡기, 혈액투석, 항암제투여의 네 가지 치료를 제외한 호스피스 완화치료를 통해 당사자의 고통을 줄이고, 절망감과 외로움을 떨쳐버릴 수 있도록 배려하는 간호가 필요하다.

'호스피스'라고 하면 곧 죽음을 뜻하는 부정적 의미로 받아들이는 사람이 많다. 대부분 호스피스 병동은 의료비 지원혜택을 받는, 죽음을 앞둔 말기암 환자만을 수용한다. 이들은 살기위해 결사적으로 암 치료를 하다가 회복불능 상태에서 사형선고를 받듯이 호스피스 병원으로 이송된 경우다. 시시각각 다가오는 죽음 외에 희망을 가지기 어렵다.

그러나 죽음을 앞둔 상황이 비극이라면, 우리는 지구상에 태어날 때 이미 비극적 결말을 안고 나왔다. 죽지 않는 사람은 없기 때문이다. 시간의 길고 짧은 차이만 있을 뿐 죽음 앞에 서있다는 것은 호화로운 아파트거나 호스피스 병실이거나 차이가 없다. 차이가 있다면 살아있는 동안 자기 의지와 자신의 힘으로 삶을 지속할 수 있는 것인지 아니면 외부의 기계적 장치에 의해 자신의 의지와 관계없이 삶을 연명하고 있는지의 차이가 있다고 하겠다. 그동안 병원이 병을 치료하고 오로지 살기위한 궁리만 했던 곳이라면, 호스피스 병동은 살아가면서 고통을 완화하고 비록 내일 죽을지 모르더라도 인간답게 살다가 이 세상을 편하게 떠날 수 있도록 하는 곳이라는 인식이 필요하다.

세계보건기구는 완화의료란 '고통의 예방 완화를 통해 삶을 위협하는 질병에 직면한 환자 및 가족의 삶을 향상시키는 접근'이라고 정의한다. 다시 말해 삶의 관리에 목표를 둔 것이다. 인간적인 삶을 위해 통증을 조절하지만 인위적인 연명치료를 하지 않고 심리적·영적 안정을 도모하는 것이다.

하지만 아직 우리나라의 호스피스 수준은 여기까지 미치지 못한다. 현재 그 대상이 말기암 환자로 제한되어있기 때문이다. 물론 '호스피스 완화의료 및 임종과정에 있는 환자의 연명치료에 관한 법률'이 제정되어 2018년부터는 후천성면역결핍증, 만성폐쇄성폐질환, 만성간경화의 말기 환자 등으로 그 대상이 넓어진다고는 하지만 죽음을 맞이하는 그 밖의 너무나 많은 사람에게는 해당되지 않는다.

세계에서 죽음의 질이 가장 높다는 영국의 경우는 회생가능성이 없는 질환을 가진 환자라면 누구라도 호스피스 혜택을 받을 수 있다고 하니 우리의 현실과 많은 차이가 있다. 그나마 현재 우리나라에서 필요한 말기암 환자를 위한 호스피스 병상 수는 약 2500개 정도인데 현실은 2016년 2월 기준으로 약 1100개밖에 안 되는 실정이다. '호스피스 완화의료 및 임종과정에 있는 환자의 연명치료에 관한 법률'이 제정된 것을 시작으로 호스피스 병실이 더 늘어나겠지만 품위 있는 죽음을 준비하는 사회적·국가적 노력이 더욱 더 필요한 시점이다.

사회적·가족적 문제

한 사람의 죽음은 개인의 문제로만 끝나는 것은 아니다. 그가 속한 가족과 사회구성원 모두에게 영향을 미치는 변화이다. 한 사람의 준비 없는 죽음은 그래서 남은 사람에게도 큰 상실감을 줄 수밖에 없다. 죽음에 대비하지 못하고 맞이한 한 사람의 죽음 때문에 남아있는 여러 사람에게 부정적 영향을 끼치는 것은 불행이다.

죽음을 앞둔 본인이 어떻게든 살아보겠다는 의지를 보이는 경우 가족들은 무모한 치료에 매달릴 수밖에 없다. 더러는 끝까지 최선을 다하는 자세야말로 효도라고 생각하고 고통스럽고 의학적으로도 무의미하거나 소모적 치료에 매달리게 된다. 최선을 다해서 치료한다는 것이 과연 환자나 가족 모두에게 최선인지 고민해볼 때가 되었다. 오히려 최선의 치료를 한다는 말은 최선을 다해 환자의 고통을 연장하는 최악의 선택이 될 수도 있다.

자료에 따르면 중환자실에서 죽음을 맞이한 사람이 죽기 전 마지막 한 달 동안 사용한 의료비는 국민 한사람이 12년 동안 사용한 평균 의료비용과 맞먹는다고 한다. 죽음을 맞이한 사람이 평생 지출한 의료비 총액 중에서 절반이 죽기 전 한 달 동안에 지출되고, 마지막 3일 동안

25%를 쓰게 된다는 보고도 있다.

미국도 이런 경향은 비슷하게 나타나고 있다. 미국 메디케어 비용의 25%가 생의 마지막 1년에 접어든 5%의 환자에게 사용되고 그 가운데 대부분은 거의 아무런 효과가 없는 최후 1~2개월에 집중된다는 것이다. 아툴 가완디는 "현대의학이 죽음을 미루려 애쓰는데 능하다. 그러나 결국 죽음은 오고 마는데도 어느 시점에 치료를 멈춰야할지 아는 사람이 거의 없다."고 지적하고 있다.

병원으로서는 이렇게 발생하는 경제적 수익을 외면하기도 어려울 것이고 결과적으로 환자의 품위 있는 죽음보다는 수익을 우선하는 의료상업주의를 부추기게 되는 것이다. 게다가 이때 지출된 의료비용을 감당하지 못해서 경제적 어려움을 겪는 가정이 많이 있다. 병원에서도 이 비용의 회수를 위해서 특별히 체납 치료비용 회수 전담직원을 두어야 할 정도라고 하니 문제가 자못 심각하다. 죽음을 맞이하는 당사자가 미리 치료의 한계를 정하고 다가올 죽음을 수용하면 남은 가족의 경제적 고통을 상당부분 줄일 수 있을 것이다.

특히 주목할 일은 한 사람의 죽음이 남은 가족 간의 씻을 수 없는 분열과 분쟁의 원인이 되는 경우가 많다는 것이다. 직업적 이유로 전국의 주요 도시에서 공직생활을 하면서 그 도시의 유력한 인사들에 관한 정보에 익숙하던 분이 사석에서 들려준 이야기는 우리 사회의 민낯을 보는 것 같아 가슴 아프지만 현실이 그렇다는 것을 부정할 수 없다.

"중소도시에서 20~30억 정도의 재산을 남기고 죽으면 자손들끼리 재산 싸움이 심해서 형제자매간에 마침내 원수지간이 되는 것을 많이 보았다. 오히려 재산이 하나도 없는 집안의 자식들이 더 효도하고 부모가 돌아가신 후에도 가족 간에 화목하더라."는 것이다. 다 그런 것은 아니지만 아마 공감하는 사람이 많이 있을 것이다. 어느 시대인들 이런 문제가 없었을까마는 많은 재산이 있을수록 자손들끼리 분쟁이 심한 경우를 많이 보았다.

살아생전에 가족끼리 서로 상처를 주었거나 오해가 있었다면 죽기 전에 가족 곁에서 많은 얘기를 나누면서 반성과 화해의 시간을 가질 수도 있다. 죽고 나면 영원히 해결할 수 없는 상태로 남을 것이기 때문이다. 그러나 희망 없는 연명치료를 하다가 무의식 상태가 되면 이런 기회조차 오지 않는다.

이런 점에서 플루티스트로서 호스피스 병동에서 연주 봉사활동을 하다가 말기암 환자를 위한 건강음식을 마련해 줄 필요성을 느껴서 요리사가 된 '용서해' 선생의 활동은 매우 의미가 깊다. 그녀는 삶이 얼마 남지 않았음을 자각한 환자를 위해 '삶의 마지막 축제'라는 파티를 열어준다. 말기암 환자들 대부분이 암 치료 과정에 생긴 부작용으로 음식을 제대로 먹지 못한다는 점에 착안해 자연식재료를 이용한 건강한 음식을 마련하거나 환자가 평소 좋아하던 특정 음식을 마련하고, 이 세상을 떠나게 될 환자와 그 가족 또는 인연 있는 사람들을 한자리에 모아 파티를 여는 것이다. 그동안 살아오면서 행복했던 일, 후회가 되는 일, 가족들에게 하고 싶은 말, 또는 가족들이 돌아가실 분에게 하고 싶은 말 등을 서로 말하게 하거나 편지글을 읽게 함으로써 서로의 오해를 풀고 용서하는 마지막 축제를 여는 것이다. 죽음을 앞두고 있지만 이 파티를 통해 당사자는 가슴에 묻어두었던 회한을 털어내 홀가분해질 수 있고, 남은 가족은 돌아가시는 분과 아름다운 이별을 할 수 있는 멋진 파티가 아닐 수 없다.

북아메리카 인디언 격언 중에 "태어날 때 나는 울었지만 주변 사람들은 웃었다. 이제 내가 죽을 때 주변 사람들은 울지만 나는 웃는다."라는 멋진 말이 있다. 품위 있게 죽음을 준비하면서 가족과 이웃에게 슬픔도 주지만 의미 있는 기억도 함께 남겨주고 떠난다는 것은 얼마나 멋진가.

도덕적·종교적 문제

도덕은 인간으로 하여금 바른생활을 강조하고 의미 있는 삶을 살아가도록 가르치려는 것이다. 따라서 죽은 뒤에도 다른 사람들로부터 비난을 받지 않으려면 의롭게 살아가야 한다는 것을 강조하고 있다. 그래서 도덕에서는 죽음 자체가 논의의 주제가 아니며 올바른 삶이 핵심 공부거리였을 것이다. 유교라고도 하지만 절대 신관을 가지고 있지 않은 학문으로서의 유학은 그런 면에서 삶의 방식에 관한 가르침으로 일관되었다고 할 수 있다.

이에 비해 모든 종교는 이미 죽음을 전제로 하고 있다. 유한한 삶이 끝난 뒤에 무한한 생명으로 살아가려면 어떻게 준비해야하는가를 말하는 것이 종교의 핵심이다. 그래서 모든 종교는 각 종교 방식의 죽음의 의식을 가지고 있다.

하지만 많은 세속적 종교인들이 눈에 보이지 않는 영적세계에 대한 일반 신도의 무지나 맹목적 추종심을 이용하여 죽음을 상품화하는 것을 경계해야 한다. 눈에 보이지 않는 사후세계를 신비화하여 수많은 돈을 요구하거나 사이비 교주 앞에 무릎 꿇리는 행위는 죄악이기 때문이다.

그러한 상업적 자본축적과 종교적 권력행위가 배제된 상태의 순수한 영성개발을 위한 종교적 준비와 절차는 의미 있는 죽음에 대한 준비가 될 것이다. 나의 아버지와 어머니는 천주교 신자로서 천주교 방식의 장례절차에 따른 도움을 받았으며, 신부와 수녀 그리고 신도들의 기도로 부모님께서 마음의 평안과 위로를 받았을 것이라고 믿고 있다. 그리고 부모님의 장례 이후 나의 아우 부부가 어머니의 뜻에 따라 천주교 세례를 받고 천주교인이 된 것 또한 매우 의미 있는 일이라고 생각한다. 우리 한의원 직원 중 한명은 불교 방식의 장례절차에 따라 부모님을 천도하고 큰 위안을 받았다고 말하기도 했다.

어느 종교라도 각 종교 방식으로 죽음의 의식을 치르는 것은 모두 죽음을 대비하고 극복하는 방법이다. 장례절차 뿐 아니라 살아있는 동안 죽음 자체를 어떻게 이해하고 받아들일지, 어떻게 죽을 것인지에 대한 해답을 얻는데 좋은 안내가 된다.

물론 내가 이 분야에 대해 딱 집어 결론을 말할 수 있을 만큼 식견을 가지고 있지는 않다. 그러나 죽음은 하나의 실존적 사건이므로 의학과 종교가 서로 창조냐 진화냐를 두고 대립하듯이 대립관계에 있거나 상호 모순되지 않는다는 입장을 가지고 있다. 지금은 의학적 관점으로 이 문제에 접근하고 있지만 향후에는 내면적으로 차분하게 종교적 성찰을 해 나가겠다는 의지를 가지고 있다.

나는 의료인으로서 '건강한 삶'의 문제에 천착해 왔고 '건강한 삶'은 '건강한 죽음'과 동시적 문제라는 결론에 이르렀다. 그러던 중 나의 할아버지 그리고 아버지와 어머니의 죽음을 목도하면서 나 또한 언젠가 비켜설 수 없는 죽음의 문제를 정면으로 풀어야한다는 당위성에 부딪쳤다. '어떻게 죽을 것인가?'는 종교적 접근법으로 풀어볼 수도 있지만 그동안 탐구해온 의학적 관점의 '건강한 죽음'에 대한 실존적 이해를 바탕으로 접근해보려는 것이다. 이러한 나의 논의가 편벽이나 오류를 벗어나 '건강한 죽음'을 준비하고자하는 많은 사람들과 공감할 수 있는 장이 되기를 간절히 바라는 마음으로.

두려움

어린아이가 병원에 가지 않으려는 건 주사 맞거나 침 맞는 것이 두렵기 때문이다. 아이들이 주사나 침을 맞기 전부터 미리 진료실이 떠나가도록 큰소리로 우는 것은 침을 맞거나 주사를 맞거나 또는 무엇을 하든지 간에 아플까봐 두렵기 때문이다.

마찬가지로 사람들이 죽음을 꺼려하는 가장 큰 이유는 무엇일까? 아마도 두려움 때문이 아닐까. 그 두려움의 정체는 무엇일까? 죽음에 대해 생각할 때 느껴지는 두려움은 크게 두 가지가 있다고 생각된다.

첫째는 죽음이 모든 것의 종말이라는 두려움이다. 옛 사람들이 바다의 끝은 낭떠러지일 것이라고 추측했다면 바다의 끝을 나가는데 두려움을 느꼈을 것이다. 이처럼 죽음 이후 모든 것이 단절되는 끝이며 절벽이라는 생각이 든다면 어찌 두려움이 없겠는가. 아직 가보지 못한 바다의 끝이며 아직 경험하지 못한 삶의 끝이 아닌가. 따라서 이러한 두려움은 삶과 죽음의 의미를 본질적으로 알아야만 해결되는 문제일 것이다.

내가 결혼할 때 주례를 서주셨고 내 아들의 이름을 지어주신 최천규 선생은 원주지역에서 수많은 서예가를 배출하고 한학을 깊이 있게 공부하셨던 분인데 이런 문제를 원천적으로 고전공부를 통해 터득하셨던 것 같다. 선생께서 몸이 불편하여 대학병원에 입원하고 이런 저런 검사를 진행했는데 심상치 않은 병이 생겼다는 것을 느끼셨던 모양이다. 아들며느리가 병명을 말하지 않고 쉬쉬하자 아들며느리를 불러 말씀하시기를 "암이라 하더라도 숨길 필요가 없다. 이제 구차한 치료를 하느라 고생할 필요가 없다."며 퇴원하여 자택에서 요양하다가 결국 암으로 돌아가셨음에도 큰 고통 없이 생을 마감하셨다. 며느리가 그 병원의 수간호사로 있었기 때문에 원한다면 다른 사람들보다 더 쉽게 온갖 수단을 다 동원해서라도 이런 저런 치료를 받을 수도 있었겠지만, 죽음 자체를 흔쾌히 수용하면서 종말에 대한 두려움 없는 태도를 몸소 보여주셨다. 하지만 이런 태도를 가지기까지는 많은 공부가 있어야 하기 때문에 보통의 사람들에게 그리 쉬운 일은 아니다. 따라서 뒤에 이어지는 별도의 장에서 이 문제를 다시 풀어보기로 하겠다.

두 번째는 죽음 자체에 수반되는 고통이나 불편한 과정이다. 지금 이 글을 읽고 있는 사람은 아직 죽은 사람이 아니다. 지금까지 지켜본 죽음은 모두 타자의 죽음이었다. 그런데 그 타자들의 죽는 모습이 고통, 비인격, 비참한 모습들이었기 때문에 본인 또한 그들처럼 죽게 될 것이 두려운 것이다.

《죽음에 관한 유쾌한 명상》을 쓴 소설가 김영현은 "고통 없는 죽음이란 없다. 어떤 죽음이라 하더라도 죽음의 과정은 육탈의 고통을 수반한다. 석가모니도 부처님께 공양한 음식을 드시고 견디기 어려운 통증과 설사로 죽음을 맞았다. 석가모니처럼 생사를 초월하신 존재조차 육탈하여 법신이 되기까지 인간적인 고통으로부터 결코 자유롭지 못했다."고 말하는데 크게 어긋난 주장은 아닌 것 같다.

그렇다고 모두가 다 그런 것은 아닐 것이다. 호스피스 병동에서 편안하게 고통 없이 돌아가신 분들의 기록이 제법 많은 것을 보면 꼭 죽음이 고통을 수반하기만 하는 것은 아닌 것 같다. 따라서 모두 다 그런 것은 아니지만 원칙론에서 그리 틀린 말이 아니라고 생각한다.

탄생도 고통이 수반된다. 아기가 이 세상에 나올 때 아기는 좁은 산도가 주는 압박으로부터 고통을 받는다. 그 과정에 아기 몸에는 특별한 호르몬이 분비되고 그 영향으로 이 세상에서 살아가면서 고통을 이겨내는 힘을 얻는다고 하는데, 죽음을 맞이하는 과정도 당연히 고통이 수반될 것이다. 그러나 이런 통증은 생명활동 과정에 생기는 것이고 자연스런 생명활동의 한 형태에서 관찰되는 통증이란 거의 견딜만한 통증일 것이다. 다시 말해 자연사의 과정에서는 통증이 생긴다고 하더라도 받아들일만한 것이라는 것이다. 그러나 자연스런 죽음이 아니라 질병에 따른 죽음이라면 당연히 참기 어려운 고통, 두려운 수준의 고통이 생길 수 있다.

같은 사회단체의 모임 회원 중에 심근경색증으로 심장이 마비되었는데 즉시 수술을 받고 치료된 한 사업가가 "도끼로 가슴을 뻐개는 듯한 통증을 느꼈다."고 그 통증의 극심함을 묘사하였다. 그 순간 얼마나 두려웠을까 짐작이 간다. 하지만 혹시 이러한 통증과 함께 죽음을 맞았다고 하더라도 그나마 몇 시간 정도의 통증이라면 수개월씩 지속되는 말기암 환자의 통증에 비하여 덜 고통스럽다고 할 수 있다.

극심한 통증은 사람의 인내심을 바닥나게 하고 품격 있는 죽음을 외면하게 할 것이다. 따라서 질병으로 인한 죽음을 앞둔 모든 이에게서 통증을 최소화시킨다면 죽음에 대한 두려움을 줄이는데 매우 효과적일 것이다. 중환자실 치료가 아닌 호스피스 완화치료는 이점에 있어 뚜렷한 이점이 있으며 효과적이라는 자료가 많이 있다. 그리고 현대의학은 이런 통증의 관리에 있어 나름대로 성공하고 있다고 보아도 좋다.

물론 질병 없이 자연스런 죽음을 맞이한다면 더욱 좋을 것이다. 미국의 평화주의자이면서 자연주의 실천가인 스콧 니어링은 부인이 지켜보는 가운데 맑은 정신으로 고통 없이 평화롭게 눈을 감았다고 한다. 그의 죽음은 많은 사람이 바라는 그런 죽음이었다.

열반

죽음에 대한 자세

오래전 관람했던 영화의 한 장면인데, 노스님이 법당 한가운데 앉아 가부좌 자세로 며칠을 지내다 앉은 자세 그대로 열반에 드는 장면이 뇌리에서 사라지지 않고 있다. 영화적 화면처리 때문에 더욱 극적으로 기억된 것일 수는 있겠지만, 스님이 스스로 죽음의 때를 알고 앉은 자세로 죽음을 맞이하는 장면이 꽤 인상적이었다. 그것은 더러 책속에서나 상상 속에서 접하던 깨달은 스님의 열반(열반이란 말이 본래 촛불을 끄듯이 번뇌를 소멸시킨 깨달음의 상태를 말하는 것이지만 스님들의 입적을 표현하는 말이기도 하다) 모습을 영상으로 보여 준 것이다.

선가 스님들의 좌탈(坐脫, 앉은 채로 죽는 것)이나 입망(立亡, 서서 죽는 것)은 삶과 죽음의 문제를 초월한 높은 깨달음의 경지를 보여주는 것으로 알려져 있다. 중국 당나라 때 은봉隱峰스님은 이러한 경지조차 넘어서 거꾸로 열반하는 모습을 보여주었기에 이를 은봉도화(隱峰倒化, 은봉이 거꾸로 서서 세상을 떴다)'라고 한다는데 죽음을 두려워하는 범인들이 흉내 내기 어려운 경지를 보여준다. 물론 수행을 오래해서 앉은 채로 마지막 숨을 거두고 홀연히 이웃집 떠나듯 이승을 떠나는 도인의 모습을 보여주는 것이지만 그 자세나 신화적 스토리만으로 도력의 높고 낮음을 평가하는 것은 적절하지 않다고 본다. 그러나 두 가지 차원에서 바람직한 죽음의 유형이 아닌가 한다.

하나는 죽음을 두려워하지 않는 자세이다. '삶과 죽음이 하나'라고 말은 쉽게 하지만 진정으로 죽음의 문제를 초월하지 않고는 감히 그리 할 수 없다는 점에서 두려움 없는 자세 그 자체만으로도 귀감이 된다고 할 것이다.

두 번째는 고통 없는 깨끗한 죽음이다. 많은 사람들이 죽음을 두려워하는 이유 중 또 다른 하나가 고통과 번거로운 죽음의 과정이라고 위에서도 지적했다. 중환자실에서 죽음을 맞이하는 말기 환자들이 경험하는 것처럼 극심한 통증으로 고통을 받거나, 기계장치에 의지해서 강제로 호흡하며 연명하거나, 입으로 먹지 못하는 상황에서 호스를 연결하여 음식을 넣어주어야 하거나, 스스로 대소변을 처리할 수 없어 정신은 있지만 누운 채로 간병인의 손으로 대소변을 해결해야 하거나, 치매 상태로 온전한 정신을 가지지 못한 채 주위 사람에 의지해서 죽지 못해 살아가는 모습이 두려운 것이다.

얼마 전 역시 암으로 사망한 작가 최인호의 말이 생각난다. 그는 "환자로 죽고 싶지 않다. 마지막 순간까지 작가로 살다가 죽고 싶다."고 했다. 역시 환자 같은 나약하고 고통스런 모습이 아니라 작가로서의 정체성을 가진 상태로 당당하게 죽음을 맞겠다는 결연한 의지를 보여준 것이라고 생각한다.

삶의 마지막 순간까지 맑은 정신으로 있다가 주위 사람들을 둘러보고 "나는 이제 떠난다."고 인사하고 숨 한번 몰아쉬고 앉은 자세로 사망

한다면 얼마나 바람직할 것인가. 하지만 더러 그러한 분이 있다고 하더라도 이것은 도력만으로 얻어지는 것은 아니며 개인적 건강 또한 충분히 좋은 경우에만 가능한 일이라고 판단된다.

이렇게 노승들 중 깨달은 분들은 생사를 초탈하여 죽음을 두려워하지 않고 기꺼이 맞이하였다는 점을 좌탈이나 입망을 통해 강조할 수는 있지만, 죽음의 현장 모습에 대해서는 의료인으로서 생각할 때 과장이 없지 않은 것이라고 판단된다.

깨달은 분들의 죽음이 정말 그러한지 사실 여부가 궁금하여 현대를 같이 살아가면서 큰 스님들의 입적 과정을 여러 차례 지켜본 스님 한분께 직접 질문을 하고 답을 얻고자 대화를 나눈 적이 있다. 그 스님께서 전하는 내용은 이러하다.

"삶이 얼마 남지 않은 스님이 계시면 별도의 거처인 열반당에 모시고 죽음을 맞이할 준비를 하는데, 수발을 드는 상좌스님이 이를 도와드립니다. 스스로 약 한 달 정도 곡기를 점차 줄여가다가 끊고, 물만 마시다가 어느 때부터는 물조차 마시지 않는데 그러기를 약 1주일 정도 지나면 열반에 드십니다. 그러나 그 과정에 손발이 싸늘히 식어오고 사지 말단에 통증을 느낄 수도 있는데 이때 수발을 드는 스님이 통증을 덜어드리기 위해 도움을 드립니다."

이 진술이 의학적으로 사실에 가깝다. 노인요양원에서 15년 동안 수백 건의 자연사 과정을 지켜본 의사 나카무라 진이치의 관찰 기록과도 상당부분 일치한다. 그는 이렇게 쓰고 있다. "자연사에는 고통이 따르지 않는다. 의학적인 관점에서 볼 때 자연사의 실체는 아사餓死, 즉 기아와 탈수의 과정을 거치며 죽는 것이다. 물론 기아나 탈수 같은 단어는 누구에게나 비참한 느낌을 줄 것이다. …… 그러나 생명이 꺼져가는 자연사의 경우에는 공복이나 갈증을 느끼는 감각기관들도 점차 기능이 멈추기 때문에 고통을 느끼지 않는다는 것이다. 입으로 물 한 방울조차 넘기지 못하게 된 경우에 얼마나 생존할 수 있을까? 대략 7~10일쯤이다."

얼마 전《감옥으로부터의 사색》이란 서간문으로 유명한 성공회대 신영복 교수의 죽음에 관한 기사 중 의미 있는 내용을 보았다. 흑색종의 피부암을 치료하던 도중 상태가 악화되자 병원에서 퇴원하여 집에서 삶을 정리하였고 마지막 10여일을 곡기를 끊고 죽음을 맞이하였다는 것이다. 돌아가시는 날까지 의식이 있었고 고통스럽지 않게 편하게 가셨다는 것인데, 삶과 죽음의 문제에 대한 고뇌와 성찰을 행동으로 실천함으로서 그는 죽음을 당하지 않고 맞이한 태도를 많은 사람들에게 보여 준 것이라고 할 수 있다.

이것은 '어떻게 죽음을 맞이할 것인가?'라는 물음에 대한 답을 찾는 데 의미 있는 길잡이가 되리라고 생각된다. 다행히 건강이 허락하여 죽는 그 순간까지 다른 사람의 도움을 받지 않고 생명을 유지하다가 평화롭게 마지막 숨을 거둘 수 있다면 참으로 복이 있는 것이리라.

비록 건강을 상하여 질병으로 삶이 꺾이는 경우라고 하더라도 나카무라 진이치의 관찰은 매우 의미가 있다. 신영복 교수와 같이 삶을 스스로 정리하는 것이 가장 좋은 것이라고 주장할 생각은 없지만 적어도 개인적인 의향을 묻는다면 나는 그의 선택을 옹호할 것이다.

어디서 죽을 것인가

나의 이런 견해에 생각을 같이 한다면 다음 문제는 실천을 어떻게 할 것인가 하는데 있다. 우선 죽음의 장소가 문제이다. 기존의 병원입원 치료는 답이 되지 못한다. 병원은 죽음을 맞이하기에 가장 좋은 곳이 못된다.

죽음을 맞기에 가장 좋은 장소는 평소 생활해 오던 집이다. 성인 1500명을 대상으로 2014년 국민건강보험공단이 조사한 설문조사에서도 57.2%가 집에서 생을 마치고 싶다고 답했으며, 전문가들도 집에서의 임종을 가장 바람직하다고 말한다. 조건이 갖추어져 있다면 집에서의 임종은 물론 가장 권장할만하다. 하지만 현대의 핵가족사회는 가정에 마지막을 보살펴줄 가족구성원이 없는 경우가 많고, 설사 있더라도 맞벌이 등 바쁜 경제활동을 해야 하는 오늘날의 현실에 비추어보면 많은 어려움이 따를 수밖에 없다. 게다가 최후의 순간까지 임종을 보살피고 도와줄 가족은 돌아가실 분과 같은 수준의 삶의 철학을 가져야 하는데 이게 쉬운 일이 아니다. 가족 간에 품위 있는 죽음에 대한 합의도 필요하다. 오히려 갈등의 소지가 될 수 있기 때문이다. 고독사라고 불리는, 혼자서 외로이 죽음을 맞이해야하는 사람도 많이 있다. 따라서 평소 생활해오던 집이라고 꼭 이상적이라고만 할 수는 없을 것이다.

집에서의 죽음은 그 사회의 경제적 여건에 의해 많은 영향을 받을 수밖에 없다. 아툴 가완디는 그의 책《어떻게 죽을 것인가》에서 죽음의 장소가 그 나라 경제성장의 정도에 따라 달라진다고 했다. 빈곤한 나라에서는 병원에 갈 여력이 없어 집에서 주로 죽음을 맞게 되고, 소득이 늘어나고 의료서비스가 나아지면 집보다는 병원 임종이 많아지는 단계가 되고, 소득이 가장 높은 수준에 이르면 죽음의 질을 생각하여 집에서 임종하는 경우가 다시 늘어난다는 것이다. 그의 설명에 따르면 우리나라는 두 번째 단계에 해당할 것이다. 하지만 앞으로 경제적 조건이 개선된다고 하더라도 세 번째 단계로 이행하기는 쉽지 않을 것이라고 추정된다. 자손의 숫자가 줄어들고 그로 인해 이를 감당할 인적 자원의 한계가 있기 때문이다.

그렇다면 이를 수용할 국가적 시스템이 필요하다는 결론에 이르게 된다. 현재로서 가장 적합한 결론은 호스피스 시스템의 확충이다. 그러나 현재 우리나라의 호스피스 의료는 말기암 환자에게만 우선적으로 기회를 제공하고 있으며, 앞으로 대상을 확대하려는 노력은 있지만 턱없이 부족한 병상 수와 운영비용 마련에 어려움을 겪을 수밖에 없다. 그러므로 노령 임종기 노인에 대해 완화의료의 수준을 넘어서서 품위 있는 죽음을 관리하는 일까지 수행하기를 기대하기는 어려운 실정이다.

국가가 어렵다면 대안을 찾아볼 수밖에 없다. 일부 사찰에서 비공식적으로 운용하는 열반당과 같은 시스템을 도입하는 것도 고려할만 하다. 이름이야 무엇으로 정하든 연구해볼 일이지만 말 그대로 존엄한 죽음을 준비하는 적극적 공간을 생각해 볼 필요성이 대두된 것이다.

스님들이 돌아가실 때 열반당이라는 공간을 활용하듯이 삶을 정리하는 사회적 공간을 만드는 것이다. 물론 요양원도 그 역할을 할 수 있지만 아직까지 요양원은 죽음을 준비하는 공간이 아니다. 요양원은 말 그대로 독립생활이 어려워 도움이 필요한 노인이나 치매 노인의 삶을 위한 공간이며 죽음을 대비한 공간이 아니다. 죽음에 임박하면 요양원에서 응급실이나 중환자실로 이송하고 있는 것이 현실이다. 하지만 사회적 합의가 이루어지면 전향적으로 운용해 볼 수도 있지 않겠는가. 요양원 내에 본인의 의지가 확인된 임종기 노인을 대상으로 열반당 같은 시스템을 일부 도입하는 것이다.

출산 산모를 위한 '산후조리원'도 불과 십 수 년 전까지는 없던 것이었는데 필요에 의해 생겨난 것처럼, 열반당 같은 공간이 생기면 좋겠다는 생각을 하는 것이다. 고도의 철학적·종교적 가치관을 전제로 상업적 사업이 아닌 공익적·종교적 사업으로 마련되어야 함은 물론이다.

돌발적 죽음

매일 매일을 살아가면서 바로 지금 이 순간 죽음이 닥칠지도 모른다는 생각을 하기는 어렵다. 물론 확률이나 논리적으로는 그럴 수 있다고 수 긍할 수는 있겠다. 그러나 몇 십 년 후에 필연적으로 닥칠 죽음조차도 실감하기 어려운데, 오늘 당장 혹은 지금 이 순간이라도 이렇게 펄펄 살 아있는 몸이 죽을 수 있다는 것은 상상조차 하기 힘들다.

그런데 영화 속에서는 이런 장면을 흔히 볼 수 있다. 바로 옆의 동료 가 내 눈앞에서 총을 맞고 죽어간다. 자동차사고로 죽기도 하고, 추락하 여 죽기도 하고, 불타죽기도 한다. 하지만 그것은 어디까지나 가상의 드 라마일 뿐이다. 영화관을 나오면 모든 것은 나와 관계없는 일들이 된다.

그런데 살아가면서 이런 죽음의 현장을 본의 아니게 목격하기도 한 다. 학창시절 경희대학교 근방 청량리와 이문동을 잇는 철로 위를 지나 는 고가도로를 걸어가다가 교통사고 현장을 본 적이 있다. 군용지프 한 대가 도로에서 벗어나 가드레일을 부수고 도로 아래를 지나는 철로위 에 추락하여 세 명의 군인이 사고를 당한 것이다. 도로 아래 철로 위에 지프는 부서져 있고 두 명이 누워있었는데 한명은 일어나지는 못하였 지만 의식을 차리고 있었고, 한명은 검은 낯빛으로 하늘을 향해 누워있는데 팔다리가 늘어져있는 걸로 보아 분명히 죽었다고 생각이 되었다. 한명은 머리에 피를 흘리고 철로위에서 어쩔 줄을 모르고 서있는 모습을 보았다. 그렇게 한 순간에 삶과 죽음이 그들을 갈라놓았다. 그는 불과 1분전에라도 죽음을 예상하고 있었을까?

대학 친구 중 한 명은 한의과대학을 졸업하고 군 복무를 하다가 제대를 일주일 정도 앞두고 의료봉사를 다녀오는 도중에 차량이 전복되는 사고로 죽음을 맞았다. 그는 지금 대전 국립현충원에 안장되어있는데 78명 대학 졸업 동기생 중 가장 먼저 죽었다. 그것도 새파랗게 젊은 나이에 이 세상을 떠난 것이다. 졸업 후 10년쯤 지났을 때 졸업 동기생들이 단체로 현충원을 찾아 참배를 했는데 그렇게 해맑던 친구가 비석아래 누워있다는 것이 실감이 나지 않았다.

통계에 따르면 우리나라에서 2014년 한해만 교통사고로 4762명이 죽었다. 이는 하루에도 13명이나 되는 사람이 사고에 대한 예고 없이 죽는다는 것을 의미한다. 해외 뉴스 중에 빠지지 않고 등장하는 미국의 총기사망사고 피살자 수는 하루 24명에 달하는 걸로 알려져 있다. 이들 피살자들도 죽음에 대한 대비가 전혀 없는 무방비상태였을 것이다. 충격적인 미국 9·11테러 때는 약 3000명이 한순간에 죽었으며, 전 세계로 확산되고 있는 테러로 2013년 한 해 동안 약 1만8000명이 목숨을 잃었다고 보고되고 있다. 그 외에도 화재, 추락, 작업장 안전사고와 같은 사고 사망은 늘 우리 주위에서 일어나고 있다.

죽음의 당사자로서는 얼마나 억울할지 짐작조차 하기 힘들지만 이미 이 세상 사람이 아닌 고인들에게 물어볼 길도 없다. 아마도 '억울하다'는 생각조자 못하고 순식간에 죽음을 당한 사람이 많을 것이다.

그렇다면 정말 '내'가 사고 사망의 당자자라면 이를 어떻게 해석하고 받아들일 것인가. 그냥 '날벼락'이라는 말로 위안을 삼아야 할지, 아니면 '운명'이라고 순응해야 할지 아니면, 생각할 모든 것이 사라져 버렸으니 해석조차 무의미하다고 해야 할지. 이 문제에 대해서라면 정말 답을 찾기가 어렵다.

트라우마

하지만 이러한 죽음의 이면에는 죽음의 당사자보다는 죽음을 목격한 사람, 살아있는 가족이나 주변 사람 또는 사회적·국가적 구성원의 해석이 더욱 중요한 이슈가 될 것이다. 2014년 4월에 발생한 세월호 참사로 졸지에 300여명의 인명이 사망하거나 실종하면서 우리 사회는 커다란 슬픔과 상처를 받았다. 죽음을 당한 애처로운 혼백들을 어찌 위령해야 할지, 어린 자식을 잃어버린 부모와 사랑하는 형제들을 잃은 가족의 아픈 마음을 어찌 위로해야할지, 그리고 이를 지켜보는 사회는 어떤 관점에서 상처를 치유해야 할지에 대한 숙제를 마주한 것이다.

이러한 사건은 죽음을 목격한 사람에게 의학적으로 심각한 심리적 트라우마를 안겨준다. 충격적이고 돌발적인 죽음은 이를 지켜본 사람의 뇌를 정상적으로 작동하지 못하게 한다. 그 결과 외부자극에 과민반응을 보이거나 둔감반응을 보이며 비정상적 행동을 하게 한다. 소화불량·위장장애·두통·신체통증과 같은 신체적 증상 뿐 아니라 우울·불면·불안·알콜중독·발작적 과잉행동과 같은 심리적 증상을 유발하기도 한다. 이후 2차적으로는 주변 사람들과의 인간관계에도 부정적 행동을 보임으로써 건전한 사회생활을 못하고 비극적 삶을 살아가는 것을 볼 수 있다.

실제로 인명구조 현장에서 일한 소방관들이나 테러나 자살 현장에서 끔찍한 죽음을 목격한 경찰관들이 트라우마를 경험할 확률은 훨씬 더 높게 나타난다.

지진이나 재난, 전쟁과 같은 대량의 인명사망사건은 결국 죽음을 당한 사람에게만 죽음이 의미가 있는 것이 아니라 살아남은 사람 모두에게 두려움과 고통으로 다가오고 죽음에 대한 의미를 생각하게 한다.

테러로 운명을 달리한 남편을 그리워하고 슬퍼하느라 식음을 전폐하고 우울증을 앓다가 결국 죽은 남편을 따라서 자살을 선택한 부인의 이야기도 있으며, 한편에는 사랑하는 가족의 죽음에 커다란 충격을 받았지만 이를 딛고 일어서 더 적극적으로 사회활동에 참여하고 의미 있는 업적을 만들어내는 경우도 있다. 물론 각자 죽음의 사연이 다르겠지만 결정적 차이는 남아있는 자가 평소 죽음을 어떻게 이해하고 받아들였는지의 태도에 달린 것이라고 생각한다. 그런 의미에서도 죽음은 평소에 공부하고 대비해야 할 일이다.

3부
생명이란 무엇인가?

내 무덤 앞에서 울지 마세요.

나는 거기에 없습니다.

나는 잠들지 않습니다.

나는 천의 바람, 천의 숨결로 흩날립니다.

나는 눈 위를 반짝이는 다이아몬드입니다.

나는 무르익은 곡식 비추는 햇빛이며

나는 부드러운 가을비입니다.

당신이 아침 소리에 깨어날 때

나는 하늘을 고요히 맴돌고 있습니다.

나는 밤하늘에 비치는 따스한 별입니다.

내 무덤 앞에서 울지 마세요.

나는 거기에 없습니다.

나는 죽지 않습니다.

〈천개의 바람이 되어〉, 어느 인디언의 시

생명의 요소

생명은 유한하다

죽음을 이해하려면 우선 생명에 대해 해석해야 한다. 죽음의 주체가 생명이기 때문이다. '생명이 무엇인가?' '살아있다는 것이 무엇인가?'를 정의해야 비로소 죽음을 말할 수 있다. 사람도 생명이라는 범주를 벗어난 것은 아니기 때문이다.

'생명이란 무엇인가?'라는 주제에 대해서는 매우 많은 주장과 논의가 있을 수 있다. 생물학적·물리학적 접근도 필요하고 철학적·종교적 접근도 필요하다. 교과서적 정의에 의하면 '생명은 막으로 둘러싸인 세포에서 유전 정보에 따라 물질대사가 일어나고, 자신을 복제하여 증식하는 것'이라고 한다.

쇤하이머는 그의 논문에서 '생명이란 신체 구성 성분의 동적 평형상태(The dynamic state of body constituents)를 이루는 대사의 계속적인 변화이며, 그 변화야말로 생명의 진정한 모습'이라고 정의했다.

쇤하이머 사후 슈뢰딩거는 그의 저서 《생명이란 무엇인가?》에서 "모든 물리현상에서 나타나는 엔트로피 증대의 법칙에서 벗어나 질서를 유지할 수 있다는 것이 생명의 특질이다."라고 하였다. 즉, 모든 물리학적 과정은 물질의 확산이 균일한 불규칙상태에 이르도록 최대 엔트로

피의 방향으로 움직이고, 거기에 도달함으로써 끝이 나는데 생명은 음 (마이너스)의 엔트로피를 섭취함으로써 엔트로피 증대의 법칙을 거스르고 질서를 유지한다는 것이다. 후쿠오카 신이치는《생물과 무생물 사이》에서 이와 같은 생명의 물리학적 이해에 '시간'이라는 개념을 추가로 도입했다.

"우리의 생명은 수정란이 만들어진 그 순간부터 행진이 시작된다. 그 것은 시간의 축에 따라 흘러가며 후퇴할 수 없는 일방통행이다. …… 기계에는 시간이 없다. 원리적으로는 어느 부분부터든 만들 수 있고 완성된 다음에라도 부품을 제거하거나 교환할 수 있다. 기계에는 재시도가 불가능한 일회성이란 것이 존재하지 않는다. 기계 내부에는 이미 접혀 다시는 펼 수 없는 시간이라는 것이 존재하지 않는다. (그러나) 생물에는 시간이 있다. 그 내부에는 항상 불가역적인 시간의 흐름이 있고, 그 흐름에 따라 접히면 다시는 펼칠 수 없는 존재가 생물이다. (결국) 생명은 기계적으로 조작할 수 없다."

결국 생명에 대한 이들 물리학적·생물학적 이해의 바탕은 유한한 시간을 가진 생물로서의 생명을 말하는 것이다. 대사가 중단되고 복제 능력을 상실하고 엔트로피 평형이 파괴된 상태는 곧 생명이 끝난 것이고 시간의 흐름과 함께 비가역적인 결과에 이른다는 것이다.

이렇게 보면 우리의 생명은 분명 끝이 있는 유한한 것이며 사람 또한 생물로서의 조건이 사라지는 죽음을 맞이할 수밖에 없는 존재라는 결론에 이르게 된다.

일반 생물과 구분되는 사람의 죽음

사람의 죽음에 대해 말할 때 일반 생물과 구분되어 언급되는 것이 영혼의 존재에 대한 것이다. 사람에 따라서는 하찮은 미물에 불과한 작은 생물에도 영혼이 있다고 하기도 하고, 우주 존재 자체가 생명력을 가진 영혼을 가지고 있다고 주장하기도 한다. 물론 아니라고 주장하는 사람도 있을 것이다. 하지만 나는 이들 주장의 진위 여부를 가릴 생각은 없다. 단지 나의 아버지와 어머니가 맞이한 죽음, 그리고 내가 맞이할 죽음에 대해서 우선 공부하려고 한다. 즉, 우리 모두가 맞이할 '사람의 죽음'에 대해 알고 싶은 것이다.

《정의란 무엇인가?》라는 책으로 우리나라에서도 유명해진 하버드대학교 마이클 샌델Michael Sandel 교수와 더불어 미국을 대표하는 현대 철학자 중 한사람으로 알려진 예일대 철학과 셸리 케이건Shelly Kagan 교수는 죽음을 주제로 17년 동안 명강의를 진행했는데 이를 바탕으로 쓴 책이《Death, 죽음이란 무엇인가?》이다. 그의 책을 통해 죽음에 대한 그의 철학적 논리를 따라가 본다. 내가 보기에는 매우 지루한(?) 방식—나에게 대부분의 철학책은 그렇게 느껴졌다—으로 철학적 사유를 전개하면서 최종적으로 그가 얻은 결론을 그의 주장을 인용하여 정리해 보았다.

1. '사후 삶이 존재하는가?'라는 질문은 엄밀히 말해서 '착각'에 불과하다. 죽은 다음에도 살아간다는 것은 자기모순이다. 삶이 끝난 상태에서 삶은 존재할 수는 없다.

2. 이원론자들은 영혼의 존재를 설명하기 위해 '자유의지(free will)', '특질(qualia, 경험의 질적 측면)', '의식(consciouness)', '창조성(creativity)'을 말하지만 최선의 추론에 따른 어떤 주장도 영혼의 존재를 받아들여야하는 충분한 이유를 제시하지 못하고 있

다. 이런 관점에서 영혼의 존재를 믿지 않는다.

3. 이원론자들은 임사체험을 이유로 영혼을 인정해야 한다고 주장한다. (그러나) 임사체험은 우리가 알고 있는 죽음과는 차원이 다른 것이다. 왜냐하면 정말로 죽은 게 아니기 때문이다. 이들은 죽었다 살아난 거라고 주장하지만, 분명한 사실은 영원히 죽지는 않았다는 것이다.

4. 나는 죽음이 나의 진정한 종말이라고 생각한다. 죽음은 나의 끝이자 내 인격의 끝이다. 이는 지극히 단순한 사실이다. 죽음은 그야말로 모든 것의 끝이다.

5. 그렇다면 '죽음은 나쁜 것인가?' 내 육체적 죽음은 인간으로서 내 존재의 끝이다. 죽음은 모든 것의 끝이다. 일단 내가 죽었다면 나는 존재하지 않는다. 내가 존재하지 않는데 어떻게 죽음이 내게 나쁜 일이 될 수 있을까?

6. 죽음은 죽은 사람에게 아무런 영향을 미치지 못한다. 죽음이 나쁘다고 할 수 있는 이유는 그 뒤에 남겨진 사람들 때문이다.

7. 죽고 나면 나는 존재하지 않는다. 이것이 바로 죽음이 내게 나쁜 것이라고 말할 수 있는 직접적인 이유가 아닐까? 죽음이 나쁜 이유는, 죽고 나면 삶이 가져다주는 모든 축복을 더 이상 누릴 수 없어서라고 할 수 있다. 살아있을 때 삶이 가져다주는 선물을 하나도 누릴 수 없기 때문에 죽음은 우리에게 나쁜 것이라고 하겠지만(박탈이론), 이것도 삶이 축복이라는 전제하에서만 가능한 것일 뿐 논리적인 증거는 되지 못한다.

8. 죽음을 맞이하는 '과정'의 두려움, 죽어있는 '상태'의 두려움, 죽음의 '예측 불가능성'에 대한 두려움 그 어느 것도 논리적으로

죽음이 나쁜 것이라는 것을 증명하지 못한다.

9. (내가 너무 일찍 죽을 수도 있다는 가능성에 대해 슬픔을 느낀다면) 좋은 것을 더 많이 누릴 수 없다는 것은 분명 슬픈 일이기는 하지만, 그래도 지금 누리고 있다는 사실만으로도 충분히 운이 좋다고 생각할 수 있다.

10. 결국 죽음에 대해 우리가 가져야 할 바람직한 감정은 두려움도 분노도 아니다. 대신 살아 있다는 사실에 대한 감사하는 마음일 뿐이다.

10가지로 정리해봤는데, 내가 오해하지 않았다면 셸리 케이건 교수의 주장은 "영혼은 없으며, 죽음은 모든 것의 끝이고, 죽음은 두려운 일이 아니고, 살아있음이 감사한 일이다."라고 한 문장으로 요약할 수 있다. 그러면서도 그는 철학자로서의 열린 마음을 잃지 않으면서 다음과 같이 말했다.

"하지만 과학은 과거에 부정했던 존재나 특성들을 발견해 나가는 방식으로 끊임없이 발전해왔고 앞으로도 그럴 것이다. 아직 과학은 영혼의 존재를 발견하지 못했지만, 그렇다고 해서 영혼의 존재 가능성 자체를 부정한다면 과학의 발전을 가로막는 처사일 뿐이다. 강조하지만 나는 영혼이 절대로 존재할 수 없는 것이라고 주장하지 않는다. 사실 영혼의 존재를 완벽하게 부정할 수 있다고도 생각하지 않는다. 어쨌든 영혼이라는 존재 자체가 완전히 불가능한 것은 아니다. 물론 영혼을 전적으로 부정하는 철학자도 있다. 그러나 나는 그렇지 않다."

죽음에 대한 강의로 유명한 세계적인 철학자가 죽음에 대한 결론에 이르러 영혼의 존재 자체를 인정하지 않고 있으며, 이에 동조하는 수많은 과학적·철학적 논증에도 불구하고 우리는 사람을 말할 때 육체와 영혼이 동시에 활동하는 존재로 인식하고 있다. 물론 종교적으로는 육체보다는 영혼에 의미를 더 부여하는 자세를 보이고 있다. 우리가 조상에게 제사를 지내는 것도 따지고 보면 죽음 이후에 존재하는 조상의 혼령을 위로하고 기리는 문화로서 사후 영혼의 존재를 인정한 행위 아닌가.

기독교와 천주교, 이슬람교 모두 신이 창조한 피조물인 인간이 죽음을 맞으면 그가 살아온 여정에 따라 그의 영혼이 신의 곁으로 나아간다고 하고 있다. 불교적 관점에서도 우리의 몸은 허물에 지나지 않으며 오로지 마음만이 모든 형상을 낳는 본질이며 이것은 그가 지은 업에 따라 윤회한다는 사상을 가지고 있다.

과연 종교적으로 말하는 영혼·영성·불성은 과학과 배치되는 단지 종교적 신념의 산물에 불과한 것인가? 나는 '영혼'이 과학과 배치되는 허구의 신념으로 탄생한 것이 아니라는 생각에 동의하고 지지한다. 그것은 엄연히 존재하는 것이라고 믿는다. 단지 오늘날 과학이라는 인식 방법으로 명확히 인지하지 못하고 있을 뿐 엄연한 실존임을 의심하지 않는다. 지금부터 나는 실존으로서의 영혼의 문제를 이해하고 죽음의 문제를 풀어나가려고 한다. 아울러 이러한 실존적 이유 때문에 의학에서도 영혼의 존재는 매우 중요하고, 의학의 영역을 몸과 마음의 질병과 건강 뿐 아니라 영혼의 질병과 건강 영역까지 확대해서 다뤄야 한다고 믿고 있다. 영혼의 문제는 그동안 종교의 영역일 뿐 의학의 영역이 아니라고 치부한 것은 영혼이 단지 신념의 문제일 뿐이라고 착각하는 인지능력 미성숙의 결과라고 생각한다.

의학적 죽음

의학적으로 사람의 사망 여부를 판단할 때 '호흡의 비가역적 정지, 심장의 비가역적 정지, 그리고 대광 반사의 소실' 등을 기준으로 삼는다. 그런데 최근 장기이식의 필요성이 대두되면서 법률적 어려움을 해결하기 위해 인격적 삶이 사라진 뇌사를 사망의 기준으로 제시하기도 한다.

그리고 이러한 판단은 역시 생물학적 육신의 비가역적 활동 정지와 인지능력의 회복 불능상태를 근거로 생명이 끝나고 사망한 것이라고 하는 것이다. 따라서 지금까지 대부분의 의학적 노력은 인체가 어떻게 생물학적 건강을 발휘하고 인지능력을 정상적으로 유지하느냐에 집중되었다.

하버드의과대학 보건대학 교수이며 외과의사인 아툴 가완디Atul Gawande는 그의 책《어떻게 죽을 것인가》서문에 "의과대학을 다니면서 참 많은 것을 배웠지만 죽음을 다룬 적은 거의 없었다. 의대 교육의 목표는 생명을 구하는 방법을 가르치는 데에 있지 꺼져가는 생명을 어떻게 돌봐야 하는지를 알려 주는데 있지 않았기 때문이다."라고 쓰고, 의료의 목표와 사명에 대해 "의료계 종사자들은 우리가 할 일이 무엇인지에 대해 잘못 생각해 왔다. 우리는 사람들의 건강과 생존을 보장해주는 것이 주된 임무라고 생각하지만, 실은 그 이상의 일을 해내야 한다. 바로 환자의 행복을 보장해 주는 것이다."라고 썼다.

우리나라의 의학계도 사정도 비슷하다.《의사들 죽음을 말하다》의 공저자이며 내과 전문의인 정현채 교수는 "의과대학 교육과정과 졸업 후 전공의 과정에서 생물학적인 죽음은 가르치지만 생물학적 죽음을 넘어선 죽음이나 인간으로 존엄하게 죽는다는 것과 관련된 여러 가지

문제들을 비중 있게 다루지 않는다."고 말하고 있으며 같은 책 공저자 유은실 교수도 "의과대학을 다니면서 죽음이라는 단어를 들어본 기억이 없고 당연히 교육을 받은 것이 전혀 없다. 의과대학을 졸업하고 32년이 지났는데 현재 의과대학의 교과과정을 봐도 죽음에 대한 강의가 10시간을 넘는 대학이 없다."고 썼다. 이처럼 삶과 죽음의 현장에 있는 의료인조차 삶에 대해서만 공부하고 집착함으로써 인격적인 죽음, 품격 있는 죽음, 고통스럽지 않은 죽음을 준비하지 못하였다는 것을 지적하고 있다.

사정이 이러하니 말기암이나 고령으로 죽음을 앞둔 환자나 그 가족들도 평소 특별한 노력으로 '삶과 죽음'의 문제에 대해 공부하고 대비하지 않은 경우라면 -대부분이 그러하겠지만- '어떻게든 살아야한다', '어떻게든 고쳐야만 한다', '비용이 얼마나 많이 들든 최선의 노력을 다해야한다'는 절박한 심정으로 의료인에게 매달리게 되고, '죽음은 의사의 패배'라고 인식하는 의료인과 함께 퇴로 없는 연명치료로 무의미한 사투를 벌이다 결국 고통스런 죽음을 맞이하는 비극적 결과에 이르게 된다.

에드워드 골럽은 "우리는 누구나 죽어야 하며, 죽음을 치료자의 패배나 환자의 나약함으로 간주해서는 안 된다. 의학의 목표와 한계는 건강을 최대화시키고 조기사망을 지연시키는 것이며, 죽음을 불쾌하고 비참하게 만드는 원인들을 제거함으로써 죽음을 두려움의 대상으로부터 받아들일 만한, 견뎌낼 만한 상황으로 변화시키는 것이다."라고 말했다.

법률적·의학적 의미에서의 죽음에 대한 규정은 중요한 것이지만 우리는 그 너머의 실존적 죽음에 대해 알아야 한다. 그럼에도 이처럼 의료계가 죽음을 깊이 있게 다루지 못한 이유는 생명관의 한계 때문일 것이라는 결론을 가능케 한다.

한의학계 역시 '삶과 죽음의 현장'에서 일정한 거리를 둔 채 비껴서 있었기 때문에 한의학계가 가진 생명관으로 임종 환자에게 도움이 되는 어떤 의료적 실천도 엄두내지 못하고 있는 것이 현실이다. 이야말로 서서히 달궈지는 냄비 속에서 결국 죽음을 맞이하는 미꾸라지 신세와 흡사하지 않은가.

몸 이외의 생명의 요소

성서적 관점에서는 "태초에 하나님이 흙으로 형체를 빚어 그 몸에 호흡을 불어넣음으로써 최초의 사람이 탄생하였다."고 설명하고 있는데, 이는 곧 사람의 생명은 물질적 요소인 몸과 비물질적 요소인 영혼의 결합으로 이루어졌다는 것을 내포한 말일 것이다.

불교적 관점에서는 사람의 인식체계(유식설)를 8단계로 나누어 8식八識이라고 하는데 1식부터 5식까지 다섯 가지(前五識전오식, 眼안·耳이·鼻비·舌설·身識신식)는 몸에 바탕을 둔 것을, 6식인 의식意識은 인간의 정신활동인 지성적인 것을, 7식인 말나식末那識은 무의식 또는 잠재의식을 말하는 것으로 개체 의식에 바탕을 둔 것을 말하고 있다. 그리고 마지막 8식八識인 아뢰야식阿賴耶識은 심연의 존재 또는 영혼을 말한다. 즉 8단계의 인식체계를 가진 인간은 몸과 마음, 영혼의 세 가지로 구성되었음을 알 수 있다.

《마음의 여행》 저자 이경숙은 과학적 이론인 양자론과 불교의 유식

설을 바탕으로 "모든 물질은 이미 생명적이며 아뢰야식에 해당하는 영혼이라는 정보가 몸이라는 그릇을 받아 생명체가 존재하며 몸과 영혼 사이에 정보의 끈이 단절되고 공조가 막힌 상태가 죽음"이라고 해석하고 있다.

에드워드 골럽은 "만약 모든 과학발전이 패러다임의 틀 안에서만 가능하다면 코페르니쿠스나 다윈, 알버트 아인슈타인은 존재하지 않았을 것이다."고 말하며 과학이 발전하려면 패러다임이 변화할 것을 주문하고 있다. 골럽의 의견에 전적으로 동의하면서 질병을 다루는 의사들도 그동안 생명만을 다루던 의학적 치료의 패러다임을 바꾸지 않으면 안 될 시점에 이르렀다는 게 내 생각이다.

독일의 의학자 파울 U. 운슐트*는 생명에 대해 이렇게 말했다.
"생명은 몸에 X가 더해진 결과이다. 영혼이든 마음이든 정신이든, 혹은 그 무엇이 X로 불려왔건 간에 그것은 생명에 필요한 요소이며 살아있는 몸에 없어서는 안 될 구성물이다. X는 눈에 보이지도 않고 실체도 없지만 X를 빼고 살아있는 몸의 기능을 설명한다는 것은 불가능하다. X를 위한 이름들은 그 해석의 배경에 따라 종교적 의미로, 때로는 세속적 의미로 선택된다. X만 가지고 논하는 것은 그다지 변별력이 없다. X1, X2, X3, X4……로 말하는 것이 더 적절하다. 생명은 몸에 X1, X2, X3, X4…… Xn을 더한 것이다."

---

* 베를린 샤리테 의대의 중국생명과학 윤리·이론·역사 연구소 소장. 그의 저작은 서양의 한의과대학에서 기초교재로도 사용되고 있다. 《황제내경》, 《난경》 등을 번역하여 서양에 소개하였고 《황제내경 사전》을 펴기도 했다.

이러한 생각은 그동안 물질적 구성요소인 몸의 연구에만 과학적 의미를 부여하고 눈에 보이지 않는 현상에 대해 부정적 시각을 견지해온 기존의 의학적 사고의 틀을 넘어서는 과감한 수용이라고 할 것이다.

이는 17세기 데카르트가 몸과 마음을 다른 존재로 설명한 이분법의 논리에 따라 철저히 기계론적 인식을 해온 서양의학계가 20세기 초 오스트리아 정신과의사 프로이트의 무의식 세계, 캐나다 한스 셀리에 박사의 스트레스이론을 거치면서 몸과 마음의 복합체로서의 사람을 이해하게 되는 발전을 이룬 것에서 한발 더 나아간 것이라고 할 수 있다.

디팩초프라Deepak Chopra*는 이것을 좀 더 구체적으로 기술하고 있다. "몸과 마음 모두 시간과 공간에 갇혀 있다. 몸과 마음은 경험을 하지만 '경험하는 자'는 아니다. 어쨌든 경험을 하고 있는 사람(시간과 공간을 넘어선 누군가)이 있는 것이다. 그리고 그 사람이 진정한 '당신'이다. 그 '당신'이 시간의 제약을 받는 모든 경험 속에서 시간을 초월한 본질이고, 느낌 너머를 느끼는 자이고, 생각을 생각하는 자이고, 몸과 마음에 생기를 주는 자다. 그런 '당신'은 다름 아닌 영혼이다. 넓은 의미에서 인간 존재는 세 가지 뚜렷한 차원에서 이해될 수 있다. 첫 번째 차원은 물질과 에너지로 구성된 물질적인 몸이다. 두 번째 차원은 미묘한 몸으로 불리는 것으로, 여기에는 마음과 지능, 에고가 포함된다. 세 번째 차원은 정신과 영혼이며 이것들은 인과체라고 불린다."

---

* 인도 뉴델리에서 태어나 하버드대학 의대에서 공부한 그는 터프츠 대학과 보스턴의과대학에서 학생들을 가르치고 환자들을 진료하고 있으며, 인도의 아유르베다 의학과 현대의학을 접목하여 '심신의학(mind-body medicine)'을 창안하고 캘리포니아 라졸라에 있는 '초프라 행복센터'의 이사로 활동하고 있다.

천국을 경험한 기록을 책으로 저술한 18세기 스웨덴의 신학자이며 천문학자였던 스베덴 보리Emanuel Swedenborg는 "우리의 육신은 죽은 후 소멸해 없어지는 것이 아니고 일정한 파동으로 진동하는 에너지체로 존재하게 된다. 영혼의 세계에서는 모든 것이 파동으로 존재하는데, 비슷한 파동을 지닌 영혼들끼리 서로 만나게 된다."고 영혼의 세계를 구체적으로 기술하고 있다.

한의학의 원전인 《황제내경》에는 "몸의 병을 고치려면 먼저 그 마음을 고쳐야 한다(慾治其疾者욕치기질자 先治其心선치기심), 몸을 건강하게 하려면 정신을 배양하는 것이 먼저이고 몸을 배양하는 것은 그 다음이다(養神爲先양신위선 養形爲次양형위차)."라고 하였으니 한의학은 몸과 마음을 하나로 연결하여 보는 심신일원론의 생명관을 가지고 있음을 알수 있다.

더 나아가 "두 개의 정精이 만나서 신神이 되는데 신神을 따라 왕래하는 것이 혼魂이라 하고, 정精과 더불어 들고 나는 것이 백魄이라 한다(兩精相薄爲之神양정상박위지신　隨神往來爲之魂수신왕래위지혼　並精出入爲之魄병정출입위지백)."고 했으니, 두 개의 음양의 물질적 기초인 정자와 난자가 만나서 정신적 기능 즉, 마음이 발휘되는데 이때 마음을 따라 왕래하는 것이 혼魂이고, 물질을 따라 왕래하는 것이 백魄이라는 말이 된다.

이렇게 보면 우리는 생명의 기초를 이루는 물질인 정(精, 육체, 몸)과 정신적 기능인 신(神,마음), 그리고 혼백(魂魄, 영혼)의 3원 요소로 구성되었다는 것을 알 수 있다. 그리고 "몸과 마음의 뿌리로서 이들에게 생명을 유지하도록 작동하는 것이 있는데 이를 기氣라고 한다(氣爲精神之根蔕기위정신지근체)."라고 했다.

①②생명은 정으로부터 오는데 두 개의 정이 만난 것이 신이다.

(生之來爲之精 兩精相薄爲之神 생지래위지정 양정상박위지신)

③신을 따라 오고 가는 것이 혼이며, 정과 함께 들고나는 것이 백이다.

(隨神往來爲之魂 , 並精出入爲之魄 수신왕래자위지혼, 병정이출입지백)

④기라는 것이 정신의 뿌리이다.

(氣爲精神之根蔕 기위정신지근체)

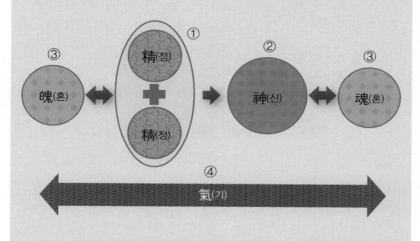

〈그림1〉 생명의 탄생

① 생명이 태어날 때 부정(父精)과 모혈(母血)이라고 하는 음과 양의 정(精)이 만나서 몸을 구성하게 된다

② 그러면 즉시 신(神)이 된다. 여기서 신이란 귀신의 뜻이 아니라 마음의 뜻으로, 두 개의 음양의 물질이 만나면서 몸이 구성되면서 동시에 마음이 형성된다는 것이다.

③ 마음을 따라 왔다 갔다 하는 것이 혼이며, 몸을 따라 들고 나는 것이 백이다. 즉 혼백은 몸과 마음이 먼저 구성된 후에 들어온다는 것이다. 이것은 몸이 구성되면서 마음이 동시에 형성된다는 것과 차이가 있으며 아마도 영혼이 선택적으로 탐색과정을 거쳐 정착하는 것으로 이해될 수 있다. 이때 선택의 성질에 따른 동조 또는 감응 현상이 작용한 것으로 추정된다.

④ 이렇게 형성된 몸·마음·영혼에 기(氣)라고 하는 것이 뿌리에 자리잡고 있다. 다시 말해서 기가 이들의 결집을 이루는 핵심이라는 뜻이다.

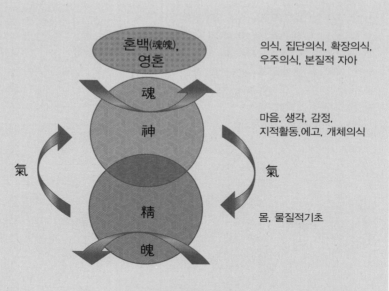

<그림2> 한의학의 생명관

한의학에서 살펴본 사람의 생명은 정(精, 몸), 신(神, 마음), 혼백(魂魄, 영혼)으로 구성되어 있으며, 이들 상호간에 기라고 하는 생명 에너지가 조화롭게 흘러야 건강한 생명력을 가질 수 있다는 것이다.

몸은 물질적 구성요소이며 생화학적 물리적 원리에 따라 작동한다. 그리고 유전자 정보를 간직하고 다음 세대로 인자의 특징을 이어간다.

마음은 몸의 생존을 위해 작동하는 감성적 지성적 활동을 말하며 몸을 보호하기 위한 에고의 본성을 가지고 있다. 따라서 나라고 하는 개체의식의 본질이다.

영혼은 순수의식, 집단의식, 확장의식, 또는 우주의식 등으로 불릴 수 있으며 이것은 현재까지의 과학적·철학적 방법으로 그 존재를 증명하는데 어려움이 있다. 따라서 의학에서는 이를 논의의 대상에서 제외하고 있다. 바로 이점 때문에 의학은 죽음의 문제에 제대로 된 대책을 내놓지 못하고 있다고 할 수 있다. 따라서 이점에 대해서 적극적 해석이 필요한 것이다.

결국 생명의 관점에서 보면 사람은 몸·마음·영혼으로 구성되어 있으며 이들 세 요소 간에 기氣라는 에너지가 흐름으로서 생명력을 유지

한다는 것이다. 이때 기氣의 흐름이 원활하게 이루어지는 것이 건강한 것이며 이들 3요소의 붕괴나 기의 흐름이 원활하지 못한 것이 병인 것이다.

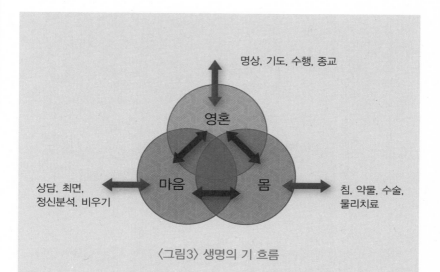

〈그림3〉 생명의 기 흐름

몸과 마음, 영혼의 관계를 대등한 세가지 요소로 표현하면 그림과 같은 3원 관계가 된다.

이렇게 보면 사람의 건강은 이 3가지 중 어느 한 가지만 가지고 온전한 건강을 도모할 수가 없다. 몸만 건강한 것도, 마음만 건강한 것도, 영혼만 건강한 것도 기형적 건강일 수 밖에 없으며 3요소가 고루 건강해야 한다. 그러기위해서는 개별 요소의 건강 뿐 아니라 상호간 기 흐름이 원활해야 하는 것이다.

몸은 물질이기 때문에 음식, 공기, 햇빛, 운동, 수면 등에 의해 건강이 좌우되며 약물, 침, 수술, 물리치료 등에 의해 직접 조절될 수 있다.

마음은 몸의 생존을 위한 지성적, 감성적, 무의식적 활동으로 나타나며 생각이나 언어로 표현되고 태도, 해석 등으로 상태가 좌우된다. 따라서 치료에 있어서는 상담, 최면, 분석 등의 기법이 사용될 수 있다.

영혼은 우주존재의 본성인 행복, 평화, 사랑의 상태이다. 따라서 감사와 수용의 태도로 받아들이기만 하면 된다. 이를 위해 명상, 기도 등이 그 기운의 흐름을 돕는다. 그 기운의 흐름이 닫히면 영혼의 존재감이 사라진 기형적 생명으로 살아가게 되는 것이다.

구성	표현	성질	형태	관계	치료	기타
몸	精 body	물질 유전정보	오감 물질대사	음식 공기 햇빛 운동 수면	침 약물 수술 물리치료	선형적 인과론 (과학적, 수 학적 법칙)
마음	神, 心 Mind Heart	의식 (지성+감성) 무의식	생각 언어	심리 태도 해석	상담 정신분석 최면 비우기	에고
영혼	魂, 魄 Spirit soul	우주의 존재	사랑 행복 평화	수용 감사	명상 기도 수행 종교	비선형적 인과론 (카르마)

생명 3요소의 관계

이들 3요소의 관계를 각도를 달리하여 표현하면 다음 도표와 같다.

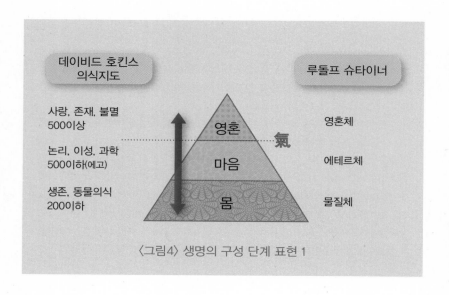

〈그림4〉 생명의 구성 단계 표현 1

몸·마음·영혼의 관계를 레벨 차이로 구분하여 이해하면 이와 같이 피라미드 형태로 이해된다

루돌프 슈타이너는 이들을 각각 물질체·에테르체·영혼체로 표현했다.

데이비드 호킨스는 세상에 존재하는 유형. 무형의 모든 것에 대해 에너지로 레벨을 측정하여 1부터 1000까지로 로그값을 표현하였는데, 나는 그가 설명한 에너지 값에 대응하는 단계를 크게 3단계로 나누어 차용하고자 하였다. 에너지 레벨 200 이하는 동물의식 수준을 나타내며 이는 오로지 개체의 생존만을 위한 몸의 단계로 해석될 수 있다.

에너지 레벨 500 이하 단계는 매우 논리적이고 이성적이며 과학적인 의식의 단계로 에고를 벗어나지 못하는 마음의 단계로 해석될 수 있다. 마지막 500을 초과하는 단계부터는 사랑·평화·행복의 단계로 개체의식을 뛰어넘는 순수의식을 말하는 것으로 이 단계의 일정 수준에 이르면 죽음은 더 이상 존재하지 않는 단계라는 것이 그의 해석이다. 나는 이 단계를 '영혼'으로 해석하려고 한다.

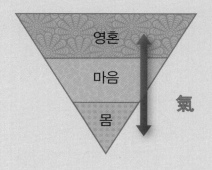

〈그림5〉 생명의 구성 단계 표현 2

이는 그림 4의 변형으로 같은 내용을 달리 표현한 것이다. 비록 데이비드 호킨스의 설명처럼 에너지 레벨의 차이는 있지만 몸·마음·영혼 중 어느 것이 높거나 낮은 것을 의미하거나 어느 것이 소중하고 어느 것이 천한 것이 아니라는 의미를 담고 있다.

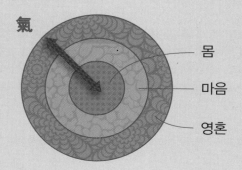

〈그림6〉 생명의 구성 단계 표현 3

지금까지 도표화한 것들을 단순화한 것이다. 한 생명은 몸·마음·영혼이 동시에 존재해야 한다는 것을 의미하기도 하며 향후 설명하는 삶과 죽음을 이해하기 위한 기초적 자료로 사용하고자 한 것이다.

몸과 마음과 영혼은 흡사 한 축을 기점으로 동심원을 그리며 존재하듯이 한 개체는 그렇게 정체성을 유지하며 생명을 유지하는 것이다 물론 기의 소통이 원활하게 이루어진다는 전제가 필요하다.

생명 에너지-기氣

여기서 '기氣란 무엇인가?' 하는 물음에 먼저 답해야 할 필요성이 있다. 현대는 물질문명이 극도로 발달하여 밖으로는 거시세계인 우주 저 멀리까지 우주선을 쏘아올리고 미시세계인 원자와 전자의 구조보다 작은 물질을 탐구하고 있지만 아직까지 '기란 무엇인가?'라는 질문에 쉽게 답을 찾지 못하고 있는 실정이다.

기공연구가인 박희준은 "기를 굳이 에너지로 표현한다면 우리는 '의식·정보·신호·파동·조화·지향성·사랑·시공간을 초월하는 에너지'라고 할 수 있겠다. 기의 이와 같은 초물리적 특성 때문에 현재의 전자기학적 측정기를 가지고는 직접 측정할 방법이 없어서, 기는 현재 학계의 주류를 이루는 일반 물리과학자들의 연구 대상은 되지 못하고 있다."고 지적하고 있다.

그것은 기가 단순한 물질구조를 가진 것이 아니라 어떤 정보를 가진 에너지를 총칭하기 때문일 것이다. 그리고 동양에서 철학적·실용적 용어로 사용되던 기라는 말은 그 표현의 애매함 때문에 많은 오해를 낳기도 한다.

'기막혀 죽겠다'는 말이 있다. 기가 막혀 죽는다는 말은 바꾸어 말하면 그동안 기가 흘러서 잘 살고 있었는데, 어느 때부터 흐르던 기가 더 이상 흐르지 못하고 막혀서 죽는다는 말이다. 실제 죽음에까지 이르지는 않더라도 적어도 고통스러운 형국에 이르렀음을 말하고 있든지 실제적 죽음에 이를 수도 있는 것을 말한다고 하겠다. 실제 한의학에서 통증의 원리를 설명하면서 '기가 흐르면 아프지 않고 기가 흐르지 못하면 아프다(氣通則不痛기통즉불통 氣不通則痛기불통즉통)'라고 한다. 그래서 실제 통증치료를 위해 침을 사용하든 약을 사용하든 기운의 소통을 일차 목표로 시술을 하게 된다.

일상생활에서 기라는 말이 사용되는 경우를 보면 전기電氣·자기磁氣·온기溫氣·냉기冷氣·습기濕氣·곡기穀氣·살기殺氣·객기客氣·취기醉氣…… 등이 있고, 한의학에서도 혈기血氣·진기眞氣·영기營氣·위기衛氣·비기脾氣·위기胃氣·신기腎氣·양기陽氣·음기陰氣·화기火氣·목기木氣·토기土氣…… 등이 사용된다. 이렇게 보면 정확히 한마디로 '기란 이런 것이다'라고 단정할 수는 없지만 '○○기'라고 할 때 ○○은 형이하학적인 것만이 아니라 형이상학적 특정 물성 또는 정보를 모두 망라하고 있으며 여기에 기를 붙여서 사용된다는 것을 알 수 있다. 따라서 '기는 정보(물성)+에너지(힘)'라고 표현하는데 대체적으로 공감하게 된다.

아울러 이러한 기는 몇 가지 특징을 가지고 있는데 한의학적인 관점에서 그 특성을 이해하자면 다음과 같다. 아마도 철학적 의미에서나 물리학적인 의미에서도 크게 다르지는 않을 것이라고 생각한다.

첫째 유주流走 즉, 흐른다, 움직인다는 것이다. 기는 끊임없이 흐르는 동적 상태이다. 호흡을 통해 우주의 정기를 들이마시고 내

쉬면서 멈춤 없이 흐르고 있다. 호흡사이에 일시적 정지상태가 있기는 하지만 이것도 내면에서는 절대적 정지가 아니라 정중동의 흐름 상태이다. 결국 기의 흐름이 완전히 멈춘 것이 죽음의 상태라고 할 수 있다. 인체의 경락 상에 기의 흐름이 막히면 병이 되고 이를 소통시키는 것이 의학적인 치료법이다.

둘째 이합離合 즉, 흩어지고 모인다는 것이다. 기가 흩어지면 약해지고 기가 모이면 강해진다. 이러한 기의 특성을 알고 흩어진 기운을 모으고, 밀집된 기운을 흩어서 조화로운 상태로 만드는 것이 한의학의 치료 목표이다.

셋째 동조同調, 감응感應한다는 것이다. 즉, 비슷하거나 같은 것끼리 서로 당기고 반응한다는 것이다. 끼리끼리 뭉치는 자연의 현상은 이 때문이다. 나비는 나비끼리 동조, 감응하고 박쥐는 박쥐끼리 모인다. 가창오리는 가창오리끼리 서로 동조, 감응하는 것이다. 그것은 그들이 가진 기가 같거나 유사하기 때문이다. 흡사 공중에 날아다니는 전파가 아무리 많더라도 수신기의 주파수와 동일한 주파를 가진 것만이 수신기와 동조하여 그 존재를 드러내는 것과 같다. 이것은 인체에 작용하는 약물이 정해진 경로를 따라 기운이 흘러들어가는 원리가 된다. 예를 들어 황기의 기운은 폐경락으로 주로 흘러 들어가고 인삼의 기운은 비경락과 폐경락으로 흘러들어간다.

넷째 협응協應, 상쇄相衰한다. 서로 돕거나 약화시킨다는 것이다. 이것은 얼핏 이합과 비슷한 것 같지만 목적성에 있어서 차이가 있다. 예를 들어 신기腎氣는 따뜻해야 제 기능을발휘하는데 육계나 부자와 같은 약재는 몸에 들어가면 더운 기운으로 신의 기운을 도와주게 되는 것이다. 그리고 머리와 안구는 서늘해야 제 기능을 발휘하는데 피로와 스트레스가 원인이 되어 열이 나면 박하와 감국 같은 약재의 서늘한 기운으로 머리와 눈의 열을 내려주게 된다.

기의 인지

지금까지 인간 존재는 몸·마음·영혼의 3원 요소로 구성되었고 이들 상
호간에 기를 통해 에너지를 주고받음으로서 생명력을 유지한다고 했
다. 그러나 인간의 구성에서 영혼의 존재는 불확실하고 과학적으로 받
아들일 수 없다고 주장하는 물질주의자들이 있다는 것도 안다. 하지만
나는 내 방식대로 내 논리를 전개해 나가려고 한다. 이러한 주장은 나만
의 독창적인 주장이 아니라 이미 많은 사람들이 논리적으로 인정하고
받아들이고 있다는 것은 앞에서 여러 예를 들어 설명했다. (기의 실체를
부정하는 사람들이 있지만) 나는 한 단계 더 나아가서 기가 생명을 구성하
는 몸과 마음, 영혼 3요소 사이를 어떻게 흐르고 작동하게 되는지를 탐
구해 볼 것이다.

　수천 년 동안 동양의 의학·철학·과학 분야에 광범위하게 사용해오
고 있는 기라는 실체적 용어에 익숙한 사람들에게는 거부감이 없겠지
만 기계론적 물질주의를 견지하는 사람들에게는 아무래도 인간의 인식
도구로 감지되거나 평가되지 않는 기라는 것이 납득되기 어려운 면이
있을 것이다.
　기의 실체는 논리적 인지방법으로도 알기 어렵고, 오감을 통해서 인

지되는 것도 아니다. 그것은 오감 너머에 존재하면서 직관적 체험을 통해 제한된 사람들만 인지하고 있다고 보는 것이 타당하다. 동양의 요가나 명상을 통해 마음공부를 했거나 수맥 탐사가나 무속인, 영매술사들 중에 이러한 기의 존재를 체험한 사람이 있을 것이다.

그런데 기라는 단어를 사용하지 않으면서도 기 자체의 특성을 가진 에너지에 대해 언급한 과학자와 의학자가 있다.

20세기 후반에 조지 굿하트George Goodheart 박사는 "몸에 좋은 영양물질에 의한 자극에는 근육의 힘이 증가하는 반면, 인체에 해로운 물질의 자극에는 근육의 반응이 현저히 약해진다."는 사실을 발견하고 이를 '응용운동역학'이라고 명명했다. 이것은 오감으로 알 수 없는 정보의 좋고 나쁨을 인체 근육이 이미 알고 있다는 뜻으로 해석되고 기의 관점에서 본다면 동조와 감응이 이루어진 것으로 이해될 수 있다.

1970년대 말에 존 다이아몬드John Diamond 박사는 "물질적 자극뿐만 아니라 감정적이고 지적인 자극에도 근육이 강화되거나 약화된다."는 사실을 발견하고 '행동운동역학(Behavioral Kinesiology)'으로 발전시켰다. 근육이라는 물질적 구조가 단지 외부에서 주어진 물질의 기운에만 영향을 받는 것이 아니라 비물질적인 요소에도 영향을 받는다는 사실을 밝힌 것이다. 이것은 기의 특성인 감응현상이라고 하겠지만 기의 관점이 아닌 인체의 선택적 능력의 관점에서 본다면 인체가 어떤 지혜를 가지고 있는 것처럼 이해될 수 있을 것이다. 그래서 응용신경학에서는 "인체는 본래 생리적 항상성이라는 지혜(innate intelligence)를 가지고 있다."고 하는 것이다.

신경생리학자 벤자민 리벳은 피실험자에게 앞에 놓인 물건을 선택하도록 하면서 뇌파를 측정한 결과 의식적 선택이 이루어지기 1/3초 이전에 이미 두뇌의 활동(파동)이 있었다는 것을 실험적으로 밝히면서 순간적 결정에 인체는 의식이 아닌 무의식을 사용한다고 하여 생리적 항상성의 지혜를 뒷받침하고 있다.

《의식혁명》의 저자 데이비드 호킨스도 처음 '운동역학'을 접하고 육체가 마음과 뗄 수 없는 상관관계가 있음을 알았다. "처음으로 운동역학을 만났을 때. 나는 즉각 그 잠재력에 놀라지 않을 수 없었다. 그것은 물질세계와 영혼의 세계라는 두 우주 사이의 '벌레 구멍'이었고 두 차원 사이의 접촉면이었다."고 했다. 즉 몸과 마음 그리고 영혼을 자유롭게 연결해주는 그 무엇이 있다는 것을 알게 된 것이다.

그의 이러한 주장은 한의학에서 말하는 몸·마음·영혼 사이에 기의 흐름이 원활해야 생명이 건강한 것이라는 것과 일치하는 주장인 것이다.

참고로 데이비드 호킨스가 이용한 운동역학의 시험방법을 그대로 옮겨보면 다음과 같다.

두 사람이 필요하다. 한사람은 피험자로서, 한 팔을 바닥과 수평으로 유지하며 옆으로 올린다. 시험자는 두 손가락으로 올라간 팔의 손목을 누르며 '저항하라'고 말한다. 피험자는 팔이 아래로 내려가는 압력에 온 힘을 다해 저항한다. 이것이 시험의 전부다. …… 피험자가 시험자의 질문을 마음속으로 생각하는 동안 피험자의 팔의 힘이 시험자의 누르는 힘에 의해 특정된다. 만일 언급된 사실이 부정적이거나, 허위이거나, 200이하의 수치를 보이는 경우 피험자의 힘이 약해진다. 만일 대답이 긍정적이거나, 수치가 200이상인 경우 피험자는 강해진다. …… 일단 수치에 대한 대략적인 윤곽이 드러나면, 수치측정에 들어간다. '이것'이 100 이상인지, 200이상인지, 300이상인지 묻는다. 이 물음은 근육이 약한 반응을 보일 때까지 계속된다. 그런 후 220이상?, 225이상? 230이상? 등으로 더 자세한 수치를 결정한다.*

그는 이와 같은 시험기법으로 근육의 강화와 약화를 도구삼아 질문의 진실과 허위를 계속 측정하여 점수로 표기하는 방식으로 의식의 레벨을 계량하여 의식지도를 완성하였다. 그가 완성한 의식지도는 1부터 1000까지를 나타냈는데 몇 가지 예를 들어 의식지도의 점수를 살펴보면 수치심은 20, 무기력은 50, 두려움은 100, 분노는 150의 점수를 갖는다. 이러한 점수는 매우 낮은 점수로 부정적 에너지군에 속한다고 하였다.

용기는 200을 나타내며 이때부터 긍정적 에너지가 작용을 하는데, 중용은 250, 포용은 350, 이성은 400, 사랑은 500, 평화는 600, 깨달음은 700~1000의 점수로 표시된다. 540수준인 기쁨의 단계에서부터는 치유가 이루어진다고 하였다.

데이비드 호킨스는 '기'라는 용어를 사용하고 있지는 않지만 운동역학을 이용하여 신체 근육과 정보 교류가 이루어지는 통로가 있음을 실용적으로 입증함으로써 동양에서 말하는 기의 특성을 가진 에너지에 대해 언급하고 있는 것이다.

이와 같이 팔 근육의 힘을 이용하여 긍정 에너지와 부정 에너지를 측정하는 기법은 손가락의 힘을 이용하여 인체와 대상 물질 사이의 적합

---

*《의식혁명》, 데이비드 호킨스 지음, 이종수 옮김, 한문화 1997.

성 여부를 측정하는 O-ring 테스트 기법이나 엘로드를 이용한 수맥 탐사 기법과 근본적으로 크게 다르지 않다. 문제는 측정자의 기법 숙련도와 에너지 레벨에 따라 측정값에 오류와 편차가 발생할 수 있다는 것이다. 혹자는 이런 점을 지적하여 이러한 기법들을 비과학적이라고 매도하기도 한다. 하지만 나는 비록 측정자로서 미숙하지만 기를 몸으로 체득할 수 있는 그 가능성을 인정하고 있으며 그 활용 가능성이 확장되기를 기대하고 있다.

몸에서 기의 작용

기가 몸에 어떻게 작용하는지에 대해 생각해 보자. 인체의 첫 번째 구성 요소인 몸(육체, body, 物, 精)은 그 자체가 물질이므로 외부의 물질적 정보를 가진 기가 먼저 흐르면서 영향을 줄 것이다. 몸은 오감을 통해 사물을 인지한다. 즉 보고, 듣고, 냄새 맡고, 맛보고, 만지는 다섯 가지 인식수단은 색色·성聲·취臭·미味·촉觸을 파악하는 수단이 된다. 따라서 물질이 가진 기운은 일차적으로 몸의 기운 흐름에 영향을 준다. 몸에는 기의 흐름 통로인 12개의 정경과 기경팔맥이 있어서 이 경로를 따라 물질적 기운이 인체 오장육부에 흐르고 전달되는 것이다. 이러한 기의 흐름 원리를 정리하여 약의 물질적 정보에너지를 밝힌 것이 기미론(氣味論, 약의 성능, 약리작용을 설명하는 한의학의 이론. 차고, 뜨겁고, 따뜻하고, 서늘한 네 가지 성질을 가리켜 4기라고 하고 시고, 쓰고, 달고, 맵고, 짠 다섯 가지 맛을 5미라고 하는데 각양의 약물들이 어떤 기와 미를 가지고 어떤 작용을 하는지 밝히는 이론)이고, 약의 작용 위치를 밝힌 것이 귀경론(歸經論, 한약이 인체에 들어가면 특정 경락과 장부로 들어가 작용한다는 것을 밝힌 논리)인 것이다.

마찬가지로 몸에 직접적인 자극을 주어 기의 흐름을 조절하려는 것이 한의학에서 사용하는 지압, 뜸을 포함한 침 치료이다. 이를 원활하게 수행하기 위해서 의사는 인체에 흐르는 기의 흐름 통로를 명확히 알아야 하고 기의 자극 반응점을 알아야하는데 이것을 정리한 것이 경혈론(經穴論, 인체내 각 부분 간에 상호 유기적 관계를 형성하는 에너지 흐름의 통로와 지점으로 경락과 경혈을 말하며 이들 통로와 지점을 통해 어떻게 질병이 표현되고 어떻게 질병을 치료할 수 있는지를 밝힌 이론)인 것이다.

전국에 수많은 도로망이 있는데 만약 차량이 역주행을 한다거나 진입하면 안 되는 곳에서 진입을 시도한다면 큰 사고가 날 것이다. 도로가 차량으로 정체되어 막힌 곳이 있으면 뚫어주어야 한다. 마찬가지로 기가 흐르는 길의 흐름을 조정하고 소통시키려는 것이 본질적으로 한의학이다. 결국 한의학에서 시도하는 치료는 약물이 되었든 침 치료를 포함한 수기 치료가 되었든 몸에 흐르는 기를 보충하거나, 소통하게 함으로서 충족된 조화 상태를 유지하려는 것이라는 것을 알 수 있다.

물론 서양의학도 몸에 직접적으로 약물을 투약하거나 물질적 간섭을 가함으로서 몸의 물리·화학적 구조에 변화를 주어 질병을 치료하고 있지만 엄밀히 살펴보면 그 대상이 완전히 다르다. 서양의학에서 약물의 투약은 인체에 침입한 병원체를 죽이거나 몰아내는 방식, 인체가 수행해야 할 기능이 저하되거나 망가졌을 때 장기를 대신해서 또는 장기를 재촉해서 기능을 유지하려는 것이고, 수술과 같은 치료법은 병소를 물리적으로 제거하거나 구조적 손상을 복구하는 방법들로 이루어지는데 이들은 어느 것도 인체의 기 흐름을 염두에 둔 것이 없다. 오히려 많은 경우 기의 흐름을 왜곡하거나 단절하는 경우가 많다.

치료의 결과를 놓고 어느 것이 옳다 그르다 할 것은 아니며 질병의 종류나 환자의 상태에 따라 장단점이 있다고 하겠다. 어쨌거나 몸의 병은 이렇게 몸을 대상으로 기를 조절하거나 물질적 수단을 동원하여 치료하고 건강을 도모해 나갈 수 있다. 물질(육체)을 물질 에너지로 다스리는 것이다.

이와 같이 물질을 물질로 치료하는 것은 오늘날 제도권 의료의 대부분을 차지하는 것으로서 이에 대해 공부하고 생각할 내용은 너무나 많다. 그러나 그것은 이번에 내가 탐구하려는 주제가 아니기 때문에 물질 차원의 기를 어떻게 조절하는가라는 기본 내용 정도만 이해하고 넘어가기로 하겠다. 나의 관심은 인간의 죽음과 관련된 것이기 때문에 죽음의 주체로서 인간의 구성요소 중 한부분인 몸에 대해 언급하는 정도에서 그친다.

마음에서 기의 작용

다음으로 우리 인체의 두 번째 구성 요소인 마음(정신, mind)과 기에 대해 생각해보자. 서양에서는 데카르트 이후 몸과 마음을 전혀 별개의 존재로 다룸으로써 한동안 마음은 과학과 의학의 대상에서 제외되었다.

그러나 한의학에서는 "두 개의 정(精, 물질적 존재)이 만나 마음(神)이 되었다."고 했으며, 몸과 마음은 동전의 양면처럼 뗄 수 없는 존재라는 관점을 유지하고 있다.

한의학에서 마음이라고 하면 지성과 감성을 포함한 것이며 영혼과는 구별된다. 지성은 심心·의意·지志·사思·려慮·지智의 여섯 가지로 나타나고, 감성은 희喜·노怒·우憂·사思·비悲·공恐·경驚의 일곱 가지 감정으로 표현된다. 이 일곱 가지 감정은 비슷한 유형끼리 묶어서 다섯 가지 감정으로 구분되고 인체의 오장육부와 연결된 에너지 통로를 가지게 된다.

한의학의 이론에 따르면 희락喜樂의 감정은 심장 경락과 연결되고, 분노(怒)의 감정은 간 경락과, 슬픔(憂, 悲)의 감정은 폐 경락과, 생각·염려(思, 慮)의 감정은 비 경락과, 그리고 공포·두려움(恐, 驚)의 감정은 신 경락과 연결통로를 가지고 있다. 따라서 이들 감정적 마음의 상태는 경락을 따라 인체의 장기에 고유한 에너지를 전달하게 되고 그 에너지의 과다 편중이 인체에 병을 만든다. 예를 들어 슬픔의 감정이 지나쳐 폐기능이 병들거나, 공포의 감정이 지나쳐 신기능이 병드는 현상이 관찰되는 것이다. 거꾸로 이들 경락의 부조화를 바로잡아서 해당 장기의 병을 치료할 수 있는 근거가 된다. 그리고 이 연결통로를 따라 '기'라고 하는 에너지가 흐른다는 것이 한의학의 설명이다.

특히 마음에서는 '생각'이 가장 큰 비중을 차지하고 있다. 지성과 감성의 영역 두 곳 모두에 생각 思가 중복된 것을 보더라도 생각의 중요성은 짐작이 간다.

과연 '생각'은 무엇일까? '생각'에 대한 철학적 해석은 매우 복잡하고 한마디로 정의하는 것조차 쉽지 않다. 데카르트는 "나는 생각한다. 고로 나는 존재한다."고 했는데 이는 자아 존재감의 핵심을 '생각'으로 본 것 아닌가.

'생각'에 대한 나의 견해는 당연하게도 한의학적 사고와 닿아 있다. 한의학에서는 비장脾臟이 '생각'과 관계돼 있다고 한다. 이게 무슨 말인가. '생각'은 뇌가 주관한다는 것이 일반적인 믿음이다. 그런데 한의학 문헌 어디에도 뇌가 '생각'을 주관한다는 말이 없다. 지나친 생각 즉, 사려思慮가 비장을 상하게 한다고도 했다. 원래 비장은 생존을 위해 음식을 받아들이고 영양을 흡수하는 장기이다. 따라서 생명의 존속과 유지를 위해서는 먹을거리의 선별이 가장 원초적으로 중요할 수밖에 없다. 먹고 죽을 만한 것은 아닌지, 배탈은 나지 않을 것인지, 소화는 잘될 것인지, 먹고 힘을 낼 수 있는 것인지 등등을 비장이 판단해야하는 것이다. 그렇게 음식물 선별의 과정이 곧 '생각'인 것이다. 그리고 자연 상태에서는 앞에서 인용한 '운동역학'의 본능이 작용하여 자신과 긍정적으로 동조되는 에너지를 가진 음식물을 가려 먹게 되는 것이다. 야생의 동물은 이러한 감지 능력이 고스란히 남아있어 본능적으로 먹을거리를 가려서 먹는 것이다.

　사람도 오늘날처럼 자연과 멀어진 문명생활을 하면서 잃어버리기는 했지만 원래는 이와 같이 선별 능력이 있었고 굳이 의사나 영양학자에게 묻지 않고도 자신에게 이로운 음식을 가려 먹을 수 있었을 것이다. 이렇게 먹을거리를 구분하는 것이 비장의 역할이며, 따라서 비장은 본능적으로 먹을거리의 적합성 여부를 가리기 위해 시비분별을 하고, 그러한 시비분별의 과정이 '생각'의 출발이며, 이것이 확장된 행위가 사물과 사람에 대한 시비분별 행위로 나타난 것으로 이것이 한의학에서 말하는 '생각'의 본질이다.

　그렇다면 '생각이 많다' 또는 '생각이 적다'는 말은 무엇인가? 근력이 약한 사람은 그다지 힘들지 않은 운동에도 근육에 통증이 오듯 소화능력이 약한 사람은 조금만 부적합한 음식을 먹어도 이를 감당하지 못하고 탈이 나게 된다. 이런 일이 자꾸 반복되면 비장은 까다롭게 음식을 고를 수밖에 없고 이 과정에 선택을 위한 많은 생각을 하게 되며 자연스럽게 음식을 가려먹는 편식으로 이어진다. 이런 행위는 결국 사람과 사물에 대해서도 많은 생각을 하게 되고 편식적 행위로 연결되어 나타나서 소심한 성격, 경계심이 많은 성격, 자아 중심적 성격으로 나타난다. 그러나 이와는 대조적으로 소화능력이 좋은 사람은 모든 음식을 두루 받아들이고 그 과정에 어려움을 겪지 않기 때문에 고민스런 '생각'

을 덜하게 되고, 사람과 사물에 대해서도 경계심이 완화된 '생각'을 하게 된다.

이는 임상에서도 그대로 반영되어 나타나고 사회관계에서도 그대로 드러난다. 비장이 약한 사람은 위장병이 많을 뿐 아니라 소심하고 예민하기 쉬우며 중복된 생각을 반복하고 고민하기 때문에 정신적 스트레스에 취약함을 보인다. 따라서 비장을 강화하고 튼튼하게 함으로써 이러한 정신적 스트레스로부터 건강을 지킬 수 있다는 결론에 이른다.

의학적으로 볼 때 마음의 병은 우선 약물 또는 침과 같은 물질적 자극으로 장기의 건강을 바로잡음으로서 장부 경락을 흐르는 기를 보정하여 어느 정도 치료할 수 있다. 하지만 몸(물질)의 병은 물질에너지로 우선적으로 치료를 하듯이 마음의 병은 무형의 마음에너지로 다스리는 것이 근본이다.

심心·의意·지志·사思·려慮·지智의 단계를 거쳐 발휘되는 지성은 인체가 생명을 효과적으로 유지하고 발전시켜 나가는 전략의 바탕이 되는 정보를 처리하는 기능을 담당하고 있다. 희喜·노怒·우憂·사思·비悲·공恐·경驚으로 표현되는 감성은 외부 자극에 대한 느낌이나 기분을 나타내는 지표로서 위기로부터 생명체를 보호하거나 안락함을 취하기 위한 분별의 기준이 된다. 이러한 마음은 그 바탕이 몸의 탄생으로부터 비롯된 것이며 개체의 생존을 위한 도구이기 때문에 철저히 이기적으로 작동할 수밖에 없다.

그러나 합리적 지성, 즉 이성은 스스로 논리를 통해 좀 더 나은 가치를 추구하게 되고 그 결과 이기적 마음을 극복하려는 높은 사회적·도덕적 규범을 형성하게 된다. 그렇게 형성된 것이 인仁·의義·예禮·지智·

신信·충忠·성誠·효孝·용勇 등이고 이것은 지성과 감성이 조화를 이루어 형성된 마음이 고양된 상태 또는 높은 수준을 말하는 것으로 의학적으로보다는 철학적·도덕적 관점에서 의미를 두고 탐구하는 마음의 상태이다.

영혼에서 기의 작용

마음과 영혼의 차이

이제 인체의 세 가지 구성 요소 중 영혼과 기의 관계에 대해 생각해 보아야겠다. 우리는 일상생활 중에 영혼의 존재를 인정하는 말을 무의식 중에 사용하고 산다. 고려 말 정몽주의 절개를 보여주는 시조에도 "이 몸이 죽고 죽어 일백 번 고쳐죽어 백골이 진토 되어 넋이라도 있고 없고……"라고 '넋' 즉 죽은 후의 혼에 대해 읊고 있다. 국가대표 운동선수들이 투혼을 강조할 때 "혼을 바쳐 싸우겠다."고 하고 우리가 크게 놀랐을 때는 '혼비백산'했다고도 한다. 이처럼 죽음을 염두에 둔 단어로 영혼이란 말을 거부감 없이 쓰고는 있지만 어디까지를 마음이라고 하고 어디까지를 영혼이라고 하는지 경계가 불분명하거나 혼란스럽게 사용되고 있다.

우선 마음과 영혼은 어떻게 구분되는 것일까? 이것이 좀 더 명확해져야 비로소 영혼으로 나아가는 길을 제대로 찾을 수 있을 것이다. 용어 사용에 혼란을 피하기 위해 이들이 어떤 관계를 가지고 있는지 살펴보자.

한의학에서 정精과 신神이라고 말할 때 신神은 마음 즉 심(心, mind, heart)의 개념으로 사용되었다. 한자로는 귀신 신神자를 쓰고 있지만 실제에 있어 정과 신이란 몸과 마음이라는 뜻이며, 신이라는 말이 절대자 (God, 혼백, spirit, soul)의 의미로 사용된 것이 아니라는 것부터 명확하게 할 필요가 있다. 실제로 마음은 몸과 영혼 사이에서 눈에 보이지 않는 현상으로 존재하기 때문에 일상적으로 우리는 마음과 영혼을 혼동하기 쉽다.

마음은 지성과 감성적 요소를 가지고 있다고 했다. 그리고 그것은 몸의 생존으로부터 유래된 것이지만 몸과 영혼의 중간에 위치하면서 영혼으로부터의 메시지를 수용하는 통로이기도 하다. 따라서 마음은 그 자체의 바탕이 비록 몸이기는 하지만 영혼과는 감성의 지점에서 접점을 찾을 수 있다. 영혼의 존재를 마음이 느낌으로 전달받을 수 있는 것이다. 이점 때문에 마음은 그 역할에 따라 영혼과의 소통을 돕거나 망가뜨리는 연결고리가 되는 것이다.

보통의 사람이 비록 영혼의 존재를 직접 보고 확인할 수 없다고 하더라도 우리는 일상생활 가운데 영혼의 존재를 그림자처럼 느낄 수는 있다. "우리가 자연 속에서 느끼는 감동은 영혼으로부터 나온 것"이라는 글을 본적이 있다. 자연에 영혼의 모습이 투영되어있기 때문이다.

네팔을 거쳐 히말라야 트레킹을 다녀온 사업가 한사람이 있다. 그는 평소 종교나 영성에 관심이 없으며 사업적 성취 때문에 스트레스는 많이 받는 편이다. 그런 그가 이른 아침 숙소에서 일어나 떠오르는 아침햇살이 히말라야 정상을 비출 때 황금빛으로 빛나는 영봉을 보면서 장엄한 장면에 감동하여 눈물이 났다고 고백했다. 매우 논리적이고 지성적인 그가 말로는 그 감동을 형언할 수 없다고 하는데 그런 것이 바로 영혼으로부터 나온 감동이라고 할 수 있다. 그는 그 감동을 잊지 못해 그

후 세 번이나 히말라야를 다녀왔고 앞으로도 또 갈 계획을 가지고 있다고 했다.

배가 부르고 등이 따뜻해서 만족감을 느끼는 것은 몸이 느끼는 쾌감에서 비롯된 것이지 감동이라고 말하지는 않지만, 밤하늘 은하수를 보고 아름답다고 느끼는 것은 쾌감이 아니라 감동했다고 한다. 그 감동이 바로 영혼으로부터 오는 것이다. 술을 마시고 긴장이 풀어져 호기가 생기는 것은 몸에서 기인한 것이지만 가을밤 풀벌레 소리에 가슴이 떨리는 감동이 생기는 것은 영혼으로부터 온 것이다. 비록 많은 돈을 벌거나 복권이 당첨되어 부자가 되었다고 하더라도 그런 행운에 대해 흥분하거나 유쾌해 할 수는 있겠지만 감동을 느끼지는 않을 것이다. 그것은 영혼으로부터 나온 것이 아니라 마음의 쾌락으로부터 나온 것이기 때문이다. 그런데 가난하게 살아온 할머니가 평생 모은 돈을 배움의 기회가 없는 가난한 학생을 위해 장학금으로 내놓았다는 이야기는 비록 그 금액이 많지 않아도 감동을 준다. 그 감동은 몸을 바탕으로 생긴 것이 아니라 영혼으로부터 생긴 것이다.

눈물도 그러하다. 어린아이가 아니라면 신체적 아픔 때문에 눈물을 흘리는 경우는 드물다. 육체가 고통스러울 때 우리는 화를 내거나 짜증을 낸다. 그것은 몸을 바탕으로 나타나는 반응이다. 그런데 이별의 아픔은 눈물로 나타난다. 그것은 영혼으로부터 전해진 것이다. 이태석 신부의 죽음 앞에 끝내 눈물을 흘리는 아프리카 청년 톤즈의 눈물을 보면서 나도 모르게 따라 흘리는 눈물은 영혼으로부터 나오는 것이다. 신체적 손상의 아픔이 아무리 커도 통증 때문에 자살을 시도하는 사람은 별로 없을 것이다. 그러나 인간적 배반과 따돌림의 외로움으로 절망한 나머지 자살을 시도하는 것은 영혼의 상처로부터 생겨난 것이다.

이 모든 감동, 눈물은 계산과 계획에 따른 것이 아니라 존재의 본성에 따른 것이다. 마음은 생각하고 계획하지만 감동과 눈물은 에고와 관계없이 있는 그대로의 영혼의 반응이다. 자연스럽게 흘러나오는 콧노래, 어깨춤, 예술적 영감은 모두 영혼으로부터 우러나오는 것이다. 신명난 놀이도 영혼으로부터 나온 것이다. 그러고 보면 영혼은 우리 몸에서 멀리 떨어진 이야기가 아니다. 인간에게 늘 영혼이 작동하고 있다는 것을 어렵지 않게 이해할 수 있지 않은가.

영혼을 어떻게 인지하는가

그럼에도 앞서 언급한 것처럼 과학의 세계에서는 영혼의 존재에 대해 부정적 견해를 가지고 있으며 자연과학의 한 분야인 서양의학은 당연히 영혼의 문제를 다루지 않는다. 그 결과 의학의 현장에서 늘 마주하고 있는 죽음에 대해 어떠한 발전적 입장도 취하지 못한다. 오로지 삶에만 매달려 있다.

그러나 죽음의 문제는 더 이상 철학적 논증이나 종교적 숙제로만 미룰 수 없다. 의학은 진실을 다루는 학문의 일부이며, 죽음이라는 실존적 존재와 정면으로 마주해야 한다. 나는 영혼이란 것이 허구가 아니며 과학적 판단에도 위배되지 않는다는 실체적 입장을 견지하고 있다. 한의학적으로도 엄연히 인간의 생명요소로서 혼백을 언급하고 있다. 단지 이처럼 생명의 실체로서 영혼의 존재는 기술하고 있지만 의학적으로 영혼의 건강을 어떻게 도모해야 할지에 대해 의학적 해법을 제시하지 못하는 것은 안타까운 일이다.

물론 영혼의 문제를 다루지 않고도 죽음을 다룰 수는 있을 것이다. 인체를 물리·생물학적 존재로만 인식하고 물리·생물학적 존재의 죽음만을 다루는 것이 그것이다. 하지만 나는 영혼이 존재한다는 한의학적 배경을 가지고 생명을 이해하고 있으며 따라서 영혼의 존재를 뺀 채 죽음을 완전히 이해하는 것은 불가능하다고 생각하고 있다.

혼백이라고 하면 죽음 이후에 몸을 떠난 혼령 또는 영혼을 말하는 것으로 이해하기 쉽고 따라서 부담스러운 주제인 죽음을 연상시키는 영혼에 대해 말하는 것을 기피하려는 경향이 있는 것 같다. 하지만 인간 생명체가 몸·마음·영혼으로 구성되어 있다는 것은 지금 현재의 내 존재 속에 팔다리와 머리, 몸통이 존재하는 것처럼, 불쌍한 사람을 보고 슬픈 마음이 생기고 한국 축구팀이 일본 축구팀과 싸워 이기면 통쾌한 마음이 생기는 것처럼, 지금 현재 이 순간 영혼도 동시에 존재한다는 의미이다.

그런데 몸과 마음에 대해서는 누구나 지금 이 순간 그 존재를 인식할 수 있는데 왜 영혼은 지금 그 실체를 인지할 수 없을까? 그리고 우리는 왜 죽음 이후 존재하는 영혼에만 관심을 가지게 되는 것일까?

어떤 이는 사후세계나 임사체험을 통해 영혼의 존재를 설명하고 있는데, 그 방법 이외에는 영혼의 존재를 실감할 수 있는 방법이 없는 것일까? 결론부터 밝히자면 우리는 살아있으면서 영혼의 존재를 확인할 수 있어야 한다.

사후세계 혹은 임사체험

우선 사후세계를 설명함으로서 죽음 이후에도 존재하는 그 무엇 즉, 영혼이라는 것이 있다고 주장하는 사람들의 이야기에 주목해 보기로 하자.

'한국 죽음학회' 회장으로서 '사전의료의향서 실천모임'의 공동대표를 맡고 있는 최준식 교수는 그의 저서《죽음학 개론》에서 사후세계의 존재에 대한 많은 사례들을 소개하면서, 매우 엄정한 기준으로 오류를 없앤 믿을 만한 사례들로부터 사후세계가 사실임을 강조하고 있다. 죽음 이후에도 '나'라는 개체의 정체성을 유지한 '나의 영혼'이 존재하기 때문에 죽음은 끝이 아니라는 것이다. 때문에 죽음을 두려워하지 말고 '당하는 죽음에서 맞이하는 죽음'으로 준비하자고 했다.

최근 영국 사우스햄턴대 연구팀은 심장마비로 사망했다가 응급처치로 소생된 환자 140명 중 39%가 사후세계를 경험한 것으로 조사됐다고 발표했으며, 만약 소생과정에서 사용된 진정제와 같은 의약품이나 뇌손상으로 인한 기억장애가 없었다면 더 많은 사람들이 사후세계를 경험했을 것이라고 했다.[*] 이는 사후세계의 경험이 특수한 사람에게만 나타나는 현상이 아니고 매우 많은 사람에게서 관찰되는 일반적 현상이라는 것을 의미한다.

반면에 세계적인 물리학자인 스티븐 호킹은 "천국과 사후세계에 대한 믿음은 죽음을 두려워하는 사람들이 만들어낸 동화에 불과하다."고 사후세계를 부정하고 있다.

《죽음이란 무엇인가》의 저자 셸리 케이건 교수는 임사체험을 주장하는 사례들을 요약하여 설명하면서 논리적으로 임사체험을 부정하는 주장을 펴고 있다. 그동안 내가 살펴본 임사체험의 자료들이 워낙 많고 호번해서 그 내용을 다 옮기기에 어려움이 있었는데, 그가 기술한 임사체

---

[*] 한국일보 2015.1.5.

험의 내용은 수많은 임사체험의 특징을 잘 요약 정리한 것으로 보여 그 내용을 옮겨본다.

심장마비를 일으키거나, 또는 수술 중 사망한 사람들이 다시 살아나는 경우가 있다. 그들은 죽었다가 살아난 놀라운 이야기를 들려준다. 물론 그들이 정말로 죽었던 것인지는 장담하기 어렵지만, 사실이라고 인정할 만한 사례들도 종종 있다.

그런데 임사체험과 관련해 주목할 만한 사실은 개인이나 문화권마다 이들의 이야기가 매우 흡사하다는 점이다. 임사체험을 경험한 사람들은 모두 자신의 육체를 떠나있었다고 말한다. 가령 공중에 떠다니면서 수술대 위에 놓인 자신의 몸을 내려다봤다고 한다. 그러고 나서 수술실을 벗어나서 기쁨과 희열을 느낀다. 그리고 기나긴 어둠의 터널을 지나 그 끝에서 눈부신 빛을 본다. 마지막 순간에는 먼저 세상을 떠난 사랑하는 이들을 만나 이야기를 나누고 성자들을 보기도 한다. 그들은 자신이 죽어서 하늘나라로 올라간 것이라고 말한다. 그런데 어떻게 된 일인지 갑자기 육체로 이끌려 돌아와 병상에서 눈을 뜬다. 이것이 바로 흔히 말하는 임사체험의 시나리오다. 이원론자들은 이런 이유로 영혼을 인정해야 한다고 주장한다.

(그러나) 임사체험은 우리가 알고 있는 죽음과는 차원이 다른 것이다. 왜냐하면 정말로 죽은 게 아니기 때문이다. 어쨌든 그들은 잠시 후 병상에서 눈을 떴다. 그건 절대 죽은 것이 아니다. 이들은 죽었다 살아난 거라고 주장하지만, 분명한 사실은 영원히 죽지는 않았다는 것이다.

그는 임사체험 또는 사후세계의 경험 자체가 비록 믿을만하다고 하더라도 그것이 완전한 죽음의 결과가 아니기 때문에 사후세계의 경험이 곧 영혼이 존재한다는 의미로 해석할 수는 없다고 주장한다.

150명의 임사체험자를 분석한 철학박사이면서 정신과의사인 레이먼드 무디 주니어Ramond A Moody J.R.도 '임사체험은 뇌의 산소결핍이나 약물에 의한 환각현상'이라고 판단했다. 즉, 심장 정지 후 활발한 뇌 활동(알파파)으로 인한 착각이라는 것이다.

이처럼 사후세계에 대한 견해는 엇갈린다. 신뢰할만한 경험을 토대로 사후세계를 인정하고 영혼의 존재를 확신하는 사람이 있는가 하면, 많은 과학자와 철학자는 이에 대해 비판적 입장을 가지고 있다.

그런데 이븐 알렉산더Eben Alexander는 뇌과학을 연구한 신경외과 전문의로서 임사체험을 경험한 사람이다. 임사체험 이전까지 그는 의사로서 과학적 태도를 가지고 있었다. 몸이 죽은 후에 무언가가 살아남는다는 이야기를 믿은 적이 없고 임사체험은 '뇌가 만들어낸 환각'이라는 견해를 가지고 있었다. 그런 그가 뇌막염으로 혼수상태에 빠졌다가 7일 만에 깨어나 자신이 부정했던 사후세계의 이야기《나는 천국을 보았다》를 책으로 펴낸 것이다. 그는 자신의 임사체험이 기존에 보고된 임사체험처럼 잠시 동안 심장이 멈췄을 때 발생한 것이 아니라 의학적으로 뇌가 완전히 정지된 상태에서 나타난 것이기 때문에 죽음이 임박했을 때 뇌에서 분비되는 다량의 엔돌핀으로 인한 환상과 같은 착각이 아니라고 주장하고 있다. 뇌의 기능과 관계없이 자신이 가지고 있던 정체성을 기억하지 못한 채 완전히 따로 존재하는 의식으로 사후세계가 존재한다는 것이다. 흥미로운 것은 그가 평생 공부한 과학과 사후세계의 경험이 서로 모순된 것이 아니라는 것이다. 나는 이 점을 매우 의미 있게 받아들이고 있다.

그동안 종교적으로 말하는 사후세계는 과학적으로 철학적으로 허구적 신념체계라는 것이 대세였다면 그의 이런 경험적 주장은 매우 의미 있는 것이다. 결국 종교적으로나 과학적으로나 하나의 실존적 현장에서 만나게 된다는 점에 나는 동의한다. 다만 종교를 빙자한 특정 맹신교도의 왜곡된 해석이 있을 수 있다는 점과, 과학 맹신주의의 닫힌 사고 때문에 사고 밖에 존재하는 실존을 부정하는 오류가 있을 수 있다는 점은 여전히 해결하기 어려운 문제이다.

어쨌거나 인체는 몸과 마음으로 구성되어 있다는 것은 이미 설명했으며 그 마음은 육체의 생존을 위해 동전의 양면처럼 동시적으로 존재한다고 하였다. 그런데 수많은 사후세계의 체험을 통해서 신체적 죽음과 별개의 어떤 존재가 죽음 이후에도 계속 활동한다는 것을 대부분의 사람들이 비록 직접 경험하지는 못했지만 인정하고 있다. 그리고 그 영혼은 일반적으로 그럴 것이라고 추정했던 것처럼 뇌라고 하는 인지 기능의 핵심장기로부터 발현된 것도 아니라는 것이다.

《마음을 비우면 얻어지는 것들》의 저자 김상운은 미국의 컴퓨터과학자 사이먼 버코비치Simon Berkovich 박사와 네덜란드의 두뇌과학자 헤름스 로메인Herms Romijn 박사가 인간의 두뇌를 분석한 결과를 다음과 같이 소개하고 있다.

"우리가 일상에서 매일 생각하고 경험하는 모든 정보를 두뇌가 몽땅 저장하려면 정보처리 속도가 초당 1024비트는 되어야 한다. 하지만 해부학적으로나 기능적으로나 그런 일은 불가능하다. 결론적으로 두뇌는 정보 저장장치가 아니다. 정보를 송수신하는 장치다. 마치 TV가 특정 주파수를 이미지와 소리로 바꿔주는 것과 같은 이치다."

30년간 임사 체험자들을 연구해온 네덜란드의 심장전문의 핌반 롬멜Pim van Lommel 박사는 "모든 정보는 우주에 떠 있는 영혼이 가지고 있다. 두뇌는 이 정보를 받아쓰고 재생산하는 기능만 수행한다."고 했고, 셸드레이크 박사도 "두뇌는 정보나 아이디어를 기억하거나 저장하는 장치가 아니라 우주에 저장된 정보를 꺼내 쓰는 장치다. 즉, 두뇌는 정보가 저장된 도서관이 아니라 우주에 저장된 정보들을 송수신하는 기능을 할 뿐이다."라고 했다. 여기서 우주란 천문학적 개념의 우주일 수도 있지만 아마도 '대영혼' 또는 '영혼의 바다'와 같은 개념으로 해석될 수도 있을 것이다.

《마음의 여행》의 저자 이경숙은 "영혼은 살아있는 생명체일 때도 육신 속에 인입되어 있는 것이 아니라 육신의 외부에 존재하며, 두뇌와는 단지 광자의 파동과 같은 정보의 공조에 의해 연결되고 있다고 밖에는 달리 생각할 수 없을 것 같다."고 영혼의 위치에 대해 설명했다. 나는 이 설명이 옳다고 믿는다.

기의 모임-영혼의 정주-생명의 탄생

한의학에서는 '기는 몸과 마음의 뿌리(氣爲精神之根蒂기위정신지근체)'라고 하였으며 장자는 '기가 모이면 살고 기가 흩어지면 죽는다(人之生인지생 氣之聚也기지취야 聚則生취즉생 散則死산즉사)'라고 했다

그리고 생명이 만들어질 때 애초에 두 개의 물질(精)이 만나면서 마음(神, 정신)이 만들어지는데, 이때 우주(대영혼, 영혼의 바다)에 떠있던 혼백(魂魄, 영혼)이 내왕하면서 몸, 마음을 감싸는 위치에 자리를 잡아 생명이 비로소 탄생한다고 했다. 이것은 우주의 영혼이 인체에 머물러 있게 되는 형상이고 그래서 한의학에서는 인체를 일컬어 우주의 작은 부분이 존재하는 '소우주'라고 하고, 동학에서는 "사람이 곧 하늘이다(人乃天인내천)."라고 하고, 기독교에서 "너희가 하나님의 성전이요, 하나님의 성령이 너희 안에 거한다."라고 하고 불교에서는 "이 우주 간에 가장 존귀한 것이 오로지 '나'이다(天上天下천상천하 唯我獨尊유아독존)."라고 하는 것이 아니겠는가.

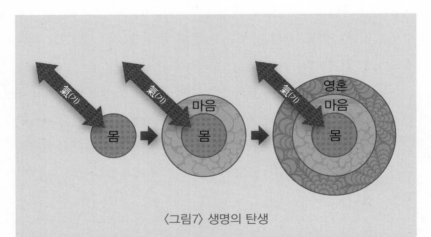

〈그림7〉 생명의 탄생

〈그림 6〉에서 살펴본 생명의 구성을 생각하면서 다시 생명의 탄생을 재구성해보면 우선 기가 흐르는 상태에서 두개의 정이 만나 몸을 이루고 동시에 마음이 나타난다. 그리고 뒤이어서 영혼이 탐색과정을 통해서 몸과 마음에 안착하는 것이 생명이 탄생하는 과정이 되는 것이다. 물론 기는 이들 사이에 막힘 없이 원활하게 흐르고 있어야 한다.

기의 단절 – 영혼의 회귀 – 죽음

이같이 선학들의 주장과 종교의 경전을 살펴봤을 때 영혼이 존재한다는 것은 의학적 사실을 통해서나 종교적 원리를 통해서나 서로 모순되지 않는다는 것이 내 생각이다. 그리고 그렇게 형성된 생명체는 육체가 물질적 대사와 증식의 기능을 가진 생물적 기능을 발휘하는 동안, 영혼은 몸, 마음과 일체감을 보이면서 한평생을 같이 살아가는 것이다. 그러다가 육체가 더 이상 생물로서의 기능을 수행하지 못하고 정지할 때 자연스레 육체와 영혼의 에너지 통로가 끊어지고 기의 흐름이 단절된 것이 죽음인 것이다.

죽음 이후에 육체는 분해되어 물질적 자연계로 돌아가고 영혼은 한평생의 삶의 정보를 간직한 채 다시 영혼의 바다로 돌아가는 것이다. 이때 돌아가는 영혼은 몸이 살아있을 때의 개체 정체성을 고스란히 간직한 개체적 영혼인지 아니면 개체의 정체성이 사라지거나 변형된 형태의 영혼인지는 아직 판단할 만한 정보나 근거를 나는 가지고 있지 않다. 다만 죽음으로 육체와 영혼이 분리된다는 것은 분명한 것이다. 영혼의 바다는 시공간의 제약을 받는 물질계가 아닌 정보와 생명력의 바다이기 때문에 저 높은 하늘나라라든지 땅속 깊이 자리한 지옥과 같은 곳은 아닐 것이라고 생각된다.

사후세계를 넘나들며 자신이 직접 본 죽음 이후의 모습을 세상 사람에게 전해 준 것으로 알려진 스베덴보리Emanuel Swedenborg는 "우리는 육신이 죽은 후 소멸해 없어지는 것이 아니고 일정한 파동으로 진동하는 에너지체로 존재하게 된다. 영혼의 세계에서는 모든 것이 파동으로만 존재한다."고 증언하였다.

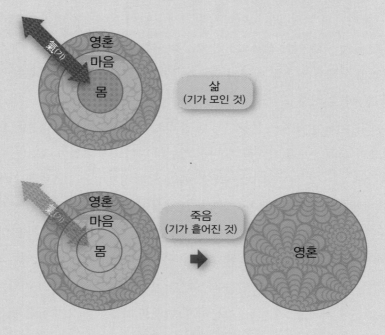

기는 정신의 근본이다.
(氣爲精神之根蒂기위정신지근체)

사람이 사는 것은 기가 모인 것이다.
모이면 살고 흩어지면 죽는다.
(人之生 氣之聚也, 聚則生,散則爲死인지생 기지취야 취즉생 산즉사)

영혼
마음
몸
氣(기)

삶
(기가 모인 것)

영혼
마음
몸
氣(기)

죽음
(기가 흩어진 것)

영혼

〈그림8〉 생명의 소멸, 죽음

한의학에서는 "기라고 하는 것이 몸과 마음을 이루는 뿌리(氣爲精神之根蒂기위정신지근
체)"라고 하였으며, 장자는 "기가 모이면 살고 기가 흩어지면 죽는다(人之生,氣之聚也,
聚則生, 散則爲死인지생 기지취야 취즉생 산즉사)" 라고 하였다.
이것이 동양에서 삶과 죽음을 보는 원칙이다. 따라서 기가 왕성하게 활동을 하던 생
명체가 어느 시점에 이르러 더 이상 기가 활동하지 못하고 사라지게 되면 몸이 죽게
되고 따라서 마음도 의지할 곳이 없어 스러지게 된다. 결국 남는 것은 영혼이며 이러
한 과정이 생명의 소멸과정이고 죽음이라는 것이다.

만약 생명이 육체와 마음만으로 구성되었다고 하면 우리는 죽음과 함께 끝을 맞이할 수밖에 없다. 그러나 생명이 위에서 이해한 것처럼 몸·마음·영혼으로 이루어진 것이라면 우리는 죽음을 다르게 이해할 수 있을 것이다. 몸과 마음의 관점에서 보면 죽음은 모든 것의 끝이지만 영혼의 관점에서 보면 죽음은 단지 변화일 뿐이다.

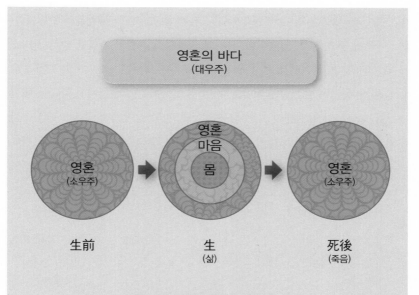

〈그림9〉 영혼의 입장에서 본 삶과 죽음

생물체로서 우리 몸은 분명 탄생과 죽음이 존재한다. 기가 모임으로서 삶을 살게 되고 기가 흩어짐으로서 삶을 마치게 된다. 그것이 우리가 알고 있는 죽음이다. 그러나 삶을 사는 동안에 몸, 마음과 함께 존재하는 것이 있는데 그것을 영혼이라고 한다. 그러면 영혼의 입장에서 보면 그것은 생물학적 탄생 이전에도 있었고 생물학적 죽음 이후에도 존재한다. 어찌 보면 몸을 떠나 원래 있던 자리에 복귀했으니 우리는 그것을 '돌아갔다'고 한다. 즉 왔던 자리로 돌아가는 것이 죽는 것이다. 영혼의 입장에서는 죽음이란 사라짐이 아니라 단지 변화한 것이라고 할 것이다.

추천사

최근 들어 전 세계적으로 '웰다잉Well-dying' 열풍이 불면서 건강하고 품위 있는 죽음에 대한 관심이 커지고 있습니다. 사실 지금까지 사람들의 주된 고민은 '어떻게 살 것인가?'였습니다. 하지만 행복하고 존엄한 죽음을 위하여 스스로 준비하고 선택하는 것 역시 우리가 결코 간과해서는 안 되는 중요한 문제일 것입니다. 특히 완전한 끝이 아닌 새로운 시작이라는 관점에서 죽음을 대할 때, "몸과 마음의 관점에서 보면 죽음은 모든 것의 끝이지만 영혼의 관점에서 보면 죽음은 단지 변화일 뿐이다."라는 저자의 목소리는 깊은 울림으로 우리에게 다가옵니다. 진정한 의미의 '웰다잉'이 무엇인지 깨닫기를 원하는 모든 이들에게 이 책을 적극 추천합니다.

김필건 _대한한의사협회 회장

4부

영혼의 길

순수화, 정화란 무엇인가. 영혼을 되도록 몸에서 분리하는 것이다. 영혼이 몸의 각 부분에서 자신을 한데 모아 마치 족쇄에서 풀려나듯 몸에서 풀려나 현재도, 미래도 되도록 혼자 살도록 습관을 들이는 것이다. 영혼이 그렇게 몸에서 풀려나고 분리되는 것이 죽음이다. 우리가 철학한다는 것은 바로 이런 의미에서 죽음을 훈습하는 것이다. 지혜를 사랑하는 철학자들이 혼란에서 벗어날 수 있도록 인도해줄 오솔길 같은 것이 있다면, 그것은 영혼을 정화하여 '일급수' 영혼으로 만드는 일이다.

《지금 철학할 시간−소크라테스와 철학 트레킹》, 한석환 지음

당장 죽을 수 있습니까?

영혼의 존재가 분명히 있어서 죽음이 모든 것의 끝이 아니며 단지 변화일 뿐이라고 하면, 죽음이 그리 절망적인 것이 아니라는 생각이 든다. 그래서 대부분의 종교에서는 죽음에 직면한 사람의 두려움을 없애주기 위해 영혼의 영속성을 강조한다. 몸이 죽어도 영혼은 하느님 곁에서 영원히 살 수 있다고 한다. 죽음을 대비하고 준비하자는 사람들이 사후세계를 강조하는 것도 따지고 보면 이처럼 죽음이 끝이 아니라는 것을 보여주고 죽음의 공포로부터 벗어나도록 위안을 주려는 것이다. (바로 이런 목적성 때문에 '죽음이 두려워 영혼을 만들어 냈다' '인간이 신을 창조했다'는 오해를 받기도 하는 것이다.)

어쨌거나 이제 이쯤 되면 '죽음'이라는 것이 나의 개체성의 끝이라는 두려움을 어느 정도 극복할 수 있을 것 같기도 하다. 하지만 안다고 생각하는 것과 참으로 아는 것은 전혀 다른 것이다.

어느 날 명상 공부를 같이 하던 스님이 나에게 불쑥 질문을 던졌다.

"원장님은 지금 당장 죽을 수 있습니까?"

그 스님으로서는 평소 선문답을 하면서 단련된 태도이기는 하겠지만 나와 같이 평범한 대화에 익숙한 사람에게는 매우 돌발적인 질문이었다. 부드러운 분위기 속에 차를 마시다가 생각할 틈도 주지 않고 돌발적으로 다그치듯이 그렇게 물었기 때문에 나는 매우 당황했다. 스님은 "당신은 삶과 죽음의 문제에 대한 답을 얻었는가?"라고 묻고 있는 것이다. 마치 생각하고 답을 한다면 이미 틀린 답이라는 듯이 정색을 하고 묻는 바람에 나는 순간 가슴에 날카로운 비수가 파고드는 것 같은 충격을 받았다. 우물쭈물 망설이다가 결국 아무런 답을 할 수가 없었다. 내 깐에는 제법 오랫동안 깨달음을 찾아 이런 저런 공부를 했다고 생각했고 또 어느 정도 답도 얻었다고 생각했는데, 그것은 지적 허영심에 불과한 착각이었음이 즉시 들통 나고 말았다. '그렇다'고 말하면 당장이라도 스님은 확인을 위해 나의 목숨을 끝장낼 것처럼 느껴졌다.

지금 죽으면 어떻게 하지? 당장 내가 죽는다면 나의 부모님은 어떻게 될까? 나의 가족들은? 나와 함께 일하던 한의원 식구들은? 그리고 지금 내가 운영하고 있는 한의원은 어떻게 해야 하지? 매일 찾아오는 환자들은 어떻게 생각할까? 등등 짧은 순간에 온갖 생각이 스쳐 지나갔다. 그렇다. 아직 공부가 덜된 것이고, 그것이 나의 수준이었다. 스님은 그런 나의 어정쩡한 상태를 꿰뚫어보고 있었던 것이다.

대중들로부터 '즉문즉설'의 강연으로 유명한 법륜스님도 스스로 그런 경험을 고백하는 것을 들은 적이 있다. 스스로 '삶과 죽음은 하나다'라는 불교의 가르침을 깨달았다고 생각했는데 막상 고통스런 신체적 고문과 죽음의 협박 앞에 두려움을 느꼈고, 머리로 안다고 생각하는 것과 진실로 아는 것에 차이가 있음을 알았다는 고백이었다.

법정스님이 "죽음이 언제 어디서 나를 부를지라도 '네' 하고 선뜻 일어설 준비가 되어있어야 한다."고 하신 말씀은 마음공부의 목표가 무엇인지를 보여주는 것이라고 하겠다.

실존/영혼은 몸과 마음 너머에 있다

영혼은 과학과 철학적 논증의 산물도 아니고 종교적 신념의 결과물도 아니라 실존의 문제이다. 눈에 보이는 몸만이 유일한 존재의 근원이라는 착각, 합리적 이성과 과학적 태도만이 사물 인식의 올바른 수단이라고 생각하는 편향적 관점을 가지고는 영혼을 볼 수도 이해할 수도 없다.

그것은 마치 태양이 환하게 비치는 대낮에 온갖 사물을 뚜렷이 보고 인식할 수 있다는 것을 과신한 나머지 하늘에 떠있는 무수한 별들이 없다고 단정 짓는 것과 같다. 태양이 비치는 동안에 별을 볼 수 없었을 뿐이지 별은 언제나 그곳에 있다. 태양이 사라지고 어둠이 내려야 비로소 찬란한 별들을 볼 수가 있는 것이다. 별은 밝은 대낮에도 언제나 그곳에 존재하는 것이지 어둠과 함께 갑자기 나타난 것이 아니다. 이것이 수긍되면 '왜 우리는 지금 이 순간에 존재하는 영혼을 알 수가 없는 것일까?' 라는 질문에 답할 수 있다.

빛과 어둠이 동시에 존재할 수 없듯이 몸을 중심으로 하는 이성은 아무리 뛰어난 논리로 무장돼있다고 하더라도 영혼의 존재를 체험할 수가 없다. 이성이 논리적일수록 더욱더 이해할 수 없다고 보는 것이 맞다. 이성은 대낮의 밝은 빛과 같기 때문이다. 빛이 있는 한 별은 보이지 않는다. 대낮에도 높은 하늘에는 별이 떠있음을 이성적 사고로는 이해할 수 있지만 체험할 수 없다는 것이다. 빛이 밝을수록 별은 더욱 보이지 않는다. 별을 보기 위해서는 빛이 사라진 우주로 나가야만 한다. 지구의 중력을 벗어나 우주로 나가야 비로소 항상 그 자리에 존재하고 있었던 별과 마주할 수 있다. 하지만 현실적으로 몸은 지구 중력에 묶여서 지구 밖으로 한발자국도 나아갈 수가 없다. 몸이 있는 존재는 지구 중력과 같은 에고에 갇히게 되고, 바로 이 에고가 지구 중력이 몸으로 하여금 우주로 나가는 것을 막는 것과 같이 영혼으로 나가는 것을 철저히 막고 있기 때문이다.

　지구를 벗어나려면 중력을 반하여 우주로 솟구쳐 나아갈 만큼 강력한 추진 로켓의 힘이 있어야만 하듯이 영혼으로 나아가려면 에고에 대항하여 반대로 나아가는 강력한 탈 에고의 힘이 있어야한다. 무쇠보다 강력한 에고의 껍질을 깨뜨릴 탈 에고의 힘이 있다면 우리는 지구 밖에서 별을 만나듯이 몸과 마음 너머에 있는 영혼을 만날 수 있을 것이다. 우리는 과연 그 탈 에고의 힘을 어디서 얻을 것인가?

영혼의 길 찾기

그럼 지금까지 실존이라고 주장해온 영혼을 향해 가는 길을 찾아봐야 겠다. 그 길이 죽음의 문제를 푸는 열쇠인지 아닌지에 대해서 아직 단정적으로 말할 수 없지만 영혼이 생명의 구성요소 중 하나임이 분명하다면 반드시 찾아야 할 일이다.

지금까지 나는 '죽음'의 문제를 풀기 위해 이글을 시작했다고 했다. 그리고 그 해답을 구하는 중간 주제로 '생명'에 대해 말하였고 생명은 몸·마음·영혼의 세 가지 실존의 결합임을 말하였다. 따라서 온전한 건강을 위해서라면 의학은 이 세 가지 요소를 모두 다루어야 한다는 결론에 이르게 된다고 하였다.

몸이 실존이라면 몸의 건강을 도모하고 몸의 질병을 고쳐야 할 것이다. 마음이 실존이라면 마음의 건강을 도모하고 마음의 질병을 고쳐야 할 것이다. 마찬가지로 영혼이 실존이라면 영혼의 건강을 도모하고 영혼의 질병을 고치는 것은 의학의 당연한 과제가 아닐 수 없다.

그런데 의학에서 영혼의 문제를 지금까지 다루지 않은 것은 영혼의 존재를 객관적으로 인지하고 계량화하지 못하고 있기 때문이다. 그래서 영혼을 아예 부정하거나 아니면 개개인의 신념에 따른 종교의 영역이라고 미루어버린 것이다. 따라서 상상이나 허구의 존재가 아닌 실존으로서의 영혼을 어떻게 인지해야하는지 그 방법을 찾아야 하겠다.

지성의 개발

쉬운 길은 아니다

첫 번째로 영혼에 이르는 길은 지성의 개발이다. 지성을 합리적으로 개발하다보면 어느덧 인仁·의義·예禮·지智·신信·충忠·성誠·효孝·용勇 등과 같은 마음의 상위차원에 이르게 되고 이 단계를 넘어서 비로소 스스로 에고의 껍질을 깨고 영혼의 단계로 나가는 것이다.

마하리시는 이를 '지성의 길'이라고 하였다. 그리고 "모든 것이 논리성 위에서 식별을 통해 조사되고 이해되어야 한다. 그러나 이 방법은 가정을 가진 사람의 길이 아니고 세상과 동떨어져 아주 오랫동안 지적으로 헌신해나가는 묵상의 생활을 보내는 구도자들만이 사색을 통해 이를 수 있는 길이다. 그나마도 결국 지성의 차원을 넘어 존재의 근원인 영혼의 의식에 도달하는 것은 어려우며 체험 없이 지적인 이해나 식별만으로 완전히 존재를 깨닫는 것은 불가능하다."고 했다. 이처럼 기대와 달리 지성을 통해 영혼에 이르기는 결코 쉬운 길이 아니다.

'의식지도'를 만든 데이비드 호킨스 박사는 "이성이란 형이하학적인 본능의 욕구에서 우리를 해방시켜주는 위대한 자유주의자이지만 동시에 지성의 영역을 넘어 높은 수준으로 향하는 길목을 가로막는 따분한 감시자이기도 하다. (의식 수준) 400대에 고착된 사람들은 이성이 영적 진화의 끝이 되고 만다. 역사상 얼마나 많은 위인들이 (의식 수준) 499에 머물고 말았는지 모른다. 데카르트, 뉴턴, 아인슈타인 등이 모두 그렇다."고 했다. 이는 지금까지 인류가 이루어낸 지성적·과학적 노력이 아무리 훌륭하고 가능성이 높다고 하더라도 결국 지성만으로는 영혼의 존재를 이해하지 못할뿐더러 오히려 방해가 될 수도 있다는 것을 지적하는 것이다.

어찌 보면 현대의학이 영혼의 문제를 의학에서 제외하고 있는 가장 큰 이유도 합리적 이성만으로 영혼의 존재를 수용하지 못하는 한계를 지녔기 때문이기도 한 것이다. 그렇다고 지성을 통해 영혼에 이르는 길의 가능성을 아예 포기할 것인가.

한의학은 지성의 징검다리

한의학은 그 태생이 이성적 사고로부터 출발한 것이 아니고 이미 우주의 법칙과 기의 흐름을 깨달은 더 높은 수준의 현자에 의해 제시된 학문이기 때문에 그들이 제시한 정의를 수용하고 실용적 임상의 치료 단계로 나아간 학문이다. 그러므로 한의학에서 제시하는 생명관 즉 몸·마음·영혼의 실존성을 학습하고 숙지하는 것은 영혼을 인지하게 되는 지성의 징검다리가 될 수 있을 것이다. 나는 이것을 앞장 '생명'에서 다루었다.

이 방법은 많은 사람들이 지구가 둥글다는 것을 눈으로 직접 보지 못했지만 과학자들이 설명하는 논리를 수긍함으로써 지구가 둥글다는 것을 받아들이는 것과 같은 것이다. 우주비행사처럼 지구 밖에서 푸르고 둥근 지구를 직접 본적이 없어도 우리는 그들이 본 사실을 그대로 인정하는 것이다. 그렇게 믿음으로써 수평선 너머에 낭떠러지가 있을 것이란 두려움을 걷어내고 바다의 끝을 향해 항해할 수 있는 것이다.

마찬가지로 지구가 속한 태양계는 은하계의 변방에 위치하고 있으며, 지구상에 있는 모든 생명의 원천이 되는 태양조차도 천억 개가 넘는 별 가운데 하나에 불과하다는 놀라운 사실을 내 눈으로 직접 확인하지 않고도 수긍할 수 있다. 그것은 내가 가진 과학적 인식의 수준이 높기 때문이 아니라 고도의 과학적 정보를 가지고 발표한 그들의 증거를 인정하기 때문이다.

우리는 크기가 400억 분의 1미터밖에 안 되는 수소 원자의 구조 속을 한 번도 눈으로 확인한 적이 없다. 하지만 수소 원자핵이 서울시청 앞에 있는 축구공 크기만 한 것이라고 가정할 때, 이 원자 주위를 돌고 있는 전자는 수원쯤 거리에서 돌고 있는 먼지 한 점 크기에 불과하고 그 나머지는 텅 빈 공간이라는 사실을 전혀 실감할 수 없어도 그냥 사실이라고 인정하고 있다. 이와 같이 깨달은 자들이 우리가 알고 있는 정보 밖의 영적 정보를 설명한 자료들을 수용하고 학습하는 것은 보통의 사람들이 영적 존재를 직접 체험하기 어렵지만 논리적으로라도 이해할 수 있는 토대가 될 것이라고 생각한다. 다행인 것은 우리 주위에는 그들이 남겨놓은 많은 증거와 기록이 있다는 것이다.

감각의 개발

감각 훈련

두 번째로 영혼을 인지하는 방법은 생리적 감각을 키우는 훈련을 통한 것이다. 처음 이 이야기를 시작할 때 "사람이란 몸과 마음과 영혼으로 구성되었고 이들 상호간에 기가 흘러서 유기적 생명력을 유지한다."고 하였던 것을 기억해보자.

몸은 원 바탕이 C(탄소)·H(수소)·O(산소)·N(질소)·P(인)·S(황) 등의 원소로 구성된 물질적 구조임이 과학적으로 밝혀져 있다. 그런데 이들 화학적 원소의 단순 조합만으로 생명력을 가질 수는 없다. 원래 생명력을 가진 두 개의 물질(精)이 결합하면서 마음(神)이 생겨나고 여기에 혼백(영혼)이 자리 잡음으로서 사람으로서 온전한 생명이 활동을 하게 되는데, 지속적 활동을 유지하기 위해서 반드시 어떤 에너지가 끊이지 않고 연결되어야 하며 이 에너지가 바로 기氣라고 하였다. 바로 이렇게 연결된 기는 생리적 감각을 통해서 그다지 어렵지 않게 인지되는데 우리는 이것을 기감氣感이라고 한다. 그리고 기감의 개발을 통해서 마침내 몸과 마음이 영혼과 연결되어 있음을 체득하게 되는 것이다.

기의 흐름을 감지한 것이 한의학의 출발

한의학의 출발은 인체를 관통하는 기의 흐름을 감지한 것으로부터 이루어진 것이라고 할 수 있다. 도인導引·조기調氣 등의 양생법은 호흡이나 체조 등을 통해 기를 축적하고 임의대로 조정하여 단전으로부터 경락을 따라 회전하게 하고 흐르게 하여 개인의 건강을 도모하고 질병을 예방하는 방법이다.

어떤 수행자가 호흡수련과 같은 정공靜功이나 선무태극권 또는 요가같은 동공動功의 수련을 통해 생리적 감각을 키워나가다가 임계점에 이른 어느 순간 인체를 꿰뚫고 지나가는 기의 흐름을 체득하게 되고, 자연과 인체 사이에 기의 흐름을 임의로 조절하는 것이 가능해진 것이다. 인도 요기들이 서술한 쿤달리니 체험이나 중국의 호흡 수련가들이 체득한 소주천이니 대주천이라는 것이 그런 생리적 체험인 것이다.

그렇게 알게 된 몸속 기 흐름의 통로를 후배에게 가르치게 된 것이 의학적 원리로 경락학이고, 그 경락에 어떤 자극을 통해 기를 조절할 수 있는지를 설명한 것이 침구학이다. 또 어떤 약재가 인체에 들어와 어떤 경락에 영향을 미치는지를 가르친 것이 본초학이고, 인체의 기 흐름의 상태를 망문문절望聞問切을 통해 평가하는 것이 진단학의 기초가 되는 것이고, 맥을 통해 설명한 것이 맥학이다. 한의학의 원전이라고 하는 《황제내경》은 이러한 한의학의 초기 모습을 그대로 보여준다. 고대 중국 전국시대에 황제黃帝라는 현군이 기백岐伯이라는 깨달은 신하와 대화 형식을 통해 의학적 원리를 정리한 것이 바로 《황제내경》이다.

처음 이러한 생리적 감각의 전문가는 아마도 몸·마음·영혼 사이의 기 흐름을 체득한 자이고 당연히 영혼의 존재를 자각한 자임이 틀림없다. 그리고 그는 의사이기 이전에 각자覺者 즉 깨달은 자였을 것이다. 그리고 이들처럼 존재를 체험하고 몸·마음·영혼 사이의 기 흐름을 완벽히 조절하는 수준의 의술을 행하는 의사를 일반적 수준의 의사와 구분하여 신의神醫라고 칭했던 것이다.

기 조절 훈련

그런데 오늘날 한의사들은 애초에 기의 훈련이나 깨달음 공부를 먼저 시도한 그룹이 아니고 경락학, 침구학, 진단학, 본초학 등을 먼저 공부하여 직업인으로서 한의사가 된 사람들이다. 그리고 그들 중 일부는 한의학의 근본원리인 기를 조절하는 훈련을 통해 신의들이 체득한 어떤 경지에 이르려고 노력한다. 그 훈련이 기공의 형태로 자리 잡았다고 볼 수 있다.

이러한 기 훈련은 기감의 체득, 기의 축적, 기의 운행, 기의 방사 등의 단계적 과정을 통해 치료의 단계까지 나아가는데 각 단계 과정마다 고통스러울 만큼 인내심을 가지고 훈련을 쌓아가야 하며 때로는 부작용으로 심각한 정신적·육체적 장애를 경험할 위험이 많다. 따라서 훈련과정에 생길 수 있는 부작용을 대비하고 바로 잡을 수 있는 숙련된 능력자로부터 지도를 받아야 한다. 자칫 무리한 기 수련은 소위 기공병이라고도 불리는 주화입마를 일으켜 환청·환각·상열 등으로 고생하게 된다. 뿐만 아니라 강제로 반복된 축기와 방사를 반복하는 과정에서도 심리적·신체적 무리가 따를 수 있다.

실제로 내가 만난 어떤 기공치료 능력자는 매번 기공시술을 할 때마다 매혈을 하는 것과 같은 심리적·신체적 부담을 느끼고 있다고 말하기도 하였다. 기껏 힘들게 모아놓은 자신의 기운을 다른 사람에게 소진하고 다시 죽기를 반복해야 하는 유한성과 그에 따른 고달픔을 말한 것이다. 따라서 비상한 각오로 수행해야하고 수행과정의 어려움 때문에 일반인들이 시도하기 쉽지 않은 문제를 가지고 있다.

아무튼 이러한 기 수련 또는 훈련을 쌓아가는 도중 언젠가 몸·마음·영혼의 일체감을 체득하게 되고 훈련의 과정이 영혼의 존재를 자각하는 문이 될 수 있는 것이다. 개인의 건강 양생 기술로 출발한 도인導引·조기調氣 양생법養生法이 자연스럽게 영혼의 존재와 연결되는 수단이 된 것이다.

명상

다양한 명상법

세 번째는 관점의 전환을 통해 영혼을 인지하는 것인데 대표적으로 명상을 꼽을 수 있다. 원래 명상은 고대 인도나 중국에서 종교적 수행의 형태로 이어져 오던 좌선 혹은 화두선 등으로 시작된 것이다.

혹자에 따라서는 기공수련도 명상의 한 범주로 다루고 있지만 기공수련이 생체기능을 의도적으로 단련해야 하는 점에서 일반 명상과 구분이 필요하다고 생각한다. 명상은 어떤 의도성도 배제되어야 한다는 것이 다른 것이다.

명상은 그 방법에 따라 매우 다양한 기법들이 있지만 전문가들은 수행하는 방법에 따라 크게 두 가지로 나눌 수 있다고 한다. 하나는 특정 단어나 소리 또는 호흡 등의 단일 대상에 주의를 집중하고 그 밖의 모든 자극을 무시하면서 정신을 집중하는 방법으로 '집중 명상(concentrative medition)'이라고 하며, 다른 하나는 내외의 모든 자극에 대해 전혀 판단하지 않으면서 지금 현재 일어나는 현상을 그저 알아차리는 방법으로 '알아차림 명상(mindfullness meditation)'이라고 한다.

그러나 현실적으로는 너무나 많은 명상법이 존재하고 있다. 아마 천 가지도 넘는 방법이 있을 것이라고 말하는 이도 있다. 그만큼 다양해서 명상을 처음 접하는 사람들로 하여금 혼란을 유발할 수도 있다. 더구나 큰 스님들이 깨달음에 이른 고행에 가까운 명상 수행의 사례는 일반인 들로 하여금 명상이란 것이 접근조차 하기 어려운 것처럼 특별한 것으로 생각하게 한다. 성철 스님이 8년 동안 눕지도 않고 앉아서(長坐不臥) 깨달음을 얻었다는 일화는 보통사람들을 주눅 들게 한다. 인도 요기들의 평생에 걸친 고난의 수행도 모두 명상을 실천하는 것이었기 때문에 자칫 명상이란 것은 비범한 사람들이나 할 수 있는 것처럼 느껴질 수도 있다.

명상의 치유효과

명상은 오랫동안 동양의 종교적 수행의 방법으로 특별한 소수에게 실천되어 오다가 미국을 중심으로 한 서구사회에 보급되면서 점차 생활명상 혹은 치유명상으로 변화되고 대중화되었다. 물질문명의 확산과 자본주의의 극심한 경쟁 속에 쌓인 각종 스트레스를 완화하는 효과가 과학적으로 인정된 것이다.

대체의학자와 자연요법학자, 심리학자들을 중심으로 연구된 자료들을 보면 명상이 혈압을 낮추고 면역력을 높여주고 심지어는 암의 치료에도 효과를 낸다는 광범위한 결과물들이 보고되고 있다. 미국 하버드 의과대학이 연구한 자료에 따르면 명상은 "세로토닌 분비를 촉진함으로서 좌측 전전두엽을 활성화하고, 부교감신경을 활성화하며 스트레스 호르몬인 코티솔 분비를 감소시켜 스트레스를 완화하며, NK 세포를 활성화하여 면역세포를 증가시키고, 엔도르핀 호르몬 분비를 증가시켜 행복감을 높여준다."고 했다. 이처럼 명상을 통해 비록 궁극적 깨달음을 얻지 못하더라도 명상의 일정한 기법을 반복하는 과정만으로도 신체와 정신에 매우 긍정적인 치유효과가 나타나는 것이다.

미국의 메사추세츠 의과대학 존 카밧진John Kabat-Zinn 교수는 이 점에 착안하여 1979년 불교 수행법인 명상을 심리치료 기법에 응용한 '마음챙김 명상'*이란 치유명상 프로그램을 개발하여 전 세계에 보급함으로써 많은 의료기관과 심리치료기관에서 사용하고 있다.

그리고 바로 이러한 치병효과나 사회적응성 강화효과가 오늘날 수행자가 아닌 보통의 많은 사람들에게도 명상을 시작하게 하는 동기로 작용하고 있다.

실제로 명상의 순수 목적인 영혼의 존재에 도달하게 되면 우리가 목적하지 않은 긍정적 치유효과가 부수적으로 나타날 수 있다고 한다. 데이비드 호킨스 박사가 제시한 의식지도에서 500 이상의 수치를 나타내는 사랑·기쁨·평화 등은 모두 영혼의 상태와 관계가 깊은 것으로 볼 수 있다. 즉 순수의식, 영혼의 바다라고 할 수 있는 존재는 그 자체가 이미 사랑(여기서 말하는 사랑은 이성간의 성적 욕구나 에로티시즘을 말하는 것이 전혀 아니다. 용어가 같을 뿐 수준과 의미는 전혀 다른 것이다.)·기쁨·평화의 상태이며 우리 몸에 와 있는 개체영혼은 항상 그 존재를 지향하고 있다는 것이

---

* 마음챙김명상(MBSR, Mindfullness-Based Stress Reduction)은 공식 명상프로그램인 정좌명상(sitting meditation)과 바디스캔(bady scan), 하타요가(hatha yoga)등이 있고 비공식 명상프로그램으로 보행명상과 먹기명상, 호흡명상이 있다. 그리고 수행의 7가지 기본태도로 무판단(nonjudging)·인내(patience)·초심(beginner's mind)·믿음(trust)·지나치게 애쓰지않기(non-striving)·수용(acceptance)·내려놓음(letting go)을 요구한다. MBSR의 효과로는 만성통증·불안·우울·범불안장애·공황장애·수면장애 등을 개선하고 자존감을 향상시키며 암·섭식장애 등을 개선하는 효과가 있다고 알려져 있다. 그래서 정신의학뿐 아니라 만성통증 질병·운동선수의 기량 향상·수험생의 긴장완화·임신부의 태교·재소자 교화·청소년 선도·호스피스 간병 등 다양한 방면에 적용하고 있다.

다. 그리고 "의식 레벨 500이상의 에너지 장에 도달한 의사(의료법에서 정의하는 의사만을 제한적으로 말하는 것이 아니라 치료 능력이 있는 모든 사람을 말하는 것으로 이해해야 한다)들이 위대한 치유자가 되어 다른 사람이 포기한 환자들을 성공적으로 치료하는 경우가 적지 않다."고 했다.

이중맹검법

현대의학은 의학의 객관적 치료성과를 인정하는 과학적 검증도구로 '이중맹검법(double blind test)'이라는 도구를 사용하는데, "높은 에너지 장에 있는 의사에 의한 치유사례는 이러한 이중맹검법으로 이해할 수 없는 치료결과를 보인다."는 것이다.

이중맹검법이란 예를 들어 어떤 질병을 치료하는 약물이 과연 효과적인 것인지를 검증하는 장치로 심리적 효과로 인한 오류가 생기지 않도록 하기 위해, 질병을 가지고 있는 환자뿐만 아니라 그 환자를 진찰하고 투약하는 의사조차도 어느 약물이 진짜 약물이고 어느 약물이 가짜 약물인지 모르도록 감춘 상태(이중맹-double blind)에서 약물을 투약한 다음, 그 결과를 통계적으로 분석하여 의미 있는 치료성과가 있어야만 비로소 그 효과를 인정하는 방법을 말한다.

현대의학을 맹신하는 사람들은 이러한 이중맹검법을 통과한 치료결과만 의미 있는 것으로 생각하고 기타의 것들은 비과학적이거나 의학적 가치가 없는 치료라는 태도를 가지고 있다. 그러나 이러한 이중맹검법은 물질세계에서만 적용되는 원리이기 때문에 몸과 마음, 몸과 영혼, 마음과 영혼 사이에 에너지가 흐르고 있으며, 그 결과 병이 되거나 치료되는 원리를 이해하는 도구가 되지 못한다.

베드로가 '나자렛 예수 그리스도의 이름으로 일어나 걸으라하고 오른손을 잡아 일으켜' 나면서부터 걷지 못하던 앉은뱅이를 치료한 것이나, 예수가 '네 믿음이 너를 구원하였다'고 말하여 맹인 바디메오를 눈뜨게 하는 것이나, 진흙을 이겨 눈에 바르고 실로암 못가에서 씻게 한 후 장님을 눈뜨게 한 치료는 오늘날 의료계로부터 객관적인 치료 성과를 인정받지 못할 것이다. 이와 같은 치료는 과학 맹신자들이 요구하는 이중맹검법을 통과하지 못하고 비과학적이라고 낙인찍힐 것이기 때문이다.

하지만 예수의 치료는 비과학적 치료가 아니라 이중맹검법으로는 알 수 없는 다른 차원에서 이루어진 치료이다. 그는 인간의 몸의 병을 치료하는 직업적 의사로서 병을 고친 것이 아니다. 그가 의학을 공부했다는 기록은 없다. 그는 오로지 영혼의 건강에 정통했고 영혼의 질병을 바로잡아 (기독교에서 말하는 영혼을 구원하고) 영혼의 자비로운 치유에너지가 환자의 몸에 흘러들어가게 함으로써 앉은뱅이를 일으켜 세우고 맹인을 눈뜨게 하고 중풍환자를 고친 것이라고 해야 한다. 하지만 기존의 몸을 다루는 치료법만으로는 이해가 되지 않는 이런 방식의 치료 결과를 보고 사람들은 흔히 '기적'이라고 말한다. 하지만 이런 기적 같은 치유는 오늘날에도 곳곳에서 여전히 일어나고 있다.

이처럼 명상을 통해 질병이 치료되기도 하지만 원래 명상은 치료를 목적으로 한 것은 아니었다. 치료효과는 명상을 통해 얻은 부수적 성과에 불과하다. 명상은 몸과 마음의 에고를 걷어내어 그 너머의 순수의식, 즉 영혼에 도달하려는 행위이다.

영혼에 도달하려는 명상의 가장 큰 걸림돌이 바로 에고인데, 치료를 목적으로 한 소위 의도적 '목적 명상'은 이러한 에고를 강화하기 쉽고 결국 명상의 성과를 얻는 것을 방해하기 쉽다. 명상의 기술적 성과로 스트레스가 낮아질 수는 있지만 스트레스를 없애겠다고 명상을 했기 때문에 영혼에 도달하는 것이 아니다. 명상의 결과 암 세포가 줄어들거나 사라질 수도 있지만 암을 없애겠다는 의도적 명상의 결과 영혼의 존재를 체험하는 것이 아니다.

명상은 영적 신통력을 얻는 도구가 아니다

또한 명상은 흔히 신비주의자들의 영적 신통력을 얻는 수단으로 잘못 이해되기도 쉽다. 명상을 통해 어떤 능력이 생길 것을 기대하고 명상을 하는 경우도 있는 것이다. 예지력이라든지 무병장수의 힘을 얻는다든지, 다른 보통사람들이 갖지 못한 어떤 신통력(천안통, 천이통)을 명상으로 얻게 되기를 기대하는 것이다. 대부분의 명상관련 소개서도 명상을 통해 얻을 수 있는 비상한 결과물에 집중하는 경향을 보인다. 하지만 이 역시도 본말이 전도된 것이다.《명상이란 무엇인가?》의 저자인 로렌 스레산은 "명상 중에 텔레파시, 예견과 같은 초자연적인 현상이 나타나기도 하는데 이들 반응은 사소한 것이기 때문에 무시해버려야 한다."고 했다. 다른 많은 수행지도자들도 이점을 거듭 강조하고 있다.

그럼에도 불구하고 오늘날 수많은 명상단체나 수련모임들 중에는 이러한 영적 능력을 가진 자가 그렇지 못한 사람들 위에 서서 선지자나 깨달은 자처럼 절대적 권위를 만들고 상업적 이득을 취하거나 사교화하는 폐단을 많이 볼 수 있으니 조심해야 한다.

명상은 무언가 신통력 같은 이기적 목적물을 얻기 위한 방법이 아니다. 단지 존재의 근원에 닿으려는 행위이다. 존재·내적 자아·참나·영혼·순수의식·신성·불성·우주의식 등등 그 무엇으로 표현되었든 동일한 것을 말하며 나는 그것을 한의학적 설명의 기반인 영혼(혼백)이라고 말하고 있을 뿐이다.

명상은 처음에 깨달음의 도구로 사용되어 왔지만 그렇다고 오로지 종교적 수행행위로만 제한할 필요는 없다. 명상은 사실을 아는 행위이다. 생명 존재의 본질을 탐구하는 의학적·과학적 행위이기도 한 것이다. 우주를 제대로 관찰하기 위해 천체망원경이 필요하고 미시세계를 관찰하기 위해 현미경이 필요한 것처럼 생명 존재의 뿌리를 탐구하기 위해 필요한 방편인 것이다.

명상은 궁극적으로 생명의 기저요소인 영혼의 존재를 탐구하려는 것이다. 눈에 보이지 않는 영혼을 인지하려면 관점을 바꾸어야 한다. 사물을 보는 관점을 몸과 마음에 두는 것이 아니라 제3의 시각인 영혼에 두어야 한다는 것이다. 과연 제3의 시각이 존재하느냐는 의심을 거두고, 단지 몸에 갇힌 에고의 시각을 거두어내면 자연스럽게 드러나는 것이 있는데 그것이 바로 본질이며 존재이며 영혼이라는 것이다. 어떻게 에고를 걷어내느냐 하는 실천적 방법의 차이에 따라 명상의 종류가 구분된다.

명상의 원리와 방법

기의 관점에서 보면 명상은 영혼과 동조를 유발하는 기술이라고 할 수 있다. 라디오수신기를 특정 방송 주파수에 맞추어야 방송 중인 내용을 들을 수 있는 것처럼 영혼에 주파수를 맞추는 행위가 명상인 것이다.

지금 이 순간 그림자가 아닌 실존적 영혼의 존재를 아는데 가장 큰 방해요소는 바로 현실을 살아가는 몸과 마음이다. 몸과 마음이 사용하는 주파수와 영혼이 사용하는 주파수가 다르기 때문에, 몸과 마음이 사용하는 주파수를 영혼이 사용하는 주파수로 바꾸지 않으면 영혼의 방송을 들을 수 없는 것이다. 따라서 영혼을 만나려면 영혼과 동조돼야만 하고 그러기 위해서 몸과 마음이 사라져야만 한다. 그것은 별을 보려면 우주 밖으로 나가든지 밤이 오기를 기다리든지 빛이 사라져야만 별을 볼 수 있는 것과 같다.

결론적으로 수많은 명상법이 존재하지만 그 모두는 몸과 마음을 사라지게 하는 방법이며 그것이 '명상'이다. 수많은 명상 기법들의 공통되는 핵심은 '몸과 마음이 사라지는 것'이다. 화두에 집중하는 명상도 몸과 마음으로 사물을 인식하는 닫힌 방법을 가지고는 궁극적인 답을 얻을 수 없다. 춤이나 무술을 통한 명상도 몸과 마음이 사라진 초월의 단계에 이르러야 비로소 이루어진다. 호흡에 집중하는 방법도 결국 에고를 가진 자아가 소실된 시점에 비로소 명상의 성과가 나타난다. '보면 사라진다'는 위빠사나 명상도 일상적 몸과 마음의 눈이 멈춘 후에 드러나는 제3의 눈, 즉 영혼의 눈을 인지하는 것이다.

그렇다면 어떻게 몸과 마음을 없앨 것인가. 우리 몸은 숨 쉬고 먹고 마시며 생각하는 동안 단 한순간도 그 고유한 생명활동을 멈춘 적이 없다. 몸은 끊임없이 외부자극을 감지하고 느끼고 있다. 이 글을 쓰느라 의자에 앉아있는 동안 포개 앉은 나의 다리가 저려오는 것을 느끼기도 하고, 컴퓨터자판을 두드리는 손가락이 저림을 느끼기도 하고, 발밑에 놓인 석유온풍기 바람이 너무 세다고 느끼기도 하고, 눈이 뻣뻣해지고 시큰거리는 불편함을 느끼기도 한다.

마음은 어떤가. 마음도 잠시 한곳에 머무른 적이 없이 시간과 장소를 뛰어넘어 분주히 왔다 갔다 한다. 밤늦은 시간이 되었으니 이제 잠을 자야한다고 생각하기도 하고, 오늘 낮에 신문에서 보았던 호스피스 관련 기사를 이글의 주제와 맞추어 어떻게 해석해야할지 머리를 굴려 분석하기도 한다.

그것이 몸과 마음이 하는 일이다. 그리고 한시도 그 활동을 멈춘 적이 없다. 결과적으로 그러는 동안에는 영혼의 존재를 인지할 길이 없다. 자살과 같은 실제적 죽음이 아니면서 자기 몸을 없앤다는 것은 몸이 가진 기능을 초월하는 것을 말한다.

몸은 오감의 기능을 가지고 있다. 따라서 오감을 일시적으로 멈추게 하는 것이 몸을 없앤다는 의미이다. 보고, 듣고, 냄새 맡고, 맛보고, 촉감으로 느끼는 것을 나의 것으로가 아닌 남의 것인 양 그저 바라보기만 하는 것이다. 명상은 어떤 방법을 택하든지 가장 중요한 수단은 '의도 없음'과 '바라보기'이다. 그것은 우주로 나가는 추진력과 같다. 아니면 침묵의 바다 심연에 이르는 잠수를 할 때 부력을 이기고 바닥으로 이르게 하는 납덩어리와 같다. 넘어져 부딪힌 무릎으로 느껴지는 통증을 나의 통증이 아닌 남의 통증인 것처럼 바라보기, 피부를 타고 스멀거리는 가려움을 나의 가려움이 아닌 남의 가려움인 것처럼 바라보기, 들이쉬고 내뱉는 숨결을 나의 숨결이 아닌 것처럼 그저 바라보기 ……. 이렇게 몸이 가진 오감의 느낌을 단지 3자의 시각으로 바라보기만 하는 것이다. 그러다 보면 어느 순간 나의 생물학적 몸의 감각이 초월되는 때를 만나게 된다. 그것이 명상이다.

마음은 지성과 감성으로 활동을 계속하고 있다. 감성은 슬퍼하고, 분노하고, 걱정하고, 기뻐하고, 고민하고, 두려워하고, 우울해한다. 그리고 지성은 계획하고 시비를 가리고 있다. 이러한 마음은 현재에 대한 반응이 아니라 지나간 사건에 대해 시비를 가리고, 앞으로 다가올 일들에 대해 계획을 세우는 것이다. 뿐만 아니라 사건의 객관적 정황을 보는 것이 아니라 주관적 이해관계에 따라 옳고 그름과 선악을 구분하는 것이다. 그래서 마음을 없앤다는 것은 철저히 현재에만 머물러 있어야 한다는 것이며 어떤 결정도 미리하지 않는 것을 말한다. 나비가 날면 그냥 나는 것을 보기만 하면 된다. 어떤 시비분별도 하지 않고 어떤 계획도 하지 않는다. 그것이 철저해지면 비로소 마음이 사라진다. 이렇게 몸과 마음이 사라지는 순간 비로소 우리는 몸과 마음에 가려졌던 영혼과 만나게 된다. 그것이 명상이다.

명상은 어느 순간 구름 사이를 비집고 비치는 햇살과 같이 영혼의 존재를 상상이 아닌 실존으로 느끼는 순간에 이르게 한다. 영혼은 본성이 사랑·행복·평화이므로 영혼과 동조되면 영혼의 본성이 고스란히 전해진다고 할 수 있다. 그 이전에 한 번도 경험하지 못한 깨달음의 순간이 오는 것이다. 그 순간의 감동은 체험한 자만이 알 수 있으며 이성적 언어로 표현할 수가 없다고 한다. 그래서 불립문자不立文字라고 한다.

사실 이렇게 보면 명상과 죽음은 닮아있다. 명상과 죽음 모두 몸과 마음이 사라진 상태라는 것이다. 그리고 그때 영혼은 온전히 존재한다. 그렇다고 물론 죽음과 명상이 완전히 같은 것은 아니다. 명확한 차이는 죽음이란 기가 흩어져 사라짐으로서 몸이 소멸하는 것이고 몸이 소멸함으로써 마음 또한 사라지는 것이다. 그러나 명상의 상태에서는 기가 온전히 작용하고 있으면서 단지 몸과 마음의 기능을 의도적으로 사라지게 함으로써 영혼이 스스로 드러나도록 한다는 점이다. 명상의 초기에는 이러한 각성의 시간이 매우 짧아서 잠시 드러났던 영혼이 다시 몸과 마음에 가려지지만, 명상을 반복해 가면서 점차 온전한 각성 상태가 유지될 수 있다는 것이다.

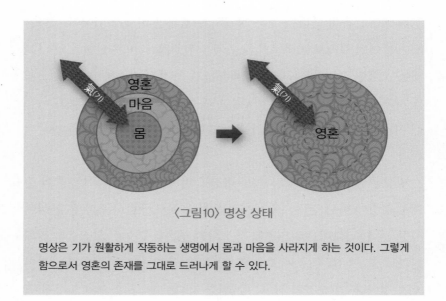

〈그림10〉 명상 상태

명상은 기가 원활하게 작동하는 생명에서 몸과 마음을 사라지게 하는 것이다. 그렇게 함으로서 영혼의 존재를 그대로 드러나게 할 수 있다.

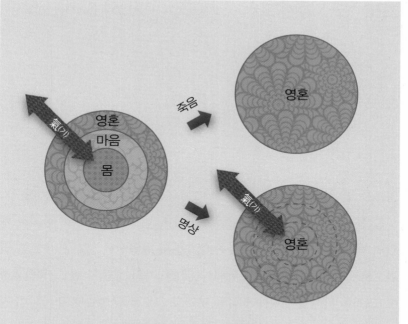

〈그림11〉 명상과 죽음의 차이

몸과 마음이 사라지고 영혼만 존재하는 상태라는 점에서 명상과 죽음은 닮아있다. 그
러나 죽음이 기가 흩어져 몸과 마음이 비가역적으로 사라진 것이라면 명상은 기가 왕
성한 상태에서 몸과 마음을 일시적으로 초월하여 사라지게 함으로써 영혼의 존재를
부각한 것이 다르다.

기도

영혼을 만나는 또 다른 길에는 '기도祈禱'가 있다. 대부분의 종교는 기도를 통해 신과의 소통을 시도하고 있으며, 기도야말로 모든 종교적 행위의 핵심이다. 기독교를 비롯한 대부분의 유일신을 섬기는 종교는 인간으로서의 죄를 벗어나기 위해서는 절대자의 도움이 반드시 필요하고, 그것을 위해 절대자에게 몸을 낮추고 기도를 함으로써 죄 사함이 가능하다고 말한다. 이에 비해 불교를 비롯한 신비주의자들은 자신의 내면에 존재하는 불성 또는 신성을 깨닫기 위해 수행할 것을 가르쳤다. 그러나 수행은 쉽지 않다. 수행과정에서 이미 깨달은 스승의 기술적 지도와 은총이 없이는 깨달음을 얻기 어렵다. 그래서 기술적 방법을 스승으로부터 지도받았으며 그것이 명상법으로 전수되었다. 이렇게 보면 '명상'과 '기도'는 모두 신성에 이르는 초월의 대표적 방법이다.

그러나 종교적 신성의 축복이나 내면적 각성을 추구하는 것이 아니라고 하더라도 생명 존재의 근원을 탐구하는 의학적·과학적 방법으로서도 기도와 명상은 매우 중요한 방법이라는 것은 부인할 수 없다.

여기서는 종교적 의식으로서의 기도에 대해서 말하려는 것이 아니다. 우선 나 자신이 특정 종교를 믿는 신도가 아니기에 종교적 의식으로서의 기도에 대해 섣불리 언급하는 것이 오류를 낳거나 오해를 부를 수 있어 조심스럽다. 단지 종교적 의식으로서가 아니라 의학적으로도 기도의 행위는 영혼과 통하는 매우 중요한 수단이라는 점은 분명하다. 그리고 비종교인이라고 하더라도 '기도'에 반드시 갖추어야할 기본적인 태도가 있어야 한다는 것을 지적하고자 한다.

'기도'는 '기복'과는 다르다. 기복이란 복을 빌어 얻기를 바라는 행위이다. 몸을 가지고 생명 활동을 해야 하는 인간으로서는 생존을 위한 먹을거리와 신체의 안위를 보장하는 의복, 안락한 잠자리를 보장하는 주택을 비롯한 재화가 중요하고, 따라서 쾌락과 소유를 바라는 기복적 희망을 가지는 것이 당연하다. 그래서 아들을 낳게 해달라거나, 좋은 대학 가게 해달라거나, 사업에 성공해 돈 많이 벌게 해달라는 것이 다른 사람의 권리를 침해하거나 환경을 훼손하는 게 아니라면 부정한 것이 아니다. 오히려 자연스러운 소망이다. (이런 심리상태를 이용해 재화를 갈취하는 집단에 대해서는 생각이 다르다.)

그러나 이러한 기복적 요구는 영혼으로 인도하는 수단으로서의 기도와 다르다. 획득을 바라는 마음은 에고를 강화하는 것이다. 그러나 영혼과 소통하는 통로를 열게 하는 기도는 이것과 정반대의 행위이다. 단지 맡기는 행위이다. 에고를 벗어나 근원적 존재를 있는 그대로 수용하는 것이 기도이다.

아울러 기도는 '에고의 추구가 아니라 존재의 허용'이라는 명제를 이해한다면 기도에서 가장 중요한 태도는 '감사'와 '수용'이라는 것을 알 수 있다.

축복

영혼의 존재여부를 생각하거나 영혼과의 만남을 위한 어떤 노력이 없음에도 전혀 예측하지 못한 갑작스런 만남을 통해 영혼의 존재를 확인하는 경우도 있다. 이것을 축복이라 해야 할지, 카르마 때문이라 해야 할지, 아니면 운명이라 해야 할지 모르겠지만 선형적 인과관계로 설명할 수 없는 특별한 정황을 통해 영혼의 실존을 체험하게 되는 사람들이 있다. 자신의 내면에 감추어진 참자아가 홀연히 그 모습을 드러내는 예측되지 않은 조우를 경험하는 것이다. 이러한 경험을 해보지 않은 사람으로서는 내용의 진위 여부를 확인하는 것이 어렵지만 여러 정황으로 미루어 부정할 수 없는 사례들이 많다.

데이비드 호킨스는 그의 저서 《내 안의 참나를 만나다》를 통해 영적 존재를 만나는 체험을 다음과 같이 기록하고 있다.

"어느 날 늦게, 어두워진 뒤에 눈보라 속에서 신문을 배달하다가 영하 30도의 바람에서 피난처를 찾게 되었다. 눈더미 속에 굴을 파고 들어가 쉬고 있는데, 그 속에서 마음이 녹아내리고 침묵하게 된 어떤 의식상태가 절묘하게 출현했다. 영원하고 부드럽지만 무한히 강한 현존이 스며들었고, 그 압도적인 사랑이 정신화*를 대체하였다. (중략) 그 결과 죽음에 대한 온갖 두려움이 사라졌고, 삶은 자연발생적으로 저절로 지속되었다."

그는 이러한 현상에 대해 "깨달음에 아무런 원인이 없는 것은 신에게 원인이 없는 것과 마찬가지다."라고 썼다. 우리 주위에는 이러한 만남을 경험하였지만 제3자에게 설명하지 못하거나 설명하더라도 사람들로부터 외면당한 채 지내고 있는 사람이 많이 있을 것이다.

어쨌든 이런 체험이 단 한 번의 체험으로 그쳐 버리는 것인지, 지속적인 영혼의 성장으로 이어지는 것인지 모르지만 확실한 것은 영혼에 대한 실존적 경험은 너무 강렬해서 향후 그 사람의 인생을 바꾸는 전환점이 되는 것이 분명하고 더 이상 죽음을 두려워하지 않는 삶을 살아가게 된다는 것이다. 그런 점에서 나는 이러한 경험을 축복이라고 말하는 것이다.

영혼에 이르는 길은 다양하다. 어느 길이 가장 좋은 길인지는 알 수 없으며 사람마다의 성품이나 특질에 따라 쉽거나 어려운 차이는 있을 수 있지만 어느 것을 골라서 유일한 방법이라고 할 수는 없다. 경우에 따라 모든 길을 융통성 있게 이용하는 것이 더욱 효과적일 수 있다. 일단 영혼을 실존으로 인지하게 되면 죽음은 더 이상 두려운 존재가 아니라는 확신을 가지게 된다는 것이다. 죽음의 본질에 대한 이해부족으로 인한 두려움은 이렇게 앎을 통해서 극복될 수 있는 것이다.

---

* mentalization, 타인의 행동이 어떤 감정, 어떤 의도에서 나온 것인지 이해하는 능력이 형성되는 과정. 공감능력.

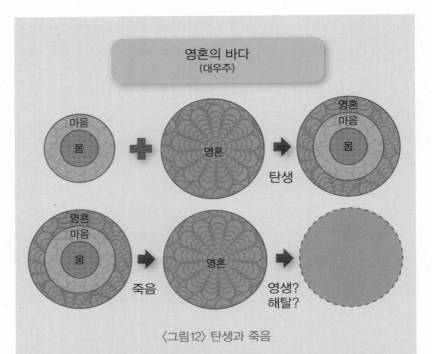

〈그림12〉 탄생과 죽음

인간의 탄생은 몸과 마음이 영혼을 만나 이루어진다. 거꾸로 죽음이란 몸과 마음이 영혼과 분리되는 현상이다. 이 영혼은 죽은 뒤에만 존재하는 것이 아니고 삶의 과정에도 존재하고 죽음 이후에도 역시 존재한다는 것이다. 따라서 살아있는 동안 영혼의 존재를 실존으로 체험한다면 죽음이 더 이상 두려움의 대상이 아니라 단지 변화라는 것을 확인할 수 있다는 것이다. 더 나아가 죽음 이후 개체 영혼과 우주 영혼과의 관계라든지 신과의 관계 등은 종교적으로 더 깊이 성찰해야 할 문제이다.

그러나 이러한 앎의 과정도 죽음이 코앞에까지 가까이 다가온 시점에서는 실천하기가 쉽지 않다. 말기 암 환자나 임종기 노령의 환자에게 죽음이라는 단어는 피하고 싶은 기피단어가 되어있기 쉽다. 죽음이 임박해서 영혼을 탐구하려는 시도는 '오늘 논에 벼를 심고 내일 수확을 기대'하는 것만큼이나 터무니없다. 아주 드문 예를 제외하고는 영혼의 존재를 한 순간에 알 수는 없으며 오랜 시간 동안 집중과 노력이 필요한 일이다. 따라서 아직 생명력이 왕성한 시점, 죽음의 그림자가 멀리 떨어져 있어서 여유 있다고 생각되는 시점에 죽음과 영혼에 대해 깊이 생각하고 영혼에 이르는 길을 완성해둘 필요가 있다. 죽음은 예상할 수 있는 시간에 벌어지는 일이 아니다.

추천사

　학생시절 같이 지내다 보면 그가 어떠한 삶을 살아갈지 어느 정도 추측이 가능해진다. 내가 기억하는 김종운 원장은 학구적으로 진지하고 점잖았으며 항상 부지런한 모습이었다. 그래서 대학에 남아 교수가 될 것이라 짐작했다. 그러나 그는 전혀 뜻밖에 졸업하고서 바로 고향도 아닌 강원도 원주로 가서 개업한 뒤 성공적인 개원의가 되었다. 그런 그가 이제 환갑이 되어 삼십여 년의 임상경험과 평소의 고민을 진지하게 정리하여 한 권의 책을 내놓았다. 다행히도 나의 예측은 늦게나마 겨우 체면을 차린 셈이고, 삼십여 년에 걸친 그의 학문적 고민과 통찰을 엿볼 수 있게 되었다.

　의학은 인간의 육체와 정신을 대상으로 할뿐 영혼에 대해서는 말하지 않는다. 종교의 영역으로 치부할 뿐이다. 한의학에서도 그랬다. 무의로부터 출발한 원시 한의학이《황제내경》을 거쳐 의학으로 도약하면서 "귀신에 얽매어 있는 사람과는 더불어 지극한 덕에 대해 말할 수 없다(拘於鬼神者 不可與言至德)"고 하였다. 당시 황당무계한 미신적 요소들을 적극적으로 배제하기 위한 선언이었다. 그러나 인간에 대한 총체적 접근을 위해서는 영혼의 문제를 덮고 갈 수 없다. 세계보건기구에서도 건강에 대한 정의를 하면서 한 때 spiritual한 영역을 포함시키려 하였으나, 포기하고 여전히 육체와 정신에 머물고 있다. 수단으로서 자연과학을 활용하고 있는 서양의학이 그 부분을 다루기에는 아직 역부족인 것이다. 그러나 이 책에서 김 원장은 영혼에 대해 한의학적으로 풀어내고자 한다. 과연 도전적이고 혁신적이다. 성공여부를 떠나 환자를 사랑하는 그의 마음이 그대로 드러난다. 그의 시도에 같은 방향을 조금은 다른 길로 달려왔던 친구로서 아낌없는 격려를 보낸다.

최승훈 _단국대학교 특임부총장, 경희대학교 한의과대학 학장 역임.

5부

영혼의 건강

진정한 당신의 본질은
육체가 아닌 영혼에 있음을 깨닫지 않으면 안 된다.
자기의 영혼을 육체보다 높게 하고
세속적인 구덩이에 빠지지 않도록 영혼을 지키며,
육체로 하여금 영혼을 이기지 못하게 하라.
그리고 당신의 생활을 육체와 더불어 같이 하지 말고
더욱더 영혼과 함께 늘 있도록 하라!
그때 당신은 모든 진실한 길을 열고 나갈 것이며
자기의 참된 사명을 다하며,
고요히 신의 품안에 안길 것이다.

아우구스티누스

죽음과 영혼

영혼과 무의식적 소통

나는 '영혼'이라는 단어를 사용하지만 '사후영혼'에 대해서는 말하려 하지 않는다. 죽음을 경험한 적이 없으므로 당연히 사후세계에 대한 경험도 없고 정보도 제한적이기 때문이다. 아울러 종교에서 말하는 '혼령'이나 '천사' 등과 같은 영혼세계를 인정하거나 부정하려 하지도 않겠다. '사후영혼'은 나의 인지범위 밖에 있기 때문에 생명의 본질적 존재로서의 영혼, 의학적 사실에 부합하고 설명이 가능한 영혼에 대해서만 제한적으로 말하고 있는 것이다. 하지만 영혼은 필연적으로 삶과 죽음의 경계에 대두되는 문제이기도 하다.

2014년 11월 EBS 교육방송에서 방송한 '죽음을 기억하라'라는 제목의 프로그램에서 나의 관심을 끌만한 흥미로운 실험이 하나 소개되었다. 지하철 입구 다른 두 곳에 기부금을 모으는 성금함을 각각 설치했다. 한곳은 지하철 통로 벽면에 '이상적이고 긍정적인 죽음(가족들과 함께 평화로운 죽음을 맞는)'에 대한 포스터를 붙여둔 곳을 통과한 출구에 성금함을 두었다. 다른 한곳은 아무런 포스터도 없는 출구를 지난 곳에 성금함을 두었다. 사람들에게 실험에 대한 사전 설명을 하지는 않았다. 한 그룹은 아무 사전 정보 없이 그 포스터 앞을 무심코 스쳐 지난 다음 성금함 앞을 지나가게 되었고, 다른 한 그룹은 역시 아무 생각 없이 평상시와 같이 지하철 출구를 빠져 나가서 또 다른 장소에 설치된 성금함 앞을 지나가게 설계되어 있었다.

실험 결과 성금함에 모인 성금액을 집계했더니 의미 있는 차이점이 발견되었다. 실험을 개시하고 한 시간이 지난 후 두 성금함에 모인 기부금 액수에서 큰 차이가 났다. 긍정적 죽음의 포스터 앞을 지나친 후 지하철 입구에 설치된 모금함에 모인 돈이 포스터가 없는 곳을 빠져나온 입구에 설치된 모금함에 모인 돈보다 4배가 많았다.

이것이 의미하는 바는 무엇일까? 비록 (스쳐지나가는 죽음 관련 포스터를 통해) 무의식중에라도 죽음에 대해 접하고 난 사람들이 그렇지 않은 사람보다 남들에게 좀 더 연민의 정을 가지고 배려하는 마음이 생겼다는 것이다. 그러나 이것은 결론일 뿐 원인에 대한 충분한 설명이 되지 못한다.

왜 그럴까? 죽음을 앞에 두면 누구나 경건해지고 거짓된 행동을 하기 어렵다. 세상을 바꿀 것만 같던 억만금의 돈도 죽음 앞에서는 의미가 없다는 것을 절감하게 된다. 천하의 권력도 죽음 앞에서는 힘을 쓸 수 없다는 것을 깨닫게 된다. 혹시 이런 마음이 욕심을 비우게 했던 것일까?

나는 이러한 결과의 원인을 다음과 같이 해석하려고 한다. 보통의 사람들은 일상을 살아가면서 영혼의 존재를 잊어버리고 살거나, 혹은 잠깐 느낀다고 하더라도 항상 의식하고 살아가지는 않는다. 그런데 지하철을 내려서 출구까지 빠져나가는 짧은 시간 동안 무의식중에라도 스쳐지나가는 죽음의 이미지를 통해 내재된 영혼의 존재와 소통하게 되었고, 그것이 내부에 있는 영혼의 존재감을 깨움으로써 건강한 생명력의 현상으로 나타났을 것이라는 것이다. 결국 영적 존재와의 소통이 건강한 생명력을 발휘하게 하여 좀 더 남을 배려하는 긍정적 현상이 나타난 것이라고 믿고 싶은 것이다.

몸이 죽기 전에 영혼을 만나야

우리는 과거에 밤하늘에 빛나던 아름다운 별을 보았던 경험이 있다. 그러나 시간이 흐르고 바쁜 일상에 쫓기다보면 별을 본 기억이 있는지조차 까맣게 잊어버리고 지내게 된다. 그렇다고 해서 언젠가 여름밤 하늘을 수놓았던 은하수를 보면서 감동했던 그 순수한 가슴 떨림의 기억조차 완전히 사라지는 것은 아니다. 마찬가지로 영혼과 접촉하게 되면 영혼으로부터 전달 받은 그 무엇이 사라지지 않고 흔적을 남기게 된다.

사후세계를 경험한 사람들의 이야기를 읽다보면 사후세계 경험 이후 한결같이 그전과 달라진 삶의 태도를 보인다. 좀 더 너그럽고 여유로우며 집착하지 않는 삶을 살아간다는 것이다. 비록 겉모습은 그전과 같아보일지 모르지만 내면적으로는 근본적 변화가 있었다는 것을 알 수 있다.

그 근본적 변화의 핵심은 무엇일까? 사후세계의 체험 전과 후는 무엇이 달라진 것일까? 단지 그들이 죽음에서 다행히 살아 돌아온 사건이 그들을 변화시켰다고 하기에는 설명이 부족하다. 어젯밤에 잠들었던 깊은 잠에서 깨어났다고 해서 어떤 변화가 생기는 것이 아니듯이 단지 행운처럼 죽음에서 돌아왔다는 표면적 사건만으로 근본적 변화를 일으켰다고 하기에는 무언가 생략된 것이 있다. 그 과정 속에서 무언가 근본적 변화를 가져올만한 체험을 한 것이 있었기 때문일 것이다.

나는 그들이 죽음의 과정 속에서 그동안 알지 못했던 존재와 실제적으로 마주하게 되었고, 그 실제적 경험이 그들을 근본적으로 변하게 했을 것이라고 생각한다. 다시 말하지만 살아가는 동안 몸과 마음에 가려져서 그 존재를 모르고 지냈던 영혼과 실존적 만남을 갖고 소통함으로써 자연스럽게 건강한 생명으로 재조정된 것이라고 보는 것이다. 마치 컴퓨터 프로그램을 리셋하듯이 그렇게 변화되었다고 생각된다. 몸과 마음만이 나의 정체성의 본질이 아니라 그 너머에 분명 무언가 있다는 것을 알게 되면 그전처럼 일상에서 몸과 마음의 변화에 그토록 집착하지 않게 될 것이다.

　구두쇠 영감 스쿠루지가 크리스마스이브에 꿈속에서 자신이 죽고 난 이후의 세계를 경험한 다음 인정사정없는 구두쇠에서 착한 사람으로 변하게 되었다는 소설은 교훈적이기도 하다. 그렇지만 스쿠루지처럼 단지 죽음 이후를 체험하고 다시 살아나서 반성하고 새 삶을 살아갈 기회가 있다면 다행이겠으나, 확실하게 죽고 난 이후 그때서야 겨우 어떤 존재가 있다는 것을 알게 된다면, 그리고 아무리해도 인생을 다시 되돌릴 수 없다는 것을 깨닫게 된다면 얼마나 당황스럽고 후회스럽겠는가.
　지금 이 순간 몸이 살아있음을 실감하듯이 지금 바로 이 순간에도 영혼이 존재한다는 것을 실감하는 것은 그래서 중요하지 않을 수 없다. 그리하여 영혼과 소통하면 그것으로부터 흘러나오는 에너지를 몸과 마음에 흐르게 하여 우리의 삶이 좀 더 행복하고 건강해질 수밖에 없다. 몸이 죽고 난 다음에야 알거나 느끼는 것은 이미 늦은 것이다.

영혼을 인지하는 행동

앞의 글에서 나는 살아있는 동안 실체적 영혼과 만나는 길에 대해 탐구해 보았다. 하지만 우리가 아직 생물학적으로 죽지 않았더라도 장차 다가올 몸의 죽음을 미리 떠올리고, 죽음을 진지하게 마주할 때에도 이처럼 평소에 그 존재를 알지 못했던 영혼과 마주할 기회가 생길 수 있다.

내과의사로 개원하여 모범적인 생활을 하던 고등학교 친구 하나가 어느 날 뜻하지 않은 사고로 계단에서 넘어지면서 뇌출혈을 일으켜 의식을 잃은 채 쓰러졌다. 생사의 기로에서 수술을 받고 다행히 재활에 성공하여 현재에도 의사로서 계속적인 업무를 수행하고 있다. 그는 죽음에서 돌아왔다고 생각하고 덤으로 사는 인생이라고 말한다.

"하루하루를 기적처럼 살아가고 있다. …… 세상이 항상 새롭고, 그저 감사할 일 뿐이다."

그는 친구들과 소통하는 홈페이지에 여전히 낭만적이고 감성적인 글을 올리면서 현재의 삶을 감사해하며 찬탄하고 있다.

이렇게 죽음에 근접한 경험을 하는 것만으로도 자연스럽게 영혼의 본성에 따른 행동을 하게 된다. 한번이라도 존재의 근원을 접하고 나면 그 이전에 가졌던 낮은 수준의 모든 가치관에서 벗어나 높은 차원의 행동이 본능적으로 나타나게 된다는 것이다. 높은 차원의 행동이란 당연히 '영혼을 인지하는 행동'을 가리킨다.

철학교수 최준식은 "존엄한 존재는 존엄한 활동을 한다. 윤리규정을 지키는 자는 뇌물의 유혹에 넘어갈 수 있지만 자기 존엄을 지키는 주체는 뇌물을 받지 않는다. 뇌물도 나의 존엄을 해치는 것이기 때문에 뇌물에 흔들리지 않는다."고 했다. 여기서는 '뇌물'이라는 단어가 핵심이 아니라 '유혹'이라는 말이 핵심인데, 존엄을 지키는 자는 어떤 유혹에도 흔들림이 없지만 윤리규정을 지키는 자(고귀한 이성적 판단의 수준을 지녔지만 맑은 영혼의 수준에는 이르지 못한 자아: 필자 해석)는 처음에는 이성적 사고로 작은 유혹을 거부하겠지만 더 큰 유혹 앞에서 무력하게 흔들릴 수 있다는 것(이성은 비교 선택을 하기 때문에 더 큰 유혹을 이기지 못하지만 영혼은 절대적 가치를 지닌 존재이므로 애초에 비교라는 것이 없기 때문)인데 그 차이도 영혼의 존재에 대한 자각 여부의 차이라고 할 것이다.

영혼의 속성

비물질성

영혼은 과연 어떤 특성을 가졌을까? 나는 의료인으로서 과학적 태도를 견지하면서 공부하고 있지만 아직 영혼의 존재를 제대로 알지 못하고 있다. 그러나 우리에게는 이미 영혼의 존재를 온전히 인지한 선지자와 그것을 깨달은 선각자들이 있기 때문에 좀 더 쉽게 접근할 수 있어서 다행이다.

예수·석가·공자·맹자·마호메트·크리슈나를 비롯한 너무 많은 이들이 우리에게 영혼의 존재에 대해 설명해왔다. 나는 한의학적인 생명관을 기초로 하고 그 위에 영혼에 대해 깨달은 선각자들의 설명을 수용함으로써 영혼은 다섯 가지 특징이 있을 것이라고 추정하게 되었다.

먼저 비물질성이다. 영혼은 물리적 실체가 없다는 것이다. 한마디로 비물질적 존재이기 때문에 영혼의 관점에서 보면 그의 유지를 위해 무엇을 먹거나 배설하는 물질대사를 할 필요가 없으므로 물질을 소유할 필요도 없다.

좋은 옷과 좋은 집, 맛있는 음식들은 몸의 안락함을 위해 필요한 것이다. 몸의 안위와 마음의 만족을 위해서는 물질적 풍요가 필요하며 따라서 물질을 획득하고 소유할 수 있는 돈이나 권력이 중요하다. 그러나 영혼에게 재화와 권력은 전혀 의미 있는 소재가 아니다. 재화와 권력은 몸과 마음을 위해서만 필요한 것이다.

결국 인간은 몸과 마음을 가졌기 때문에 물질적 욕구·소유·명예·권력으로부터 자유롭지 않지만, 한편으로는 영혼을 가진 존재이기 때문에 물질에 매이지 않는 특질을 동시에 가졌다고 할 것이다.

온전성

영혼은 애초 온전한 존재로서 부족함이 없는 상태이다. 따라서 옳고 그름의 구분이 없으며 시비분별의 대상도 없다.

몸은 생존을 위해 자신에게 어떤 음식이 적합한지를 가리는 시비분별을 해야 하고, 어떤 자극이 자신을 해롭게 하는지 가려내야 한다. 자신에게 적합하지 않은 음식이 몸에 들어오거나 해로운 자극이 들어오면 위태롭기 때문이다. 그리고 적합하지 않은 것, 해로운 것을 찾아내어 배척하는 기능을 수행해야 한다. 몸이 시비분별을 하듯이 마음도 마찬가지로 사물에 대한 선호와 친소를 형성하게 된다. 이처럼 몸과 마음은 자신의 생존과 이익을 위해 대상을 구분하고 분리하는 행위를 하게 된다. 그러나 영혼은 시비분별 자체가 없는 온전한 것이다. 따라서 그자체로 만족스럽다.

통시성

영혼은 시간적으로 앞뒤가 없다. 따라서 시간의 흐름에 따른 계획을 필요로 하지 않는다. 사람이 세우는 계획은 몸의 생존본능으로부터 나온 것이다. 몸은 시간의 흐름을 따라 살아가야하기 때문에 계획이 필요하다.

그러나 영혼은 계획이 필요하지 않다. 영혼은 시간의 축을 따라 사는 것이 아니라 그냥 존재하는 것이기 때문이다. 지금 '이 순간'을 존재하는데 계획은 불필요한 것이다. 계획을 세우는 것 자체가 불가능하다. 존재만 있고 계획적 행위는 없다고 할 것이다. 그래서 무위자연無爲自然이라고 한다.

하지만 인간은 몸을 위한 계획이 없으면 불안해진다. 따라서 몸을 위한 최소한의 계획도 있어야 하지만 동시에 전혀 계획 없이 살 수 있는 영혼을 가진 존재이기도 한 것이다.

편재성

영혼은 비물질적 존재로서 공간의 제한이 없이 어느 곳에든 두루 존재한다. 몸은 공간을 초월하여 이곳과 저곳에 동시에 존재할 수 없다. 또 마음이라는 것도 비록 여기 저기 미칠 수 있지만 동시에 이곳과 저곳에 존재할 수는 없다. 그러나 영혼은 모든 곳에 동시에 존재하고 있다. 영혼이 하늘에만 있고 땅에는 없을 수 없으며 아름다운 곳에만 있고 추한 곳이라고 없을 수 없다. 위치의 구분은 생물학적 삶을 살아가는 몸과 마음에 국한된 것일 뿐 영혼에게 위치적 구분은 없는 것이다.

순수성

영혼은 그 자체로 사랑·평화·자유·행복의 절대 순수상태이다. 그런데 사람은 몸과 마음과 영혼으로 구성되어 있기 때문에 구성요소마다 필요로 하는 것에 차이가 있을 수밖에 없다. 몸이 원하는 것은 쾌락이며, 마음이 원하는 것은 애욕이며, 영혼이 원하는 것은 순수한 사랑이라고 할 수 있다.

사람이 몸이라는 물질적 구조를 가지고 생명활동을 유지하는 동안에는 영혼이 아무리 고귀한 존재라고 하더라도 영혼의 상태만으로 존재하는 것은 아니다. 의학적으로 볼 때 몸이 살아가려면 고통스럽지 않아야 하는데 그 방편이 쾌락이다. 배고프지 않아야하고 안락해야하고, 아프지 않아야하는 것이 쾌락의 형태이다. 마찬가지로 마음에 애욕이 없다면 성애가 사라지고 생물학적 자손을 낳는 원동력을 잃어버릴 것이다. 따라서 쾌락이든 애욕이든 나름대로 몸의 생존을 위해 필요한 최소한의 것들이다.

이렇게 보면 인간은 에고의 추구와 절대 순수의 두 가지를 동시에 지닌 이중적 존재로 살아가는 것이다. 생명으로서의 인간은 쾌락·애욕·순수한 사랑을 동시에 가지고 있다.

하지만 대부분의 종교에서는 이러한 인간적 욕구를 추한 것으로 보고 아름다운 영혼의 사랑만을 강조한 나머지 '육신의 삶'을 버리고 '영혼을 위한 삶'을 살라고 말한다. 육신은 죽지만 영원히 죽지 않는 것이 영혼이므로 천국에 있을 영혼을 위해 죽음 이후의 삶에 대비하라고 가르친다. 하지만 이것은 의학적 생명의 관점에서 보면 균형 있는 판단이 아니다. 영혼은 죽음 이후에만 존재하는 것이 아니라 지금 바로 이 순간에도 몸, 그리고 마음과 함께 동시에 존재하는 것이기 때문에 지금 현재 몸·마음·영혼 모두를 위해 치우침 없이 균형 있게 살아야하는 것이다.

영혼의 질병

영혼과의 단절

이와 같은 영혼의 속성이 사실에 부합한다면 '영혼의 건강'이니 '영혼의 질병'이니 하는 말은 애초에 적합한 표현이 아니다. 영혼은 이미 온전한 존재이기 때문이다.

그럼에도 불구하고 우리는 '영혼에 상처를 받았다'든지 '영혼이 병들었다'는 표현을 하면서 살아가고 있다. 그것은 영혼 자체가 병들고 상처받는다는 것이 아니라 몸·마음·영혼의 복합체인 사람이 영혼의 존재를 알지 못하고 격리된 채 살아감으로써 영혼으로부터 받을 수 있는 건강한 생명력과 치유의 기운을 받지 못하여 온전한 생명체로서의 생명력이 손상 받고 몸과 마음이 결국 병드는 현상을 말하는 것이다. 몸의 일부인 다리가 절단당하면 신체적으로 불구가 되듯이 영혼이 차단당하면 마찬가지로 생명은 균형을 잃은 장애상태가 되는 것이다.

그렇게 생긴 영혼의 병은 영혼에 나타나는 것이 아니라 영혼과 소통하지 못한 몸과 마음에 나타날 것이다. 마치 태양이 비치지 않는 지하실에서 시들어가는 화초를 두고 태양이 상처받았다고 할 수 없는 것과 같다. 태양과 단절됨으로서 태양이 병드는 것이 아니고 화초가 병드는 것이다. 영혼과 단절되면 몸과 마음이 병들고 최종 단계에 이르면 영혼과 분리되는 죽음을 맞는 것이다.

결국 영혼 자체는 상처 입은 적이 없지만 영혼과의 단절이 곧 '영혼의 상처'이고 '영혼의 질병'이라고 에둘러서 이해할 수 있다. 그런 차원에서 본다면 '영혼의 상처'나 '영혼의 질병'이 있는 한 비록 혈액검사 소견이 정상적이며, 조직검사 소견이나 X선 사진 상 이상이 없다고 하더라도 우리는 온전한 건강을 가졌다고 할 수 없다. 그것은 단지 몸에 이상이 없다는 것 이상의 의미가 없는 것이다. 지적능력검사나 사회적 응성 등을 포함한 인성검사에서 정상이라는 판정을 받았다고 하더라도 부분적 해석일 뿐 온전한 건강에는 미치지 못한다.

그럼 영혼이 건강하지 못하거나 영혼이 상처를 받는다거나 영혼의 질병이 있다는 것은 의학적으로 무엇을 말할까? 또 어떻게 치료해야 할까? 지금까지 말해온 것을 바탕으로 이해한다면 한의학적으로는 몸·마음·영혼 상호간에 기의 흐름이 막히고 소통장애가 생긴 것을 말한다.

예를 들어보자. 길을 걷다가 돌진하는 차에 부딪혀 살이 찢어지고 뼈가 부러졌다면 우선 몸이 아픈 것이다. 이렇게 생긴 병을 치료하는 것은 사고 이후 발병의 원인이 사라졌으므로 후속적으로 상처를 관리하고 통증을 조절하면 된다. 음식을 과도하게 먹거나 소화가 잘 안 되는 음식을 많이 먹어서 생긴 위염이나 역류성 식도염도 몸에 병이 생긴 것이다. 이렇게 생긴 병은 현재 나타난 속 쓰림이나 소화장애를 해결하면서 그 원인이 되는 음식에 대한 습관을 고쳐나가야 할 것이다. 이처럼 병의 원인들이 외부의 물질적 자극, 세균이나 바이러스와 같은 물질적 충격이나 자극이라면 그 원인 물질에 대응하는 물질적 치료가 효과를 낼 수 있다.

그런데 빚보증을 잘못 섰다가 길거리로 쫓겨난 억울함으로 잠을 못 이루는 불면증이 생겼다면 그 사람은 감정적 문제로 마음의 병이 생긴 것이다. 형제간 부모봉양 문제나 재산분배 문제로 갈등을 일으켜 화가 치밀어 오르는 병이 생겼다면 이 또한 정서적 문제로 마음의 병이 된 것이다. 이처럼 심리적 장애가 원인이 되어 마음의 병이 되었다면 단지 수면제나 진정제와 같은 약물을 투약하여 일시적으로 증상의 완화효과를 얻을 수 있을지 몰라도 근본적 치료에는 이르지 못한다.

또한 마음의 스트레스는 마음의 병에만 머무르지 않고 몸에 병을 일으킬 수도 있다. 직장에서 받은 심한 업무 스트레스로 혈압이 오르거나 위궤양과 같은 병이 생겼다면 이것은 마음의 긴장이 원인이 되어 몸에 병을 일으킨 것이다. 이때에도 약물의 치료는 증상을 완화할 수 있겠지만 마음의 긴장을 근원적으로 해결하지 못한 불완전한 치료일 수밖에 없다. 온전한 치료를 위해서는 마음을 다스리는 마음의 치료가 필요하다.

의학적으로 병을 치료할 때 가장 중요한 치료 원리는 원인을 찾아서 해결하는 것이다. 원인이 없어지지 않은 치료는 근본적인 치료가 아니며 일시적으로 증상이 수그러들었다고 하더라도 언젠가는 반드시 재발하기 마련이다.

영혼의 치유에너지

그런데 현대의학에서는 지금까지 영혼의 존재를 생명의 대상으로 삼지 않았기 때문에 당연히 건강의 도모와 질병의 치료에 있어서도 공식적으로 영혼에 대한 어떤 의학적 견해나 태도도 가지고 있지 않았다. 하지만 인간의 온전한 건강을 위해서는 의학도 영혼을 공부하고 영혼의 건강을 이해해야 한다. 그것은 전통적 의학기법을 통해 영혼의 건강을 온전히 도모할 수 있기 때문이 아니라, 질병을 다루는 두 가지 수단인 치료(cure, treatment)와 치유(heal)를 구분해야 하기 때문이다. 의사는 약물과 도구를 사용하여 질병을 치료하지만 치유자는 아니다. 의사는 치유에너지를 어떻게 사용해야 하는지 아는 것이 없다. 치유에너지는 치료자의 손에서 나오는 것이 아니라 당사자의 영혼으로부터 흘러나오는 것이다.

위에서 살펴본 것처럼 영혼의 질병이라 하더라도 증상은 몸과 마음에 나타나는 것이기 때문에 몸과 마음의 이상소견을 해소하는데 의학적 노력은 당연히 필요하며 중요하다고 할 수 있다. 따라서 의사는 신체적·정신적 증상을 완화하고 고통을 경감하는 치료적 노력을 다하되 영혼과의 소통을 통해 얻어지는 치유의 기회는 최대한 열어두어야 한다. 그런데 자존심 강하고 고집 센 의학은 모든 인간의 병을 의학적으로 치료할 수 있다고 착각하기 때문에 치유의 길을 차단하거나 치유에너지를 훼손하는 어리석음을 범하고 있는 것이 안타깝다. 의료인이 고통 받는 환자의 육체적·정신적 질병뿐 아니라 내면의 영혼까지 이해하고 현명하게 치유에너지가 유입되는 길을 열어준다면 더욱 완전한 건강으로 나아가는 의학적 성과를 얻을 수 있을 것이다.

그리고 그 치유의 과정에는 의료인 이외에 심리학자·철학자·교육자·예술가·영성가·종교인 등이 참여하는 협력의 시스템이 필요한 것이다.

어쨌거나 아직 의학에서는 공식적으로 '영혼의 건강'이니 '영혼의 질병'이니 하는 용어나 개념이 정립돼있지 않기 때문에 지금부터 하려는 이야기는 다분히 나의 주관적인 견해라는 것을 밝혀둔다. 종교적·철학적으로는 얼마든지 통용되고 있는 '영혼의 건강과 질병'에 대해서 말하는 것을 의료인들의 입장에 따라서는 부정적으로 바라보는 시각도 있을 것이며 외면하는 사람도 있을 것이다. 긍정적으로 수용한다고 하더라도 더러는 '마음의 병'과 '영혼의 병'을 혼동할 수도 있을 것이다. 하지만 생명의 구성요소 중 하나인 영혼을 빼고 사람의 온전한 건강을 말하는 것은 처음부터 부족할 수밖에 없다.

우울과 자살

영혼의 병의 핵심 증상은 우울감이다. 우울증이라고 하는 의학적 질병이 아니라 우울한 기분을 말한다. 한마디로 사는 재미가 없다는 것이다.

자존심에 상처를 입었거나, 하고 싶은 일을 할 수 없게 되었거나, 억울한 일을 당했거나, 신체적 고통을 받는 등 사는 재미가 없고 우울하다는 것은 영혼에 상처가 있음을 의미한다. 재미가 없어지면 삶이 무의미하게 느껴지고 스스로의 존재를 부정하는 마음이 생기게 된다. 사는 맛이 없으니 늘 죽고 싶다고 말한다. 그러다가 마침내 죽음을 결행한다. 그것이 영혼의 질병의 종말이다.

자살의 과정은 '죽고 싶다'는 생각이 생기면서 그와 파장이 유사한 기운끼리 모이고 동조되고 증폭되는 효과가 생기기 때문에 발생한다. 처음에 '삶의 의미가 없음'을 반복해서 느끼게 되고 '죽고 싶다'는 생각이 증폭되어 한계점에 이를 때 쯤 그 사람 주위에 몰려든 부정적 동조 에너지가 결행을 돕는 것이다. 외부의 부정적 에너지가 드디어 그 사람으로 하여금 난간이나 다리에서 뛰어내리게 하거나 스스로 머리를 겨냥한 총의 방아쇠를 당기게 하는 것이다. 하지만 이러한 외부 에너지는 일상적으로 인지되는 것이 아니기 때문에 오로지 자신의 의지로만 죽음이 결행된 것처럼 보일 수 있다.

죽고 싶다는 생각에 한강다리에서 뛰어내렸던 사람이 있다. 다행하게도 그가 한강 물에 깊이 빠져드는 순간 제정신이 번쩍 들어 결사적으로 헤엄쳐 나와 죽음에서 벗어났는데, 그가 나중에 한 말은 의미하는 바가 있다. 그가 다리에서 뛰어내릴 때는 순수한 그의 의지라기보다도 무언가 홀린 듯 다리에서 뛰어내렸고, 순간적으로 많은 생각이 파노라마처럼 스쳐지나가면서 "아차!, 이것이 아니구나!"라는 생각이 들었다는 것이다. 죽음을 결행한 것은 그의 의지만이 아니라 다른 그 무언가가 결행을 촉발하는 것처럼 작용하는 외부의 에너지를 느꼈던 것이다.

"무슨 재미로 사세요?"

"살면서 어떤 일이 제일 재미있어요?"

"앞으로 어떤 일을 하고 싶으세요?"

이런 종류의 물음에 조금도 망설임 없이 "사는 재미가 하나도 없어요."라든지 "삶의 의미가 없어요.", "왜 사는지 모르겠어요.", "차라리 죽는 것이 낫겠어요."라고 말하면 그의 영혼은 이미 심각한 지경에 이른 것이다. 이런 질문에 즉답을 하지 못하고 망설임을 보인다든지 눈물이라도 글썽거리는 사람은 그래도 영혼이 아직 삶을 완전히 포기하지 않았다고 보아도 좋을 것이다.

왜 사는 재미가 없을까? 영혼은 본래 자유와 사랑, 행복의 존재이다. 따라서 자유의 구속과 사랑의 박탈 그리고 행복감의 상실은 우리의 몸과 마음을 영혼으로부터 멀어지게 한다. 그 결과 사는 것이 재미가 없어지고, 사는 의미가 없어지고, 희망이 없는 막다른 골목에서 드디어 몸과 마음이 스스로를 파괴하는 죽음을 선택하게 되는 것이다. 그것이 자살의 중대한 병리인 것이다.

　우리나라는 전 세계에서도 자살률이 유난히 높다. OECD가 발표한 건강통계에 따르면 2015년 34개 조사 대상국 평균자살률이 인구 10만 명당 12.1명인데 비해 우리나라는 29.1명으로 1위이다. 그리고 이러한 자살률 1위 자리를 11년 째 차지하고 있다. 그만큼 한국사회가 우울한 사회라는 뜻을 내포한 결과로 봐도 무방하다.

　1990년까지만 해도 우리나라의 자살률은 OECD 평균인 16.2명 보다 훨씬 낮은 8.8명 정도였는데 1997년 외환위기를 겪으면서 높아졌다는 것이 전문가들의 견해이다. 즉 경제적 어려움이 자살의 중요한 원인으로 지적되고 있다. 어떤 이는 경제적 양극화로 인한 상대적 빈곤감과 박탈감이 자살을 초래한다고 말하기도 한다. 특히 10대 연령층에서 사망의 원인을 분석한 결과 자살이 1위를 차지하는 것은 ─젊은 층은 고혈압·중풍·암과 같은 성인질병이 상대적으로 적기 때문에 교통사고나 자살이 두드러진 사망원인이 된다고 하지만─ 그만큼 입시위주의 경쟁사회가 스트레스를 가중시켰기 때문이라고 분석한다. 좀 더 깊숙이 자살의 배경을 연령별로 분석해보면, 젊은 층에서의 자살률보다 노인층의 자살률이 월등이 높게 나오는 것은 그만큼 노인인구의 경제적 빈곤과 외로움, 노후준비 부족으로 절망적 선택을 하기 때문이라는 것이다.

　그러나 세계적으로 보면 그리스처럼 가혹한 경제적 어려움을 겪었으면서도 자살률에 있어서는 큰 변화를 보이지 않는 나라도 있으며, 비록 선진국이라도 핀란드처럼 지리적으로 북극에 가까운 위치에 있기 때문에 햇빛이 비치는 시간이 부족한 것이 우울증과 자살률을 높이는 원인이 되는 경우도 있다.

이처럼 자살이라는 사건의 원인을 단정적으로 정확히 다 알기는 어렵겠지만 세계 각국의 행복지수를 비교한 통계에서 우리나라는 143개국 중 118위로 나타나고 있어서 낮은 행복지수와 높은 자살률의 관계는 어느 정도 입증이 된 셈이다.

이렇게 경제적·사회적·정치적·지리적 환경들이 자살의 중요한 원인으로 지적될 수 있지만 최종적으로 자살을 선택한 개인의 입장에서 보면 그 사람의 영혼이 더 이상 자유와 사랑과 행복을 느낄 수 없는 절망의 상태가 되었다는 것이 결정적 원인이라고 할 수 있다. 그 절망적 상태가 바로 의학적으로 우울증이며 결국은 영혼의 상처이고 영혼의 질병이다.

정신분열

영혼의 또 다른 병은 '혼이 빠지는 경우'에 해당될 것이다. 혼이 빠진다는 말은 몸, 마음과 함께 나의 정체성을 형성해야할 영혼이 빠져나가는 것인데, 몸은 죽지 않은 상태에서 영혼이 빠져나갔으니 개체의 정체성이 무너진 상태 즉, 미쳐버린 상태가 되는 것이다.

매우 힘들거나 크게 놀랐을 때 우리는 '혼났다'고 한다. 즉, 혼魂이 나갈 만큼 힘들거나 놀랐다는 것이고 제정신이 아니라는 것이다. 내 몸에 존재해야할 영혼이 나가버리니 정체성에 혼란이 오고 인식에 오류가 초래된다. 그 결과 기억상실이나 환각, 환청 또는 망상이 나타나는 것이다.

몸이 죽지 않았음에도 영혼이 몸을 나가 버린 비극적 상황을 영혼의 입장에서 본다면 '얼마나 고달프면 몸을 두고 나가버리겠는가'라고 생각할 수 있다. 이렇게 제자리에 있어야할 영혼의 빈자리에 이방의 영혼이 주인을 빙자해 행세하는 것이 빙의이고 다중인격장애이다.

하지만 이 또한 몸과 마음이 삶의 과정 속에서 도저히 감당할 수 없는 고통스런 충격을 당하거나 미쳐버릴 것 같은 극단적 모순을 강요당하면 영혼이 몸과 마음으로 통하는 통로를 <u>스스로</u> 닫아버리는 결과가 되어 주인 없는 몸으로 고립되기 때문에 생기는 것이라고 추정해 본다. 결국 개체 정체성의 주체인 자기 영혼이 완전히 나가버린 것은 아니지만 위축되어 제 역할을 못함으로써 정체성의 혼란을 초래하는 것이다.

아마도 어린 시절의 신체적·정신적 충격, 성적 학대나 가족의 죽음으로 인해 충격을 받은 경우, 전쟁의 잔인한 폭력이나 살육의 잔인함을 경험한 경우, 무차별적 테러나 사이코패스적 폭력에 희생당한 경우 마음은 고문을 당하는 것처럼 충격을 받을 것이고 영혼과의 소통이 단절되게 될 것이다. 다행히 많은 사람들은 그래도 강인한 몸과 마음을 가지고 견뎌내기도 하겠지만, 불행히도 너무도 여리고 예민한 감성을 가지고 있는 사람이라면, 또는 선천적으로 뇌의 생화학적 구조가 외부로부터의 과도한 자극에 쉽게 상처받는 취약한 사람이라면 그의 영혼은 이러한 상황을 더 이상 인내하지 못하고 정신분열이 일어나고 마는 것이다.

이것은 천재적 영감으로 예술 활동을 하던 예술가들이 일반적인 감성을 가진 사람들보다 쉽게 정신분열적 행동을 보이는 것에서도 알 수 있다. 순수한 영혼 세계에 몰입해 살아가던 사람들은 몸과 마음이 경험하는 현실 세계의 모순적 현상을 쉽게 극복하기 어렵기 때문이다. 영적 감수성이 예민한 사람이 영혼과의 소통이 쉽게 이루어져 천재적 영감을 얻고 창조성을 발휘하기도 하지만, 예민한 만큼 부정적 상황에서는 더욱더 쉽게 상처를 받는 구조적 특성을 가진 것이라고 할 수 있다.

아직까지 정신분열병의 원인은 명확하게 알려져 있지 않지만 현대 의학에서는 대체로 뇌의 기질적 장애나 생화학적 장애가 연관된 것으로 추정하는 경향이 많이 있다. 정신분열병 환자를 조사해보면 뇌의 특정부위에 작용하는 도파민이나 세로토닌 호르몬의 신경생화학적 작용에 문제가 생겨 있다는 것이다. 그리고 이러한 증거를 내세워 정신분열병이 뇌의 기질적·생화학적 장애의 결과라고 판단한다. 물론 이런 결과론적 연관성을 부인할 수 없지만 정신 분열병은 단순한 심리적(마음) 장애나 뇌의 구조적 장애라기보다는 건강한 영혼과의 소통이 막힘으로써 생긴다는 것이 내 주장이다.

한국인은 유난히 정신분열병을 감추려고 한다. 가족 중에 그런 환자가 있으면 쉬쉬하면서 숨기려 든다. 정신이 온전하지 않으면 사람 취급을 받지 못하는 사회적 환경 탓도 있을 것이고 가문의 체면을 중시하는 전통적 가치관의 영향도 없지 않을 것이다. 더러는 왜곡된 미신이나 종교적 영향을 받아 귀신이 들었다는 생각에 더욱 따돌리고 숨기려는 경향도 있을 것이다.

이 점을 고려하여 최근에는 '정신분열병'이라는 이름을 쓰지 않고 사람들이 잘 이해하기 어려운 '조현병調絃病'이라는 말로 바꾸어 부른다. 조현병이란 현악기의 줄이 제대로 조율이 안 되어 이상한 소리를 내는 것처럼 사람의 행동이 비정상적이 되었다는 말이다.

물론 정신분열병 때문에 정상적인 사회활동에 어려움이 있지만 우리 사회와 이웃은 정신분열 환자도 여느 질병을 앓는 사람처럼 아픈 환자라는 것을 인식해야 한다. 따돌리거나 감추는 게 능사가 아니라는 애

기다. 넘어져서 무릎을 다치고 몸이 아픈 것처럼, 배신을 당한 억울함에 마음이 아픈 것처럼, 그렇게 영혼과의 소통장애로 몸이 아플 뿐이다. 어느 병은 부끄럽고 어느 병은 숨겨야 하는 것이 아니다.

신체적·심리적 장애

영혼과 몸, 마음의 소통장애가 영혼의 병이 생기는 원인이라고 한다면 영혼의 병은 우울·자살·정신분열만이 아니다. 오늘날 한국인의 사망원인 1위를 차지하는 암도 그중의 하나에 속할 수 있다. 물론 발암물질에 과다 노출된 암도 있고, 정신적 스트레스에 기인한 암도 있다. 절망감으로 인한 영혼과의 소통장애로 생긴 암도 있을 것이다. 이에 대해 NLP 트레이너이며 최면치료사인 설기문 교수는 암에 대한 흥미로운 주장을 하고 있다.

"무의식은 우리의 소원을 들어주는 알라딘 램프의 거인 요정과 같이 우리가 하고 싶은 것을 들어준다. 우리가 아무 생각 없이 '죽겠다', '죽고 싶다', '못 살겠다'고 말하게 되면 램프의 요정은 주인이 정말 죽고 싶은 소원을 가진 것으로 잘못 알아듣고 즉시 주인의 소원을 들어주기 위해 노력한다. 그래서 죽는 것이 소원이라는 주인의 말을 실천하기 위해 방법을 찾는데 그 방법 중의 하나로 암을 만들어 스스로 죽음을 실천한다."

매우 동화적으로 들린다. 쉽게 동의하기 어렵다. 그러나 에너지의 관점에서 보면 타당한 논리로 보일 수도 있다.

아이가 학교 갈 시간에 배가 아프다고 떼를 쓸 때가 있다. 대개는 꾀병이지만 진짜로 아픈 경우도 없지 않다. 숙제를 못했거나, 친구들에게 따돌림을 당하는 등 학교 가기 싫은 이유는 많다. 어떤 이유든 학교 가기 싫은 아이는 잠자리에서 일어날 때부터 의식적으로도 무의식적으로도 학교에 가지 않을 온갖 구실을 만들어내려고 한다. 지진이 나거나 전쟁이 났으면 좋겠다고 생각하기도 한다. 하지만 현실적으로 그럴 가능성이 없기 때문에 몸이 아픈 자기 파괴적 증상을 만들어 낸다. 이렇게 아픈 것은 물론 심리적인 동기가 작용하고 있지만 엄밀하게 가짜 병이 아니라 실제로 복통으로 나타난다. 이 역시 내면에 자리한 거인 요정이 만들어낸 실제적 복통이다. 그리고 이것은 앞에서 설명한 것처럼 기의 작용 원리 중 동조의 원리가 작용한 것이다.

아름답고 향기로운 꽃을 상상하면 즐거운 기분에 동조된다. 그러나 무서운 장면을 상상하면 무서운 기운이 엄습해 온다. 마찬가지로 살아가면서 죽고 싶다는 생각이 누적되면 죽음의 실천을 가져오는데, 적극적인 죽음으로 표현되는 것이 '자살'이고 소극적이고 점진적 죽음으로 표현된 것이 '암'이라는 것이다. 그리고 이러한 기운의 동조는 영혼의 존재로부터 멀어지는 단절을 전제로 이루어지기 때문에 큰 틀에서 보면 역시 영혼의 병이다. (모든 암이 그렇다는 것은 아니다. 그럴 수도 있다는 것이다.)

보스턴의과대학 정신의학과 교수이면서 외상후 스트레스장애(PTSD) 연구의 권위자로 알려진 베셀 반 데어 콜크Bessel van Der Kolk는 "심리적 트라우마를 경험한 사람들은 감정과 감각을 인지하는 뇌의 영역이 활성화되지 못하고, 비극적 사건의 고통을 차단하기 위해서 삶을 온전하게 느끼는 기능마저 없애버림으로써 자기감지시스템이 망가진다."

고 했다. 그들 중 상당수는 눈을 감고 손바닥 위에 올려놓은 물건이 자동차 열쇠인지, 동전인지, 병따개인지조차 구분하지 못할 정도로 감각 정보의 인식기능이 작동하지 않는다는 것이다.

그래서 그는 "트라우마에 시달리는 어린이와 성인 모두에게서 신체상 뚜렷한 원인 없는 신체증상이 보편적으로 나타난다. 만성요통·목의 통증·섬유근육통·편두통·소화불량·과민성대장증후군·만성피로·다양한 천식증상 등이 그러한 증상에 포함된다."고 설명한다.

생체가 위험에 대처할 때 나타나는 반응을 설명한 포지스의 3단계 이론에 따르면 위험에 대해 주변으로부터 도움과 지원을 바라는 '사회적 개입 유도 단계'가 1단계, 공격을 가한 대상과 맞서 싸우거나 도망가는 '싸움-도주'의 2단계, 공격이나 위험으로부터 자신을 차단시키고 에너지 소모를 최소화하기 위해 대사작용을 감소시키는 '얼어붙은 상태'의 3단계 과정이 있다고 했다.

베셀 반 데어 콜크 박사는 이 중 3단계의 상태 즉, '심장이 멎고, 숨을 쉬지 못하며, 소화계의 기능이 멈춰서 배출을 유도함으로써 말 그대로 똥오줌을 지리는 소위 붕괴상태'가 트라우마의 근본원인으로 작용한다고 하였다. 그리고 이러한 충격이 '비극적 경험의 흔적으로 몸에 남는다'고 하였다. 이것은 자기의식의 주체인 영혼이 차단된 상태에서 나타난 것이므로 몸과 마음속에서 원인을 규명하기 어려운 다양한 신체적 증상을 나타나게 한다고 할 것이다.

이와 같은 신체적 장애뿐 아니라 그밖에 원인 모를 폭식증·거식증·불안·불면·신경증·공포증·편집증·자해 등도 단순한 스트레스를 넘어 영혼의 존재와 분리되어 나타나는 고립·외로움·단절감·자존감의 결여·자기 비하·수치심이 원인이 되어 나타나는 심리적 장애도 있다. 따라서 외상후 스트레스 장애 뿐 아니라 영혼의 존재와 분리되면서 기의 소통이 안 된 상태가 원인이 되어 나타나는 모든 신체적·정신적 질환은 영혼의 질병으로 보아야 할 것이다.

내적 치유에너지를 찾아야

영혼의 질병에 대해 적어도 현재까지 의료인은 한의학이든 서양의학이든 (의학적으로 영혼의 질병이라는 영역이 없기 때문에) 신경정신과 영역으로 다루어왔다. 그런데 그 치료성과에 대해서나 방법론에 대해서는 한계가 있음을 부인할 수 없다.

베셀 교수는 "나는 정신과 질환의 약물 치료에는 심각한 단점이 따르며 초점을 흐려 문제의 원인을 보지 못하게 될 수도 있다는 사실을 깨달았다. (중략) 지난 30년 이상 약물치료는 정신의학계의 핵심으로 자리잡았지만 그 결과는 미심쩍은 수준이다. 항우울제의 경우를 생각해 보자. 항우울제가 정말로 우리가 믿게 된 것처럼 효과적이라면, 지금쯤 우울증은 우리 사회에서 아주 사소한 문제가 되어 있어야 마땅하리라. 그러나 항우울제 사용량은 계속 증가하는데도 우울증으로 병원을 찾는 사람들의 숫자는 크게 줄지 않았다. 지난 20년 동안 우울증으로 치료받은 환자 수는 세배로 증가했고, 미국인 10명 중 1명은 항우울제를 복용하고 있다."고 말하면서 "지난 수십 년 동안 정신의학계는 약물을 이용해 감정을 느끼는 방식을 바꾸는데 초점을 맞춰왔다. 그리고 그 방식은 과잉 흥분이나 낮은 각성상태를 해결할 수 있는 방법으로 수용되었다. (그러나) 우리에겐 냉정하고 침착한 상태를 유지할 수 있는 수많은 기능이 내재되어 있다는 사실을 (먼저) 알아야 한다."고 치료의 방향을 제시하고 있다.

이에 비해 한의학적 방법인 침 치료나 한약을 이용하여 몸과 마음을 다스리는 것은 화학적 약물을 이용하여 신경전달물질을 통제함으로써 환자의 행동양식을 통제하려는 것이 아니라 기의 소통을 전제로 하고 있기 때문에 건전한 생명의 자기조절기능을 회복하게 함으로써 서양의학과 다른 관점에서 긍정적으로 그리고 상호보완적으로 활용될 가능성이 높다.

하지만 의료인의 치료적 노력에 병행하여 환자의 내적 치유에너지를 통한 자기치유의 길을 찾는 것이야말로 영혼의 질병을 치료하는 가장 근원적이고 핵심적인 방법이다.

이제 영혼과의 소통을 통한 치유로 영혼의 건강을 찾아가는 방법에 대해 알아보아야겠다. 어떻게 하면 내적 치유에너지 즉, 힐링에너지의 문을 활짝 열 수 있을까?

영혼의 건강 찾기

느낌(feeling)

몸의 감각기관을 통해 느끼는 감각은 생명 인식의 출발점이다. 인식의 주체는 영혼이며 따라서 영혼은 몸의 감각과 긴밀히 연결되어 있다. 그렇게 감각기관에서 느낌(feeling)이 가장 중요한 몸과 영혼의 통로가 되는 것이다.

따뜻한 느낌·느긋한 느낌·편안한 느낌·부드러운 느낌 또는 이와 반대되는 차가운 느낌·조급한 느낌·불안한 느낌·경직된 느낌 …… 더 나아가 졸림·배고픔·피로감·안락함 같은 느낌은 생명이 살아가기 위해 신체 감각기관으로부터 제일 먼저 감지하는 느낌이며 그 느낌 자체는 자기의식의 주체인 영혼과 직접 연결 관계를 가지고 있다. 이 느낌은 감성의 내적 표현이며 느낌이 외적으로 표현된 것이 감정(emotion)이라고 할 수 있다. 느낌은 사실(fact)에 가까우며 몸에 나타난 현상이고, 감정은 해석된 그림자 현상(impact)에 가까우며 마음에 나타난 현상이다. 따라서 이러한 느낌을 잘 유지하는 것이 몸과 영혼의 소통을 원활하게 한다.

그런데 이런 느낌 중에는 통증과 같이 고통스런 느낌도 있으며, 통증은 그 정도에 따라 생명을 위협하는 치명적인 것인지를 판단하는 수단이 된다. 몸은 그 위협적 느낌에 대해 어느 정도까지 수용하고 해석하지만 존재 자체를 위협하는 수준을 초과하면 비상사태에 돌입하여 몸과 영혼이 단절되는 현상이 초래된다. 따라서 몸과 마음의 원활한 흐름을 유지하기 위해서는 적절한 느낌을 가지는 것이 중요하다.

직감(gut feeling)과 직관(intuition)

이와 다르게 거꾸로 영혼에서 몸으로 흐르는 소통의 통로는 직감(gut feeling)과 직관(intuition)이 있다. 직감은 영혼과 마음의 감성적 통로이고, 직관은 영혼과 마음의 지성적 통로라고 할 수 있다.

이것은 조지 굿하트George Goodheart 박사가 '응용운동역학'을 설명할 때 '내적 항상성의 지혜(innate intelligence)'라고 말한 바 있는 것처럼 내적 지혜가 근육이나 감각기관을 통해 몸에 전달되는 형태로 나타난다. 그러나 직감이나 직관은 이성의 결과물이 아니라 존재의 근원인 영혼으로부터 전달된 비논리적 감각이기 때문에 왜 그래야 하는지 정당성에 대한 설명이 불가하고 따라서 이성을 존중하는 과학적 태도를 지닌 사람들은 이것을 무시하려는 경향을 가지고 있다.

하지만 뛰어난 과학적 발명이나 발견도 소위 영감이라고 부르는 직관의 산물인 경우가 많다. 기존의 패러다임으로 해결되지 않던 과제가 전혀 새로운 방식으로 이해되거나 풀려나가는 것도 이성적 논리의 결과물이 아니라 직관에 의한 관점의 전환에 따라 놀라운 결과물이 나오기도 하는 것이다.

왕관이 순금으로 만들어진 것인지를 알기위해 고민하던 아르키메데스가 목욕탕에서 욕조에 넘쳐나는 물을 보고 '유레카'를 외치며 발견했다는 '아르키메데스 원리'라고 알려진 부력의 원리야 말로 직관의 산물이며, 떨어지는 사과를 보고 중력을 발견했다는 뉴턴의 '만유인력의 법칙' 또한 직관의 산물로 알려져 있다. 물론 이와 같은 직관이 저절로 얻어지는 것은 아니며 지속적인 탐구의 끝 지점에서 전혀 새로운 돌파구로서 얻어지는 것이다. 이는 흡사 비등점에 이른 물이 기존의 액상의 물과는 전혀 다른 수증기 형태로 기체화하는 현상이 생기는 것처럼 변곡점에서 출현하는 것이지만 어쨌거나 선형적 인과관계로 인지되는 이성적 논리와는 전혀 다른 형태로 직관이 몸과 마음에 전달되는 것이다.

직감의 형태는 우리의 고전무용이나 지극한 경지에 이른 무술에서도 관찰된다. 일반적으로는 정해진 동작을 패턴으로 익힘으로써 무용이나 무술을 배우게 되지만, 영혼으로부터 몸으로 전달되는 기의 흐름을 따라 저절로 손과 발이 물 흐르듯 움직이며 동작이 일어나는 경지의 춤과 무술이 있는 것이다. 이는 비단 몸의 동작으로만 표현되는 것이 아니라 목소리로도 표현되고 글이나 말로도 표현되기도 한다. 단절된 말이나 단어의 나열이 아니라 의미를 전달하는 함축된 시구나 구술의 형태로 표현되기도 하고 심지어는 두꺼운 책 한 권 이상의 내용을 받아쓰기도 한다.

아마도 창조의 단계에 이른 수준 높은 예술의 경지는 그것이 미술·음악·문학 등 어떤 예술장르에서도 '예술적 영감'이라는 직감이 영혼으로부터 작동하고 있다고 볼 수 있다. 지성의 수준에서는 아무리 높은 단계의 이성적 논리적 수준에 이르렀다고 하더라도 효율성과 능률성은 보장받을 수 있겠지만 창조성까지 기대하기는 어렵다. 지식이나 지능은 학습으로 계발되지만 창조는 학습의 방식으로 얻어지는 것이 아니기 때문이다.

천재 작곡가 모차르트가 세 살 때 이미 스스로 건반을 익히고, 다섯 살 때 작곡을 하였다는 것은 당대에도 믿기 어려운 것이었지만, 오늘날 생각하더라도 학습의 결과물이라고 하기에는 도저히 믿을 수 없는 천재성과 창조성의 결과물이라고 밖에 할 수 없다. 그리고 그 바탕은 바로 영혼과의 교감이라고 밖에는 달리 설명할 방법이 없다.

그렇다면 이처럼 제한된 천재들만 영혼과의 소통이 가능할까? 물론 그들이 예민한 감각기관을 가지고 있는 타고난 장점이 있는 것은 맞지만 그렇다고 천재들만 영감을 느끼는 것은 아니다.

우리가 살아가면서 느끼는 감동·열정·행복·사랑·연민·양심 등의 마음은 모두가 영혼으로부터 유래된 것이다. 그리고 그곳으로부터 건강한 생명력이 흘러나오는데 그 힘이 곧 치유(healing)의 힘이다. 그것은 영혼의 본질적 속성과 연결된 것이기 때문이다.

맑은 시냇물을 보면서 어릴 적 동심으로 돌아가 천진난만하고 순박한 마음이 생기는 것, 밤하늘에 빛나는 별을 보고 감동하는 것, 어쩌다 여름밤 맑은 갯가에서 마주친 작은 반딧불이를 보고 가슴이 떨리는 것, 갓난아기의 해맑은 웃음을 보고 아이와 똑같이 행복감을 느끼는 것, 누군가 불행한 상황에서 고통 받는 것을 보고 연민의 정을 느끼는 것, 남에게 피해를 주었을 때 양심의 가책을 느끼는 것 등은 우리가 모두 같은 뿌리의 영혼을 가졌다는 것을 의미한다. 거기에는 이기적 금전 계산이나 어떤 권력의 의지도 없다. 그냥 행복하거나 그냥 슬픈 것이다.

바쁜 도시생활에 찌든 현대인들이 주말이면 기꺼이 도시를 벗어나 산으로 강으로 바다로 나가려고 애쓰는 것은 그렇게 함으로써 자연으로부터 영혼이 동조되어 행복감을 느끼기 때문이다. 여행을 하면서 마주치는 새로운 풍광은 영혼이 몸과 소통하는 기회를 제공한다. 베토벤의 교향곡을 들을 때에 느끼는 감동도, 윤동주의 시 한편에 가슴이 시린 느낌을 느끼는 것도, 제임스 터렐 작가의 빛 예술 설치물을 보고 감동하여 하염없이 눈물을 흘리는 것도 모두 영혼으로부터 스며나오는 치유의 에너지를 제공받는 것이다.

그런 감동·열정·행복·사랑·연민·양심의 느낌이 크고 생생할수록 우리 몸과 마음은 영혼과 잘 소통하고 있다고 보아도 될 것이다. 몸과 마음과 영혼이 잘 소통되고 있다는 것은 한의학에서 말하는 기의 흐름이 원활하게 이루어지는 것이고 그 상태가 온전히 건강한 상태라고 말할 수 있다.

이처럼 '느낌'과 '직감'은 몸과 마음이 영혼과 통하는 직접적 통로이며 따라서 이를 중시하는 것이 영혼의 건강을 지키는 핵심 요소가 되는 것이다.

태도(감사와 수용)

영혼과의 소통을 위해서 느낌과 직감, 직관만큼 중요한 요소가 더 있다면 그것은 감사와 수용의 마음이다. 마음은 지성과 감성으로 무장되어 몸의 생존을 위한 도구로 사용된다고 할 수 있지만 한편으로는 영혼으로 나아가는 연결 통로이기도 하다.

영혼은 높은 수준의 에너지이며, 에너지는 그 특성상 높은 곳에서 낮은 곳으로 흐르는 성질을 가지고 있기 때문에 낮은 수준의 몸과 마음이 높은 수준의 영혼의 에너지를 받게 되어 삶의 활기를 가지게 되는 것이다. 그러나 그 문이 잠겨 있으면 아무리 높은 에너지라도 흐름이 막혀 소용없어지는데, 바로 '감사'와 '수용'의 태도는 영혼으로 향한 닫힌 문을 여는 열쇠가 된다. 그렇게 영혼의 문이 열리면 얼어붙은 마음이 녹고 상처 입은 자존심이 치유될 수 있다.

감사의 마음은 '나'라고 하는 주체를 어떻게 설정하는가에 따라 달라질 수 있다. 예를 들면 1000원을 버는 것이 목표인 사람이 100원을 벌었다면 그리 감사할 일이 못된다. 100세까지 사는 것을 기대했는데 50세에 죽는다면 감사한 마음을 갖기 어렵다. 마찬가지로 자신의 신분이 공주라고 생각했는데 현실이 걸인처럼 곤궁하다면 도저히 감사할 수가 없다. 거꾸로 100원만 벌면 좋겠다고 생각했는데 1000원을 벌고, 50세밖에 못살 거라고 생각했는데 100세를 살고, 걸인처럼 곤궁한 신분이라고 생각했는데 공주처럼 대접을 받는다면 저절로 감사하다는 소리가 입에서 흘러나올 것이다.

하지만 이러한 감사는 물량적 조건을 바탕으로 생기는 감사이며 제한적 감사이다. 조건에 따른 감사는 진정한 감사가 아니다. '나'라는 개체의 본질이 단지 몸과 마음에 불과한 것이라고 생각하면 우리는 항상 몸과 마음의 에고를 충족하는 조건에만 감사하게 된다. 그리고 다음 순간에는 에고를 침해받는 조건 때문에 오히려 원망하는 마음을 가지게 된다. 에고를 가진 인간으로서 살면서 나의 생존과 자존을 침해하는 모든 것에 감사할 수는 없다.

하지만 나의 본질이 내면의 존재인 영혼과 연결된 것이라고 생각하면 감사는 비교나 조건에 따른 것이 아니라 절대적인 것이 된다. 몸으로 이 세상에 나타난 것 자체가 감사할 일이며, 모든 체험 자체가 감사한 일이다. 숨 쉬는 것이 감사하고, 밥 먹는 것이 감사하며 똥오줌을 싸는 일이 감사하고, 걸을 수 있어서 감사하며 사람을 만나는 것도 감사한 일이다.

이처럼 절대적 감사는 절대 수용으로 이어진다. 이런 감사와 수용이 마음과 영혼 사이의 통로가 된다. 이것이 없으면 통로가 막히고 기 흐름이 차단되어 병적 현상이 생길 수밖에 없다.

《고차세계의 인식으로 가는 길》의 저자 루돌프 슈타이너는 "영혼과 감정의 관계는 몸과 몸의 영양분을 구성하는 물질의 관계와 같다. 빵 대신 돌을 먹으면 몸의 활동은 소멸한다. 영혼도 그와 비슷하다. 영혼에 있어서 존경·경외·겸손은 영혼을 건강하고 힘차게 만드는 영양소로서 무엇보다도 인식활동에 활력을 불어 넣는다. 경멸과 반감, 그리고 충분히 인정할 만한 것에 대한 과소평가는 인식활동의 마비와 소멸을 초래한다."고 했는데 이는 어떤 태도를 가져야 영혼이 건강해지고 어떻게 하면 영혼이 파멸되는지를 지적한 것이다.

가장 행복한 사람은 물가에서 노는 아이들

영국 BBC방송은 '행복지수가 가장 높은 사람은 돈이 많은 사람도 아니고, 결혼하는 신랑 신부도 아니고, 가장 예쁘다는 평을 듣는 사람도 아니고, 물가에서 아무 생각 없이 모래성을 쌓으며 노는 아이들'이었다는 조사결과를 내놓았는데 이것이 의미하는 바는 매우 크다. 아이들은 자기들이 쌓은 모래성을 소유하지 않는다. 그 아이들은 놀이가 끝난 뒤 모래성을 가지고 가는 것도 아니다. 경쟁하지도 않으며 경연대회가 아니기 때문에 더 높이 쌓아야할 필요도 없다. 옳고 그름을 따지는 사람도 없고 성의 모양이 이래야 한다거나 저래야 한다고 시비하지도 않는다. 아이들은 내일 무슨 일을 해야 할지 걱정하지도 않는다. 내일 어떤 일이 그들을 기다리고 있을지 생각조차 해보지 않았을 것이다. 그냥 물놀이와 모래성 쌓는 그 순간이 재미있는 것이다. 그런 재미는 영혼과 닿아있다.

그런데 우리나라에서는 아쉽게도 너무나 많은 아이들이 어릴 때부터 이미 재미와 거리가 먼 교육을 강요받으면서 성장하고 있다. 학생들이 저 하고 싶은 일을 하지 못하고 타인으로부터 강요된 삶을 살아가고 있는 것이다. 아이들은 시험을 잘 봐 좋은 성적을 받고 좋은 대학에 가야하며 좋은 직장에 취직해야 한다는 틀에 갇힌 생각을 강요받고 있다. 학습 경쟁력이 있는 소수의 상위권 학생들은 그나마 경쟁 속에서 승리함으로써 성취의 만족감을 느낄 수 있을 것이다. 하지만 대부분의 학생들에게 공부는 재미는커녕 고통이다. 그것이 재미없는 일이라는데 문제가 있다. 어떤 학생은 축구가 재미있고 어떤 학생은 노래하는 것이 재미있다. 각자 재미있는 일이 다르고 잘하는 것이 다르다. 문제는 학습하는 것이 재미없는 학생에게도 오로지 한 가지 영어, 수학 성적을 높이는 길만을 강요한다면, 그 아이는 점차 영혼과의 소통이 차단당하고, 언젠가는 우울하게 되고, 드디어는 스스로 무엇을 해야 재미있는지를 모르게 된다.

고3 수험생에게 물었다.

"학생은 어떤 학과를 지망하나요?"

열에 아홉의 대답은 씁쓸하다.

"아직 잘 몰라요."

"아직 결정하지 못했어요."

성적 좋은 소수 아이들은 의대, 법대를 외친다. 그런데 자신 있게 말하는 아이들조차 의료인이나 법조인이 어떤 일을 하는지, 그 일을 정말 좋아해서 지원하는 것인지에 생각이 미치면 역시 씁쓸하다. 성적순으로 정해진 답일 가능성이 농후하기 때문이다. 그저 사회적으로 쉽게 성공하는 직업, 남들의 부러움을 사는 직업을 시험이라는 경쟁을 통해서 이길 자신이 있기 때문에 선택한 것이라면 그것도 문제가 아닐 수 없다. 본인이 정말 좋아하는 일이 아니라면 나중에 반드시 후회가 생긴다. 성적이 모자라서, 단지 성적에 맞추어서 평생의 업이 될 전공을 좋아하지도 않으면서 선택하는 것도 마찬가지로 재미를 죽이는 삶이 되고 만다. 전국의 고3 수험생을 시험성적에 따라 순서대로 법대나 의대부터 뽑고 나서 성적 순서대로 진로를 결정하는 것이야말로 영혼을 죽이는 교육이라고 하지 않을 수 없다.

사람이 평생 살아가면서 좋아하지 않는 일을 하도록 강요받으면서 살아가야 한다면, 그것은 좋아하지 않는 사람과 억지로 결혼하여 후회와 좌절 속에 평생을 사는 것과 무엇이 다를까?

교육은 한 인격체가 얼마나 자존감을 가지고 스스로의 삶을 살아갈 수 있는지를 보장하고 이끌어주는 매우 의미 있는 출발선이다. 적어도 의학적으로 볼 때 몸·마음·영혼의 건강을 보장하는 출발은 그래서 재미를 찾는 교육이 되어야 한다고 생각하는 것이다. 각자에게 본인이 하고 싶은 일과 재미있는 일을 찾아주고, 그것을 잘하도록 뒷받침하는 것이 교육이 된다면 영혼의 건강을 좀 더 쉽게 보장할 수 있을 것이다.

재미

한의원에 찾아온 56세의 김명숙 여사는 전신이 쑤시고 아프지 않은 곳이 없다. 소화도 안 되고 얼굴에 열이 달아오르고 하루 종일 너무나 피곤하다. 무슨 나쁜 병이 있는 것은 아닐까하고 내과에 들러 검사를 받고 며칠 후에 검사 결과를 보기로 했단다. 그때 주변에서 한의원에 가서 진찰을 받아보고 한약을 써 보는 게 어떻겠느냐고 권하여 들른 것이다. 그녀의 표정은 세상의 모든 괴로운 짐을 다 짊어진 듯 보였다. 그래서 물어보았다.

"무슨 재미로 사세요?"

사소하기까지 한 단순한 질문에 김 여사는 감정이 복받치는 듯 눈물을 글썽이며 지나온 세월을 하소연했다. 역시 그녀는 사는 재미가 없었다. 요약하면 이렇다.

배우지 못하고 어렵게 살다가 지금의 남편을 만나 결혼을 하였는데 남편은 허구헌날 술을 마시고 가장으로서의 역할을 하지 못했다. 지난 설날 무렵에는 술에 취해 넘어져서 얼굴을 다 까버렸다(큰 찰과상)는 것이다.

아들은 결혼할 때 집을 사주었는데 사업한다고 이것저것 손대다가 집까지 날려버리고 아예 식솔을 끌고 집으로 들어와 함께 살게 되었다. 아들은 염치가 없는지 돈벌이를 찾아 일하느라 집을 비웠고, 며느리도 직장을 구했다. 그 바람에 손자 둘을 밥 해먹여가며 뒤치다꺼리하고 학교 보내는 일이 여간 힘든 게 아니다. 시간 맞춰 학원까지 보내야 한다. 며느리가 퇴근할 때 전화하면 시간 맞춰 밥을 짓고 저녁상까지 차려야 한다. 혹시라도 그렇게 해주지 않았다고 며느리가 서운하게 생각하고 도망이라도 가면 그 어린 손자새끼들을 다 떠맡아야 할까봐 겁이 나서 힘들어도 식모처럼 참고 밥을 챙겨준다. 늘그막에 상전을 모시고 살고 있다.

재미도 깨달음이 필요하다

김명숙 여사의 증상은 내과 검진 결과를 확인하고 대조할 필요가 있겠지만, 원인에 대한 심증은 충분히 확보된 셈이다. 체력에 비해 무리한 가사업무로 팔다리 근육의 통증이 가중되기는 하였지만 현재 나타난 복합 증상의 배경에는 '재미없음'이 자리하고 있다.

"재미있는 일을 찾아봅시다."

내 말에 김 여사는 도리질을 했다.

"무슨 재미가 있겠어요."

"생활하면서 기분 좋은 일을 찾아보세요. 무심히 넘기던 일상에서 분명 뭔가 즐겁거나 기분 좋은 일이 있을 거예요."

한참동안 눈물 흘리며 여러 장의 휴지를 적셨던 김 여사는 열흘 후에 훨씬 밝아진 표정으로 내원하였다. 생활은 하나도 변한 게 없지만 그녀의 마음이 변했다. 손자들이 할머니를 몹시 따른다는 것, 그래서 귀엽고 사랑스럽다는 것을 자각하고 한결 기분이 나아진 것이다. 이 상황은 갑자기 생긴 것이 아니고 처음부터 그래왔던 일이다. 다른 속상한 일들에 치여 손자들도 짐으로만 생각했는데, 손자들이 할머니를 부르며 반갑게 달려올 때 재미를 느낄 수 있더라는 것이다. 그렇게 생각하니 손자들의 일거수일투족이 다 귀엽고 사랑스러워 힘들다는 생각이 덜 들게 되었다는 것이다.

"아, 원장님이 말씀하신 재미가 이런 거구나, 깨달아지더라고요."

김 여사는 재미를 찾는 일이 중요하다는 것을 알게 됐다. 그사이에 몸도 훨씬 편안해지는 것을 느끼게 됐다. 자기치유 에너지가 생긴 것이다.

김명숙 여사처럼 아무런 재미없이 지옥 같은 삶을 살아가는 사람들이 많이 있다. 그들은 설혹 혈액검사, X-ray 검사를 포함한 건강검진 소견에 병이 드러나지 않았다고 하더라도 분명코 '재미가 없는 병'을 가지고 있는 것이며 언젠가는 암과 같은 심각한 육체적 질병이 나타나는 것은 시간문제라고 단언해도 좋을 것이다.

이미 사는 재미가 없다는 사람에게 재미있는 일을 찾아보라는 말이 잘 납득이 되지 않는 공허한 소리로 들리기 쉽다.

"여행을 가고 싶지만 여행갈 돈이 없어요."

"배드민턴을 하고 싶지만 시간이 없네요."

"어릴 때는 노래 잘한다는 얘기 들었거든요. 다시 노래를 하고 싶은데 어떻게 해야 할지 모르겠어요."

여행 가면 되고, 배드민턴 치면 된다. 노래교실이나 보컬학원에 등록하면 될 일이다. 그러나 사람들은 안 되는 이유를 먼저 떠올린다. 그 이유는 대개 돈이 없거나 시간이 없다는 핑계이다. 하지만 하고 싶은 일이나 재미있는 일을 하는 데는 그만한 대가를 지불해야 한다. 그것이 시간이든 돈이든 누군가의 도움이든 대가를 치러야 하는데 지금까지 그 대가가 더 무겁게 느껴져서 재미를 뒤로 미루었던 것이다. 이제는 재미를 우선해야 한다. 그럴만한 가치가 있기 때문이다. 100원짜리 물건을 10원에 샀다면 수지맞는 셈 아닌가. 진정한 재미는 나의 건강을 위해 그 어떤 대가보다도 값진 것이다. 그것을 기꺼이 지불할 용기가 있어야 한다.

안명옥 여사는 집안 살림이 그리 넉넉하지 못하다. 그저 남에게 빚지지 않고 하루하루를 사는 것이 감사할 정도이다. 흔히들 퇴직 후 안전을 보장할 주식이니 펀드니 부동산이니 하는 재산에 대해 별로 생각해 본 적도 없다. 남들이 보면 노후 준비가 제대로 되어있지 않은 것처럼 불안해 보이지만 남편의 퇴직 후 겪게 될지 모르는 경제적 위기감을 부추기는 것은 그저 금융상품을 파는 금융권의 지나친 상술이 아닐까 생각하고 있다.

그렇지만 그런 그녀가 매월 적은 돈이지만 자신을 위해 적금에 넣고 있다. 그 돈이 모이면 1년에 한번 해외여행을 가기 위해서이다. 여유가 많지 않으니 비싼 여행을 다닐 형편은 아니지만 의미 있는 해외의 여행지를 조용히 혼자서 다녀오는 것이다. 사치품을 사는 것도 아니고, 무리지어 다니면서 호의호식하는 것도 아니다. 단지 여행이 재미있고 여행을 통해 느끼는 것이 많기 때문이다. 영혼으로부터 전해지는 힐링에너지를 그녀는 느끼고 있으며 그 가치를 알기에 그녀는 자신의 재미를 위해 기꺼이 돈을 모으고 대가를 지불하고 투자하는 것이다. 나는 그녀의 용기에 진심으로 박수를 보낸다. 그녀의 영혼은 참으로 건강하다.

재미를 찾는 일을 방해하는 요소로는 강요된 의무감이나 지나친 도덕적 사고가 있을 수 있다. 오랫동안 불면과 불안, 우울증으로 고생하던 차미란 여사에게 재미있는 일을 찾아보라고 했다.

"여행을 가고 싶어요. 그렇지만 자식들이 살림살이 어렵다고 손 벌리는데 도와주지도 못하면서 어떻게 나만 놀러갈 수 있겠어요?"

마흔이 다된 그녀의 아들 부부는 맞벌이를 하기 때문에 아주 궁핍한 것은 아니지만 그렇다고 여유로운 형편도 아니어서 경제적 압박을 받을 때마다 연금생활을 하는 부모에게 도움을 요청하고는 했다. 아들은 최근에도 아버지에게는 말을 못하고 마음 여린 어머니에게 돈을 좀 달라고 부탁을 했다. 그때부터 또 차미란 여사는 도둑질하다가 쫓기는 사람처럼 가슴이 두근거리고 깊은 잠을 못 이루며 꿈속에 흉한 것들이 보인다고 했다.

재미를 추구하라

우리는 재미를 찾는 것이 이기적 행위라고 착각하고 있는 경우가 많다. 우리 머릿속에는 '개미와 베짱이'의 선악 모델이 무의식적으로 잠재해 있다. 개미처럼 힘들어도 열심히 일하고 저축하고 미래를 위해 대비해야 옳은 것이라는 생각이 강박처럼 자리 잡고 있다. 베짱이처럼 살면 마침내 인생이 망가지고 남에게도 피해를 끼친다는 부정적 생각이 있는 한 마음껏 재미를 찾을 수 없다.

더구나 부모 된 입장에서는 끝없이 희생을 해서라도 자식들을 도와주어야 한다고 생각한다. 자신을 위한 재미 찾기는 부도덕한 것이라는 생각을 가지고 있는 것이다. 그러면서 마음에는 불안과 우울감이 자리하는 것이다. 이런 태도는 소위 착하다고 일컬어지는 사람, 성실하다고 칭송받는 사람에게 더 많이 나타난다.

하지만 재미를 찾는 것, 행복감을 느끼는 것은 낭비가 아니며 건강을 위한 가장 값진 투자이다. 부도덕한 행위가 아니라 나를 행복하게 하고 나아가 주변에도 긍정에너지를 전하여 행복 메이커가 될 수 있는 태도이다.

우리는 진실로 재미를 추구할 시간이나 돈이 없는 것이 아니다. 무엇을 우선할 것인가의 순서에서 중요한 것을 뒤로 미루는 것뿐이다. 재미를 찾는 일이 다른 일보다 뒤로 밀리기 때문에 재미를 위해 쓸 돈이 없는 것이고, 행복을 위해 쓸 시간이 없는 것이다. 이처럼 재미있는 일을 찾을 때 안 되는 이유를 먼저 떠올리는 한 그는 평생 재미있는 일을 시도조차 하지 못하고 말 것이다.

진정한 재미는 조건이 없다. 조건이 있는 재미는 조건이 사라지면 재미도 사라진다. 그리고 진정한 재미는 내면으로부터 우러나온 것이며 타인에 의해 강요된 것이 아니어야 한다.

그런데 재미 중에는 영혼의 존재와 아무런 관계가 없는 왜곡된 재미도 있으니 주의가 필요하다. 허영과 사치는 영혼이 동조하는 재미가 아니라 남의 눈을 의식한 포장된 껍데기를 재미로 착각하는 것이다. 그것은 순수한 재미가 아니라 중독된 쾌감에 불과하다. 값비싼 핸드백이나 시계가 나를 빛나보이게 할 것이란 착각 속에 남보다 비싼 명품을 지녔다고 우쭐해하는 비교우위의 쾌감이다. 그것은 마약이나 약물중독 상태의 쾌감과 같아서 시간이 지나면 더욱 강한 비교우위의 쾌감을 구하게 된다. 그리고 비교에서 얻어졌기 때문에 더 큰 비교대상 앞에서 주눅들고 만다. 도박이나 알콜중독도 마찬가지이다. 중독 행위로 인한 즐거움은 영혼을 기만한 몸의 착각으로 생긴 쾌락에 불과하므로 그것은 진정한 재미가 아니다. 일시적 쾌락이 지나가면 몸의 느낌은 무너지고 깊은 절망감이 뒤따른다. 그래서 그것을 벗어나기 위해 더 강한 자극을 찾게 되고 종국에는 파멸을 가져올 수밖에 없다. 그 속에서는 치유의 에너지가 나오지 않는다. 건강한 몸과 마음이 느끼는 즐거움에는 비교와 중독이 없다. 그냥 즐거운 것이다.

우울증의 의학적 판단 기준은 '단지 우울한 느낌이나 슬픈 감정에 있는 것이 아니라 재미나 즐거움, 행복감이 결핍된 상태'라고 한다. 슬픔을 더 많이 느끼는 것이 아니라 재미나 즐거움을 느끼지 못하는 상태가 병적인 우울증이고, 지금은 우울한 느낌이지만 재미있는 일에 언제든지 반응하고 행복감을 느낄 수 있는 상태라면 단순 우울감이라고 한다. 바꾸어 말하면 빛이 결핍된 것이 어둠이듯이 재미가 결핍된 것이 우울증인 것이다. 빛이 비치면 어둠이 사라지듯이 재미가 생기면 우울증은 사라진다.

버킷리스트를 작성하라

조용히 눈을 감고 자신이 하고 싶은 일이 무엇인지, 재미있는 일이 무엇인지 찾아보자. 백지와 연필을 앞에 두고 생각나는 대로 적어보는 것도 좋겠다. 버킷리스트를 작성하고 실천해 보는 것도 좋을 것이다. 쉽게 생각나지 않는다고 실망할 필요가 없다. 며칠간 두고두고 생각해 보는 것도 좋다. 그런 생각이 나자마자 이런 저런 이유로 안 된다는 부정적인 생각이 연이어 떠오를 수도 있다. 그러나 안 된다는 생각을 접어두고 그냥 하고 싶은 것만 떠올리자. 남의 눈치를 볼 필요도 없다. 그냥 해 보고 싶은 것, 좋아하는 것을 적어보는 것이다. 돈이 없어서 못해본 것일 수도 있고, 시간이 없어 못해본 것일 수도 있고, 남의 눈치를 보느라 못해본 것일 수도 있다. 돈이 생기지 않아도 좋고, 잘 못해도 좋고, 시간이 많이 들어도 좋다. 그냥 진심으로 본인이 원하는 것인지 스스로 물어보고 스스로 결정하면 된다.

진정 원하는 일을 제대로 찾기만 하면, 그 일을 하는 동안 재미가 생기고 열정이 생기게 될 것이다. 그것이 바로 내면의 자기 즉, 영혼이 원하는 것이라는 신호로 이해할 수 있다. 그리고 이런 열정이 생기면 흡사 소풍가는 아이처럼, 데이트 날을 받아둔 청년처럼 설레는 마음으로 내일을 기다리게 될 것이다. 이것이 앞서 말한 것처럼 영혼의 상처로 유발된 우울과 자살 그리고 원인을 알 수 없는 수많은 병을 치료하게 하는 가장 좋은 출발점이 된다.

하지만 "아무리 생각해도 재미있는 일이 아무것도 없다."고 무뚝뚝하고 무표정하게 말하는 사람도 있다. 이것은 사실 식욕이 없어 아무것도 먹고 싶지 않은 것처럼 몸의 감각기관이 손상된 심각한 질병 상태이므로 전문가의 치료와 상담을 받아야만 한다. 어떤 경우도 (전문가의 도움을 받아서라도) 본인이 스스로 재미와 행복감을 느끼는 일을 찾아서 실천하는 일이 핵심이라는 사실에는 변함이 없다.

표정(미소)

심리학자 윌리엄 제임스William James는 "행복하기 때문에 웃는 것이 아니라 웃기 때문에 행복한 것이다."고 했다. 웃음과 행복의 긴밀한 연결을 강조한 것인데 캘리포니아주립대학 심리학 교수인 폴 에크먼은 웃음에 사용되는 근육을 연구하여 이것이 사실임을 증명했다.

그는 얼굴 근육에 대해 연구한 결과 43개의 얼굴근육이 조합하여 다양한 표정을 만든다는 것을 알았는데 그중에서 대협골근(광대뼈와 입술 가장자리를 잇는 근육)과 안륜근(눈 주위를 둘러싸고 있는 근육)이라는 두 개의 근육을 사용하여 만들어진 웃음이 뇌의 즐거운 감정을 지배하는 부분을 자극한다는 것을 알았고, 따라서 의도적으로 이 근육을 이용하여 웃음을 지으면 대뇌를 자극해서 행복한 느낌을 느낄 수 있다고 하였다.

이러한 웃음의 효과는 다양하게 연구되어 오늘날 일부 정신신경과에서 환자치료에 도입하고 있으며 웃음치료사라는 직업도 생기게 되었다.

거짓으로라도 큰소리로 웃고 손뼉을 치며 과장된 웃음을 일부러 만드는 것만으로도 심혈관계를 이완시켜 혈압을 낮추기도 하고, 백혈구와 면역글로블린이 많아지고 코티솔과 에피네프린이 줄어들어 면역력이 높아지고, 엔돌핀이나 엔케파린 같은 통증 억제물질이 분비되어 통증을 이기는 힘이 생긴다거나, 당뇨나 알레르기 같은 질병을 개선시키는 효과가 있다는 연구 보고들이 많이 있으니 웃음은 확실히 건강에 긍정적인 요소 중의 하나임이 틀림없다. 하지만 이러한 과장과 억지스런 웃음이 과연 영혼의 존재와 직접 통하는 통로인지에 대해서 나로서는 확신하지 못하겠다. 오히려 나는 조용한 '미소'가 영혼과 더욱 깊이 통할 것이라고 생각하고 있다.

우리말 '얼굴'은 '얼이 드러나는 동굴'이라는 의미가 있다는 해석에 공감한다. 물론 즐거운 일은 웃음으로 표현되지만 진실로 만족스러우면 크게 소리내어 웃는 것이 아니라 소리 없는 미소를 짓게 되지 않는가. 행복과 평화는 파안대소보다는 미소로 나타난다.

미소는 여러 미술품에 등장하지만 한국인의 깊은 미소를 세계에 널리 알린 '반가사유상의 미소'야말로 가장 영혼에 닿아있는 미소가 아닐까 싶다. 부처님이 깨달음에 이르렀을 때가 곧 영혼의 존재가 오롯이 드러났을 때이며, 그때 얼굴에 나타난 미소는 곧 영혼의 온전한 표현이라고 할 수 있지 않을까. 반가사유상은 그때의 얼굴 표정을 담은 미소를 가장 뛰어난 조형물로 표현한 것이다.

그렇다면 '반가사유상의 미소'처럼 영혼과 소통된 절대 행복 순간의 미소를 머릿속에 그리면서 나 자신의 얼굴에 반가사유상을 닮은 미소를 지어보는 것이 거꾸로 영혼과 소통하는 방법이 되지 않을까. 논리적으로 가능하다고 생각한다. 미인이나 미남이 아니어도 눈을 감고 부처님의 미소를 따라 표정을 만들어 보는 것이다.

아니면 거울을 보고 그 미소를 따라서 지어보는 것도 방법이 될 수 있다. 외적인 입 꼬리나 눈 꼬리의 표정을 흉내 내되, 미소와 동시에 내면에 일어나는 느낌에 주목하면서 미소를 짓다보면 마음이 편해지고 행복해지는 즐거움을 발견하게 된다. 미소·행복·즐거움·재미는 영혼과 소통하는 핵심적 코드이다.

명상을 통해 내적 자아와 접촉하라

《그렇다고 생각하면 진짜 그렇게 된다》의 저자 삭티 거웨인Shakti Gawain은 "외부적인 치료도 물론 필요하겠지만, 질병 치료의 근본적인 에너지는 언제나 우리 내부에서 나온다. 고요한 가운데 내적 자아와 접촉하는 시간을 규칙적으로 갖다보면 내적 자아가 우리의 관심을 끌기 위해 몸에 병을 일으키는 일은 더 이상 없을 것이다."고 했는데 여기서 말하는 내적 자아란 곧 내면에 존재하는 영혼을 말하는 것이고 규칙적인 접촉이란 명상 혹은 기도를 통한 의도적 접촉을 말하는 것으로 볼 수 있다.

이렇게 명상이나 기도를 통해 내적 자아, 즉 영혼을 만나게 되면 치유가 일어나고 영혼의 본성을 닮은 행복과 평화를 체험하게 된다는 것이다. 이것은 몸·마음·영혼이 유기적 연결 관계를 가지고 기의 소통이 이루어짐으로서 건강하게 된다는 나의 의학적 견해와 다르지 않다. 이러한 접촉을 통해 의학적 건강을 얻을 뿐 아니라 더 나아가 우리의 삶은 긍정적 방향으로 근본적인 개혁이 일어나게 되어 있다. 그 축복받은 만남의 기술적 방법이 다름 아닌 명상과 기도라고 할 것이다.

원래 명상이나 기도는 종교적 믿음이나 깨달음을 얻기 위한 방편이기는 하지만 의학과 건강을 위해서도 매우 중요한 수단임이 분명하다. 영혼의 탐구가 이루어지면 그것이 무엇을 통해 이루어졌든지 간에 오늘날 의학적 연구를 통해서 밝히고 있는 것처럼 개인의 건강이 향상되고 질병을 치유하는 성과를 얻을 수 있기 때문이다. 명상은 스트레스를 풀어주고, 면역력을 강화하고, 불면증을 치료하고, 집중력을 높여주고, 혈압을 낮추고, 심장의 부담을 덜어주는 데다가 나아가 암을 예방하고 개선되는 성과까지 있다는 것이 밝혀지고 있다. 즉 몸의 건강과 마음의 건강이 좋아지고 몸과 마음의 병을 고칠 수 있다니 영혼의 존재 탐구야말로 의학의 기본적 탐구 분야인 것이다.

루돌프 슈타이너는 "물리적 세계에서 건강하게 살지 않고 건강하게 생각하지 않는 사람은 결코 건강한 고차적인 자기를 낳을 수 없다."고도 했다. 이 말은 영혼의 건강이 독립적으로 가능한 것이 아니라 육체적으로도, 그리고 정신적으로도 건강해야 가능하다는 설명이 되겠다. 결국 온전한 건강을 위해서는 몸·마음·영혼 모두가 건강해야한다는 결론에 이르게 된다.

　이러한 긍정적 효과를 기대하고 명상은 전 세계적으로도 매우 많은 관심을 불러일으키고 있다. 하지만 명상과 기도의 목표가 제대로 설정되지 않으면 안 된다는 점도 인식해야 한다.

　명상이나 종교를 소개하는 자료들을 보노라면 명상과 종교적 기도의 긍정적 성과 중에 개인의 창조성이 증가되고 직업적 성취도가 높아진다는 내용이 많다. 명상을 잘하고, 종교를 잘 믿으면 사업도 잘되어 돈을 많이 벌고 경제적으로 성공한다는 말처럼 들린다. 물론 사업적 성공과 승진, 출세와 같은 것을 일부러 배척할 필요는 없겠다. 그러나 영적 탐구를 통해 현재 자신이 하는 일에 대한 만족감·행복감·창조성이 증가된다는 것은 틀림없겠으나 애초 영혼 탐구는 물질적 획득이나 직업적 성취와는 전혀 무관한 것이기 때문에 처음부터 경제적으로 성과를 얻거나 승진 출세와 같은 이득이 생길 것이라는 기대를 가지는 것은 적절한 태도가 아니다. 어쩌면 영혼 탐구과정에서 재화나 권력의 추구를 포기하고 더 높은 새로운 가치를 추구하려는 경우가 생길 수 있다고 보는 것이 맞을 것이다. 왜냐하면 영혼의 존재를 인지하게 되면 가치 기준이 혁명적으로 변하기 때문이다. 돈을 더 벌고 명예가 높아지는 따위의 문제와는 다른 차원의 이야기이기 때문이다.

　석가모니는 왕자의 신분으로 가장 높은 권세와 부귀를 가졌지만 진정한 자아를 찾아 세속적인 모든 것을 벗어버리고 출가했으며, 예수는 광야에서 고행 중에 세상의 모든 권세와 영광을 주겠다는 악마의 유혹을 물리치고 사람이 빵만으로 사는 것이 아니라고 말하고 있다. 그리스 철학자 디오게네스에게 알렉산더 대왕이 소원을 말하라고 했을 때 권력이나 부귀를 보장하는 소망을 말한 것이 아니라 단지 통나무 곁에 누워있는 자신을 가리고 서있는 대왕의 그림자를 비켜달라고 하였다는 것은 이러한 가치관을 보여준다.

대한민국은 전 세계에서도 드물 정도로 종교적인 다양성을 보이고 있으며, 영성 추구 단체 또한 세계 다른 어느 나라보다도 매우 많은 것으로 알려져 있다. 그 점에서 본다면 대한민국은 영적 각성이 높아서 매우 행복감이 넘치는 나라일 것으로 기대된다. 그러나 현실에 있어서 대한민국 국민의 평균 행복지수가 세계적으로 매우 낮다는 것은 참으로 아이러니하다. 그 이유는 종교와 영성 추구가 내용에 있어서 잘못된 명상과 잘못된 기도로 이어졌기 때문일 것이다. 영성을 추구한다고 하면서도 실제에 있어서는 지나치게 물질에 집착해 있고 경제적 성취에 의미를 부여하고 차별을 부각하는 삶을 강요해왔기 때문이 아닐까 생각된다.

물질은 소유하고 비교하는 성질을 가졌다. '나'라고 하는 생명의 본질이 몸이라는 물질에서 벗어나지 않는다는 생각은 이런 소유와 비교를 정당화한다. 그래서 99개를 가진 사람이 나머지 한 개를 채우기 위한 쟁취를 하게 되고 만족을 모르는 불행한 삶을 살게 되는 것이다.

세상에 드러난 불공평의 원인은 눈에 보이는 선형적 인과관계로 모두 설명되지 않는다. 영혼의 존재가 가지는 인과관계는 비선형적이며, 시비분별을 초월해 있다. 따라서 영혼의 존재를 제대로 탐구해낸다면 우리는 그 많은 사회적 분쟁으로부터 평화적 공존으로 조금 더 나아갈 수 있을 것이다. 사회적으로 좀 더 너그럽고 유연한 성향을 향해 나아갈 것이다. 그러니 명상과 기도를 통한 영혼 탐구는 나 혼자만의 과제이거나 단 몇 사람만의 숙제일 수가 없다. 살아있는 사람 모두의 과제인 것이다.

죽음을 이해하고 극복하는 길

사실 명상과 기도를 통한 영혼의 탐구는 내가 생각하고 주장하는 것처럼 단순히 생명의 구성요소를 확인하는 수준에만 머무는 것은 분명 아니다. 영혼의 탐구는 그 너머 궁극적 차원의 깨달음의 문제, 신의 존재, 영원한 삶의 문제, 윤회의 문제를 포함한 매우 높은 수준의 영적 종교적 탐구로 이어질 것이다.

영적 소통능력을 소유한 자들이나 심령술사 또는 최면치료를 통해 환자의 전생을 읽어내는 상담사들 중에는 지금까지 내가 말해왔던 것 같은 영혼과는 또 다른 차원의 영적 세계에 대해 진술하고 있다.

전생의 행위 결과에 따라 현생의 길흉화복이 결정되고, 현생에서 지은 업보에 따라 다음 생에서 고통이나 축복을 받을 것이라는 윤회설은 영혼의 목표가 '진화'에 있으므로 영혼이란 완성된 것이 아니라 성장에 따른 계급적 단계가 있다는 입장이다. 따라서 윤회는 영혼이 최상의 진화를 이룰 때까지 무한 반복되며 마침내 더 이상 윤회하지 않는 단계까지 진화해 나간다는 설명이다.

심령치유를 하는 이들은 본령을 호위하는 수호령이 존재하며, 낮은 수준의 잡스러운 영혼 즉 하급영이나 귀신이 부착되어 빙의를 일으킴으로써 모든 재앙과 질병을 일으키기 때문에 이를 쫓아내는 제령이나 퇴마를 해야 건강한 영혼과 몸을 만들 수 있다는 입장이다.

그러나 이와 같은 '영혼의 진화'라든지 '빙의' 또는 '제령·퇴마'와 같은 주제에 대하여는 말 그대로 영혼문제의 전문가나 종교전문가에게 맡겨야 할 것 같다. 나는 의료인으로서 생명의 구성요소인 몸·마음·영혼의 구조에 대해 이해하고 온전한 건강을 탐구하는 입장에서 영혼을 해석하고자 하였으며, 삶과 죽음의 문제를 풀어보고자 하는 것이다.

　그 결과 의학이 건강의 대상을 말할 때 지금까지 다루어왔던 것처럼 몸과 마음에만 국한하지 말고 영혼까지 확장하여야 한다는 점을 말하고 싶은 것이다. 그리고 의학이 삶만을 말하지 말고 죽음을 같이 말해야 한다는 것을 강조하려고 한다.

　명상이나 기도가 어떤 수준 이상의 경지에 이르면 죽음이란 것이 단지 환상에 불과하며 더 이상 육체적 삶에 연연하지 않고 언제든지 생과 사를 초월할 수 있다고 한다. 하지만 역시 그 영역은 나의 인지범위 밖에 있으며 단지 의학적 접근으로 가능한 것까지를 말하고 있는 것이다.

　지금까지 살펴본 것과 같이 영혼탐구가 사람으로 하여금 수많은 변화를 이끌어낼 것이 틀림없지만 이제 나는 이 탐구의 최종 목적지에 다다라 마무리를 하려고 한다. 그것은 바로 '죽음'에 대한 이해이고 '죽음의 두려움'에 대한 답변이다. 그 해답을 구하는 많은 길들이 있겠지만 무엇보다도 영혼의 존재를 명상이나 기도를 통해서 알게 되면 그토록 풀기 어려운 죽음의 문제에 대한 해답을 얻을 수 있다는 것이 내가 이 글을 쓰면서 얻는 최종의 결론이다.

　이 책의 2부에서 제기한 '어떻게 죽을 것인가?'라는 질문의 답변은 바로 영혼의 존재를 자각하는 것으로 저절로 얻어질 것이기 때문이다. 탐구를 통해 몸과 마음을 연결하는 실존적 영혼을 만남으로서 결론적으로 죽음의 문제를 해결하고 죽음의 두려움이 극복되는 것이다.

생물학적 몸과 마음은 죽음과 함께 사라지지만 나의 정체성의 본질인 영혼은 생물로서 내가 살아있으나 죽어있으나 항상 그 자리에 존재한다는 것이다.

죽음에 대한 현명한 대비와 준비

아버지가 돌아가시기 전 몇 달간 병원에서 기계적 연명장치에 의지해
그토록 고통스런 시간을 보내다 세상을 떠나실 때까지 자식으로서 별
다른 도움도 드리지 못한 것에 대해 죄송한 마음을 가지고 있다. 또한
의료인의 한사람으로 생각할 때 많은 사람들이 자신의 부모님이나 가
족의 임종을 맞아 아무런 대책 없이 유사한 경험을 할 것이라는 생각에
안타까운 마음을 늘 가지고 있다.

이에 비해 어머니는 다행히 병원 중환자실이 아닌 집에서 식구들이
지켜보는 가운데 마지막 생을 그리 고통스럽지 않게 맞으셨다. 하지만
어머니 스스로 죽음을 대비하고 충분한 마음의 준비를 하지 못한 채, 이
세상에서 가졌던 억울함과 분노를 다 풀지 못하고 떠나신 것을 생각하
면 역시 안타깝지 않을 수 없다. 아무리 자식이지만 도움을 드리는데 어
쩔 수 없는 한계를 느끼지 않을 수 없었다.

김 사장과 같이 질병의 과정을 통해 죽음을 맞이하는 환자들을 보면
서 죽는 날까지 죽는다는 사실을 받아들이지 못하고 어떻게든 살아볼
방법만 찾다가 극심한 고통 속에서 삶을 마감하는 분을 보면서 의료인
으로서 무력감도 많이 느꼈다.

결국 죽음의 공부는 '나'라는 생명으로서의 존재의 정체성을 생각하는 것이며, 정체성의 본질인 영혼의 존재를 인지하는 것이며, 영혼의 본성을 알아 현재를 의미 있게 사는 공부이다. 그래서 사람들이 죽음에 대해 생각하고 죽음을 대비하라고 하는 것은 결국 삶을 제대로 사는 공부라고 하는 것이다. 더 나아가 고통 없는 죽음, 인격적으로 존중 받는 죽음, 태어날 때 축하 받았던 것처럼 떠날 때도 상실을 슬퍼하는 것이 아니라 변화를 축하하는 죽음이 되자는 것이다.

하지만 삶에 대한 태도의 변화는 하루아침에 이루어지는 것이 아니다. 더구나 죽음을 바라보는 삶의 태도 변화는 더욱 그러하다. 그리고 이미 죽음이 눈앞에 다가와 있을 때에는 두려움이 너무 커서 현명한 판단을 할 수 없는 회복 불가능한 상태에 이르고 만다. 농부가 이른 봄에 밭을 갈면서 가을 추수를 대비하고 농사를 준비하듯이, 죽음이 아직 멀게 느껴지는 때에 미리 죽음을 바라보는 내적 변화를 이루어야한다. 하다못해 소풍을 가더라도 도시락을 준비하고 준비물을 챙기는 법인데 언젠가는 가야하는 다시 못 올 길을 떠나는데 아무런 준비가 없다면 어쩌겠는가.

나는 나의 아버지와 어머니 그리고 장인어른을 비롯해 먼저 이 세상을 떠나신 나의 가족과 김병호 사장처럼 질병의 고통 속에서 준비 없이 이 세상을 떠난 분들에게 위로를 드리는 나만의 방법으로 이 글을 썼다. 부족하지만 부디 저 세상에서라도 나의 이러한 마음을 헤아려 주실 것이라고 스스로 위안하기도 한다. 그리고 나 역시 언젠가 맞이하게 될 죽음을 준비하는 노력으로 이 책을 썼다. 나아가 나의 글에 공감하는 분들이 있다면 그들도 언젠가 맞이할 가족의 죽음이나 본인의 죽음에 현명한 대비와 준비를 하는 기회가 된다면 더없이 좋겠다.

　삶과 죽음의 현장을 지켜온 의료계에서도 더 이상 영혼의 건강을 외면하지 말고 신체적·정신적 건강과 똑같이 영혼의 건강을 의학의 대상으로 다뤄야 한다는 것을 강조하고자 한다. 의사가 죽음에 대해 능동적 자세를 가질 때 비로소 환자나 그 가족이 의미 있는 죽음을 준비할 수 있는 기회가 늘어날 것이기 때문이다.

국립중앙도서관 출판시도서목록(CIP)

아름답게 떠날 권리 : 잘 살아왔음을 감사하며 / 지은이: 김
종운. — 파주 : 유리창, 2017
    p. ;   cm

표제관련정보: 지금 당장 생각해봐야 할 나와 가족의 인간답
고 품위 있는 죽음
ISBN 978-89-97918-20-1 03100 : ₩15000

죽음학[一學]
사망[死亡]

126.5-KDC6
128.5-DDC23   CIP2017000760

이 도서의 국립중앙도서관 출판예정도서목록(CIP)은 서지정보유통지원시스템 홈페이지
(http://seoji.nl.go.kr)와 국가자료공동목록시스템(http://www.nl.go.kr/kolisnet)에서
이용하실 수 있습니다.(CIP제어번호: CIP2017000760)

잘 살아왔음을 감사하며
아름답게 떠날 권리

1판 1쇄 인쇄 2017년 1월 13일
1판 1쇄 발행 2017년 1월 20일

지은이 김종운
펴낸이 우좌명
펴낸곳 출판회사 유리창
출판등록 제406-2011-000075호(2011.3.16)
주소 10881 경기도 파주시 문발로 115, 402호(문발동, 세종출판타운)
전화 031-955-1621
팩스 0505-925-1621
이메일 yurichangpub@gmail.com

© 김종운 2017

ISBN 978-89-97918-20-1 03100